企业困境哲学解析

娄树强
娄树明
/著

企业管理出版社
ENTERPRISE MANAGEMENT PUBLISHING HOUSE

图书在版编目（CIP）数据

企业困境哲学解析 / 娄树强，娄树明著. —北京：企业管理出版社，2022.9
ISBN 978-7-5164-2670-8

Ⅰ. ①企… Ⅱ. ①娄… ②娄… Ⅲ. ①《道德经》—应用—企业管理 Ⅳ. ① F272

中国版本图书馆 CIP 数据核字（2022）第 139117 号

书　　名： 企业困境哲学解析
书　　号： ISBN 978-7-5164-2670-8
作　　者： 娄树强　　娄树明
责任编辑： 尤　颖　　宋可力
出版发行： 企业管理出版社
经　　销： 新华书店
地　　址： 北京市海淀区紫竹院南路 17 号　　**邮　　编：** 100048
网　　址： http://www.emph.cn　　**电子信箱：** emph001 @163.com
电　　话： 编辑部（010）68701638　　发行部（010）68701816
印　　刷： 北京虎彩文化传播有限公司
版　　次： 2022 年 9 月第 1 版
印　　次： 2022 年 9 月第 1 次印刷
开　　本： 710mm × 1000mm　1/16
印　　张： 22 印张
字　　数： 383 千字
定　　价： 88.00 元

自序

《企业困境哲学解析》经过多年的酝酿、修改、完善，终于和读者朋友们见面了。本书的完成有赖企业家朋友们一直以来的信任和支持，他们为我提供了用老子哲学思维研究企业实践的场景、动力和各种帮助。

本书应企业家朋友的要求而著，旨在与企业家交流用老子《道德经》哲学思想管理企业、运营企业的思考。本书由“案例”“企业启示”“家传道德经参悟”和《道德经》“今通行本”“王弼本”组成。

“案例”部分采用“问”和“解”的形式，首先把企业家在运营企业中所遇到的典型问题整合为81个案例，然后用老子《道德经》的81章哲学思想来探讨如何解决这些问题。这些案例真实地发生在我国机械、电子、汽车等行业的国有企业、外资企业、合资企业、民营企业中，都是真实的案例（为保护隐私，书中隐去企业名称和企业家姓名）。在每个案例的开端，本书采用中国古典小说的章回体形式，以设问的形式引出案例。本书只从《道德经》适用于企业管理的哲学思维侧面进行探讨，不对《道德经》所涉哲学理论和一般企业管理理论做深入研究。本书旨在从《道德经》启示于企业管理的层面，为企业家提供一个新的思维平台，不排斥古今对《道德经》的各种解释，不排斥企业家各自对《道德经》的理解和对企业管理的见解。

本书“企业启示”部分的初稿记录了多年以来，针对部分企业家的疑问，作者反复参悟的心得体会，但曾经无法得到企业家们的全面认可，遑论在企业运营实践中得到认证。此后，作者尝试与企业家们共同针对这些问题，借助《道德经》进行研习思辨，从中寻求解决问题的方法。这一路径逐渐得到了企业家们的认可，也得到了在这些企业具体应用的实践响应，凡所形成的共识，构成现今本书“企业启示”部分。

本书“家传道德经参悟”部分，主要记录的是我们家庭传承的祖辈们对《道德经》的理解参悟。多年来，我们在实际的生活和工作中逐步加深对“家传道德经参悟”的理解，不断尝试运用其中的哲学思维指导解决实际问题。通过实践和思考，我们对“家传道德经参悟”进行了整体的修订和文字校勘，希望能给读者提供一个了解、认识《道德经》的新角度。

“家传道德经参悟”多分为两部分。之一，多是家族传承的积累；之二，是作者对“家传道德经参悟”的进一步认知和诠释。我们还对应《道德经》81章，撰写了81首短诗，附在“家传道德经参悟”之后。这些短诗既是我们对“家传道德经参悟”精华的凝练，也是我们对《道德经》参悟的体会，希望能对企业家们学习《道德经》有所启示和裨益。

为了便于企业家对《道德经》内容有一个全面的了解，书中还附有《道德经》的“今通行本”和“王弼本”。《道德经》问世两千多年来，版本千万种计，“今通行本”是现今采用较普遍的版本，“王弼本”是中国历史上流传较广的版本。

我们兄弟很小的时候就开始学习家族口口相传的“家传道德经参悟”。听家族长者说，从古至今，我国民间一直存在着许多研习老子《道德经》的门派，这些门派都是以口口相传的形式传授，我们家族也是其一。这些门派的形成和流传受到两方面因素影响：一是受中国传统文化中保守习俗的影响，许多技艺只在本家族内部传承，传男不传女，如某种制酒工艺、美食工艺、烧制工艺、手工工艺、各种诀窍、武术等，生怕自身家族的技艺成果流失外传。二是历史长河，金沙俱下：对于阐释经典，既不乏名师大儒辈钩玄提要泽被后世，也难免欺世盗名者以讹传讹误人子弟。为了不使自己的研究成果和某些误导诠释混淆，这些家族采用了口口相传的形式来传授独得之秘，久而久之各成一派。由于历史的原因，这些家族的传承都以不同的方式在民间流传。家族长者告诫我们，历史上关于《道德经》的注解诠释很多，我们的家族普遍给予关注。但是，家族传承的“家传道德经参悟”不受外界影响，要原汁原味地沿袭传承下去。这就使我们书中的“家传道德经参悟”与现今流行版本对《道德经》的解释有许多不同。例如，《道德经》第五十五章，“含德之厚，比于赤子。蜂虿虺蛇不螫，猛兽不据，攫鸟不搏”。在现今流行的版本中，多解释为“含德深厚的人，就好像天真无邪的婴儿，毒虫遇见不刺他，猛兽碰到不伤害他”，原因是“赤子无我、无为、无欲，不会伤害任何事物，所以，也不会招来外物的伤害”。“家传道德经参悟”的理解与此不同，蜂、虿、虺、蛇不会螫伤的只是它们自己的幼崽，攫鸟猛兽也只是不会攻击伤害自己所生的幼崽。我们认为，在现实世界中，蜂、虿、虺、蛇、攫鸟、猛兽都会凶狠攻击其他动物的幼崽，无论多么天真无邪的婴儿和幼崽，都不会因为其不会伤害其他生物而被放过。这些毒蛇猛兽还会拼命保护自己的幼崽。这样的不同解释还有许多，我们不去争论对错，只是感到“家传道德经参悟”的这一看法符合常理。其他的解释也一定有它的道理，这就是百花齐放吧，多一个理解的角度而已。

当初，在家族长者向我们讲述这些精微之处的时候，我们兄弟对“家传道德经参悟”还不甚理解，但是，老子“道德经”的整体哲学思维通过“家传道德经参悟”对我们的成长起到了至关重要的作用，以至于今日的《企业困境哲学解析》付梓。

自 1986 年起，至 2022 年本书完稿止，我们走访、考察了众多企业。在这些企业进行走访、调研、交流的过程中，我们结交了许多企业家朋友。他们中有许多人酷爱中国传统文化，特别是对《道德经》有许多独到的见解。当谈到我们家族传承“家传道德经参悟”的时候，他们非常感兴趣，也常常向我们咨询企业经营中遇到的一些难题。我开始尝试用“家传道德经参悟”中的哲学思维来帮助企业家思考、解决这些问题，并和企业家一起探讨用《道德经》的哲学思维来管理和运营企业。这种方式很受欢迎，久而久之，积累的成功案例越来越多，联系我们的企业也越来越多。我应邀为多家企业中高层管理人员举办讲座，去许多企业帮助解决问题。这一信息不胫而走，邀请我的企业越来越多，有意和我交流《道德经》感悟的企业家也有许多。由于时间有限，无法逐一面晤，于是一些企业家朋友建议，把用“家传道德经参悟”指导企业经营实践的经验写出来，以便更多的人学习借鉴。

《道德经》是中华传统文化的瑰宝，撰写此书能将传统文化、前人智慧与当今企业实践相结合，发挥其指导实践的作用，还能完成家族传承“家传道德经参悟”的心愿，让传统文化活起来、用起来，于是我们欣然领命，并希望籍此书与企业家们一起深入探讨和研究《道德经》这座远古哲学宝藏，更方便于企业家们交流用哲学思维管理企业的实践经验。

家族长者谆谆告诫我们，老子《道德经》内涵深远，要不断修炼自己，你个人有多深厚的修为，你的感悟就会有多高远的境界。

我们真诚地希望与各界有缘人共同探讨和交流老子哲学思维，并恳请专家学者对本书批评指正。

娄树强

2021 年 8 月于长春

目 录

引子 偶遇机缘成知音　朴散器成古御今

诗曰：论道明理贵思辨，哲海泛舟处超然。
探索无休恨见晚，引发企业解惑篇。

济南有一个企业家朋友研究哲学入迷，为此，他把经营多年的企业卖了出去，潜心研究哲学。他自称看到了哲学的终极，有许多独到的见解。上海一位海归企业家，在上海开办了企业，对济南这位企业家朋友佩服得五体投地，成为济南这位企业家的粉丝，并要把他心目中的这位高人聘请到他的企业。济南企业家百般推辞，称自己潜心研究哲学，没有时间上班。上海海归企业家给他开出了优惠条件，不用按时上班，也没有具体任务，每月还有一笔可观的收入。一个偶然的机会，我遇到了这位济南企业家，就我们彼此都感兴趣的《道德经》交流了学习体会。在交流中，他向我提出了几个问题。

问：《道德经》是老子所著，在历史上，很长一段时间一直称其为《老子》或《老子五千言》。可是，后来为什么又称其为《道德经》了呢？

答：我们现在普遍的理解“道德”和“德”的含义，是经过千百年来，人们行为、举止、习惯逐渐地、不断地演进，赋予了“道德”和“德”的当今含义。《老子五千言》中的“德”，原是“得”的意思（王弼注：德者，得也。常得而无丧，利而无害，故以德为名焉）。《老子五千言》中主要说的是自然而然地在“道”（事物正常运行规律）中去获得、获取为“德”（得）。比如说，对苹果的获取，我们自己栽种果树获取的苹果，或者用钱购买的苹果，就是在“道”以内获取的、得到的。这个“道”，就是人们正常生存、生产、生活所普遍遵循的、认可的、约定俗成的规律。如果偷来一个苹果，或者抢来一个苹果，就是在“道”以外获取的，这种获取会对他人和社会带来危害，违反了人们正常生活所遵循的规律。

从物的获得可以延伸到精神层面的获得。在人们的意识领域乃至言行举止都有一个评判的标准，评判的结果就是是否获得精神方面的认可，有德还是无德。《老子五千言》就是告诉人们如何在“道”以内得到，也就是人们常说的“取之有道”。所以，后人将五千言取名为《道德经》，就是告诉人们要在“道”中去“得”的道理。

问：老子的称谓是怎么来的？

答：这个问题要从诸子百家说起。诸子，指的是中国先秦时期管子、孔子、庄子、墨子、孟子、荀子等学术上、思想上的代表人物；百家指的是儒家、道家、墨家、名家、法家等学术、思想流派。先秦时期，以孔子、老子、墨子为代表，形成了三大哲学思想体系。

历史上对老子的名字颇有争议，有说姓李名耳，有说老子姓老名聃。通过研读众多历史典籍著作和对先秦中华历史文化的分析，我认为，中国古代的“子”字都是对有非凡才能的、在某一领域有突出贡献的、在一个历史时期内给人以思想启迪的、被当时社会和大众认可的、对社会有重大影响人物的尊称，中国先秦时期以“子”相称的学术思想代表人物有百位之多。孔子曾两次求教于老子，称：龙乘风云而上九天也！吾所见老子也，其犹龙乎？在诸子百家中，孔子德高望重，他如此称谓评价老子，可见老子的影响之大。在中华民族的历史上，“老”是对人的尊称，老子应该姓李名聃，因他的影响和贡献，世人尊称为“老子”。西汉司马迁《史记·老子韩非列传》中有云：老子者，楚苦县厉乡曲仁里人也，姓李氏，名耳，字摐，周守藏室之史也。

问：老子对后世有哪些影响？

答：老子的成就主要体现在《老子》一书。《老子》，又名《道德经》或《德道经》，和《易经》《论语》被认为是中国历史上三部思想文化巨著，对中华民族的思想、文化、习俗有深远的影响。

老子的著作、思想已经成为当今世界历史文化遗产中的宝贵财富。其影响不仅包括哲学、宗教、政治学、经济学、社会学、美学、伦理学、文艺学、心理学、教育学、逻辑学、修辞学诸多学科，甚至还涉及了天文、地理、医药、养生、气功、军事、管理、建筑、园艺等众多领域。据中国元朝时的不完全统计，研究老子的注释、解读、专著，从先秦到元代这段历史时期就已多达三千余种。

早在18世纪，西方一些国家就有了《老子》的多种译文版本。据联合国教科文组织统计，《老子》一书是当今除《圣经》外，在全世界出版发行数量最多的一本书，日本有300多种版本，欧洲有60多种《道德经》译文，德国的哲学家黑格尔、尼采，俄罗斯的作家托尔斯泰等，对《道德经》都有深入的研究，并都有专著或专论存世。毛主席在中国革命重大转折时期的讲话、文章中也多次引用老子五千言字句。例如，1949年8月，毛泽东在《别了，司徒雷登》一文中，针对当时美国企图对刚诞生的新中国搞封锁，义正词严地说："多一点困难怕什么。封锁吧，封锁十年八年，中国的一切问题都解决了。中国人死都不怕，还怕困难吗？老子说过，'民不畏死，奈何以死惧之'。"又如，1957年2月，毛泽东在第十一次最高国务（扩大）会议上所作的题为《关于正确处理人民内部矛盾的问题》的讲话中说："我们必须学会全面地看问题，不但要看到事物的正面，也要看到它的反面。在一定的条件下，坏的东西可以引出好的结果，好的东西也可以引出坏的结果。老子在二千多年以前就说过：'祸兮福所倚，福兮祸所伏'。"

问：什么是哲学，企业家为什么要学哲学？

答：我个人的理解，哲学可以问问题，总是在追根溯源。企业家为什么要学习哲学，学哲学是要用哲学的思维解决问题，管理好企业、管理好自己的人生。管理企业避免走弯路造成大的浪费，管理人生要学会正确思维，避免犯错误。学习哲学，不是去寻求什么理论、定义，不能为了去解释哪个字、哪个词、哪个句子的意思而停留在只言片语上，更不能断章取义，必须注重把握整体的哲学原理和哲学的思维。拿老子的《道德经》来讲，距今已有2500多年，当然会受到历史的局限、文字的局限、社会的局限、思想认识的局限。我们要运用老子的《道德经》的整体哲学原理、哲学思维来指导和解决企业今天所遇到的问题，不能停留在对一些字句的局部理解上，要把握整篇来理解章节和语句。

老子的《道德经》就是讲哲学的、讲道的、讲规律的。胡适曾说，"老子的最大功劳，在于超出天地之外，另假设一个'道'。""有物混成，先天地生。寂兮寥兮，独立而不改，周行而不殆，可以为天地母。吾不知其名，强字之曰道，强为之名曰大。"（《道德经》第二十五章）老子说的这个"道"，"强为之名曰大"，到底有多大呢？先天地生的"道"，其中存在无数个星系，我们地球和太阳所在这个星系叫作银河系，在银河系中存在无数个天体。其中，太阳的体积是地球的130.25万倍，这么大的太阳在银河系中只是一颗中等大小恒星，还有许许多多比太阳大千万倍的星体，我们居住的地球只不过是银河系中的一粒尘埃，谁能说清“道”到底有多大呢?“道”同时还细小，“视之不见名曰夷，听之不闻名曰希，搏之不得名曰微。此三者不可致诘，故混而为一”。小到看不见、听不到、摸不着，但所有的事物随时、随处、随地都存在于“道”。

企业家学哲学不只是管理好自己的企业，还要管理好自己的人生。

哲学三个终极问题：你从哪里来，你要到哪里去，人活着的意义。“道生一，一生二，二生三，三生万物。”（《道德经》第四十二章）“道”，产生了无极，无极为一；一（无极）产生二，二为阴阳，此时为无的状态；当阴阳彼此发生错位的时候产生了三，三就是世界和宇宙中的万事万物，阴阳错位程度不同产生万事万物形状、性质各异。所有事物都包含阴阳，阴阳错位，事物就变化、就发展。例如，一种社会形态总是在错位中，在错位中不断引发矛盾冲突，旧的矛盾解决了，新的矛盾就会产生，社会就是在永无休止的矛盾冲突中不断向前发展。

阴阳错位生万物。人也是一种物质形态，死了，成为另外一种物质形态。粪土当年万户侯，就是当年的侯王可能就是当下的粪土。运用《道德经》来寻找人生意义的答案，我个人理解，人活着有四种方式：一是为了生存而活着，用不同的方式，获取基本的生存、生活资源，如衣、食、住、行；二是为了享受生活而活着，生活得比较富裕充实；三是为了欣赏生活而活着，主动享受艺术和财富，追求完美；四是为了体现自身的价值而活着，主动把控人生，把自身融入社会的良性循环。

哲学还是方向盘，是把握方向的，汽车在行驶的路上会有许多坑坑洼洼、弯弯曲曲，需要我们紧握方向盘，时时调整方向。我们运营企业也是一样，为什么同样是世界500强企业，运用同一种管理方法，在相同的条件下，有的倒闭了，有的发展了。发展的企业掌握了哲学思维，不断根据实际情况调整、修正企业的前进方向。哲学能帮助我们辨明方向。

问：我刚才听你讲解了你们家族传承的“家传道德经参悟”，对《道德经》的解释和理解与我看到的许多版本有所不同。你更倾向哪种解释和理解?

答：不管哪一种解释都是中华文化的积淀，都蕴含了中华民族5000年生存、生活的丰富经验和深邃哲理，从不同的角度引导我们探寻真理，因角度不同才使得中华文化绚丽多彩、生机勃勃。我认为这只是认识角度的问题，不能评判谁对谁错。“家传道德经参悟”力争为认识《道德经》提供一点帮助。

在与这位企业家的交流中，我还把多年应用“家传道德经参悟”的哲学思维帮助企业解决实际问题的情况与他进行了深入的探讨和交流，并把我对《道德经》的感悟作了一首诗赠予他。他认为与我的交流对他学习和研究哲学有很大启发和帮助，还把我赠送给他的诗，让书法家抄写装裱后挂在了他的办公室。那次偶遇后，我们成了学习哲学的挚友。至此，我开始与更多的企业家交流学习研究《道德经》的体会，并着手开始《企业困境哲学解析》的撰写。

第一问：为什么我的企业主动与国际接轨，全面采用世界先进企业的管理模式，可是却出现了企业发展停滞、管理混乱、效益滑坡的诸多问题？

第一解　接轨国际新模式　发展受阻险象至

诗曰：笑过燕国寿陵人，自有企业步后尘。
照葫画瓢犯大忌，水土不服伤自根。

战国时期，燕国寿陵有个少年，听说赵国邯郸人走路的姿势特别优美，于是不顾路途遥远，来到邯郸学习当地人走路的姿势。结果，他不仅没有学到邯郸人走路的姿势，还把自己原来走路的姿势也忘记了，最后只好爬着回去。

这个典故人尽皆知，可是笑过燕国寿陵少年之后，还有步入其后尘却不知所以然者。宁波有这么一位企业家，原本是一家在中国经营外企的专业技术人员，由于有较强的能力和技术，被这家外企聘为副总经理。一段时间以后，他从这家外企跳槽出来，自己建立了一个新企业。经过3年多的运营，企业效益蒸蒸日上，在行业内有了一席之地。他想让企业再上一个台阶，能早日与国际接轨，就把以前在外资企业生产、营销、人事等一整套管理方法原封不动地移植过来，把自己原来的管理方法替换掉。外企的这套管理方法是企业界公认的先进管理模式，也是一些世界著名企业通常采用的管理模式。

开始，企业运行还算正常，可是过了一段时间以后，一个个问题让他焦头烂额、应接不暇。先是人事管理崩塌，几个高管、技术人员相继辞职，离开他的企业各自建厂。他的企业生产现场危机不断，很多环节无人管理，有些环节管理过于机械，售后管理也问题重重。情急之下，他把我请去帮助解决问题。他疑惑不解地对我说，我采用世界一流企业的一流管理方法，都是原封不动地搬来，一点不曾走样，为什么企业还是运营不下去了呢？

经过调研，我告诉他，问题恰恰就出在了他所引进的世界一流的企业管理上，犯了照抄照搬、水土不服的大忌。

老子说："道，可道，非常道。"我们看见的、可以用语言描述的"道"，（例如，西方企业模式）不是恒常的道，不是能适用于任何企业的常道。世界上所有的事物都有各自的"道"，都在自己的"道"内发展。这就是说，任何客观事物的发生、发展都要遵循自身的客观规律，都不能离开规律而发展。这就是老子说的"道"。例如，西方的管理方法，在西方的环境下就是在它的"道"以内运行发展。如果要移植到你的企业，就要让它适应新的环境，否则，就会水土不服。在你的企业运行西方的管理方法时，就要在具体应用过程中结合实际对其进行改造，使其适应企业周边的政治环境、市场环境、竞争环境、技术环境，企业员工的文化背景、企业所处的地域文化背景、企业自身发展状况等，在适应这些环境的前提下来运行引进的西方企业管理方法。

改造西方企业管理方法，要运用哲学思维。"名，可名，非常名"。就是说，我们所接触到的西方企业的管理方法都是通过文字、语言、场景间接得到的，这种经过文字、语言、场景间接得到的管理方法本身就于原来的管理方法存在一定的偏差（非常名）。

偏差之一，表述管理方式所采用文字不一定准确，因为每个文字都具有内涵和外延，所表述的内容与管理方法很难完全重合；偏差之二，语言文化的差异，特别是经过翻译的管理方法，更容易与原意有误，不可能是原汁原味。还有更多客观因素的不确定性会造成更多的偏差，所以，应用别人的管理方法还有许多问题需要解决。

"故常无欲，以观其妙；常有欲，以观其徼。此两者同出而异名，同谓之玄，玄之又玄，众妙之门。"我在调研中发现，这家企业最大的问题是"有欲"，带着过高的（欲望）期望值，对员工绩效考核指标界定过细，这种过细的目标值给考核带来了很大的难度，造成了员工之间和部门之间的矛盾，出现了考核假、大、空的现象。例如，对产品开发人员绩效考核的界定，只能是原则界定，因为产品开发设计的工作很难具体量化。要"常无欲"，规定不能过细，留有一定的余地和空间，利于调动员工工作的创造性和积极性，"以观其妙"。对于可以量化考核的工作，可以规定具体的考核指标，可"常有欲"，界定范围和数量，"以观其徼"，按实际绩效考核评估。"常无欲"与"常有欲"两者要同时采用，根据实际情况时时加以修正、改进，调整企业管理方式方法，任何一种方法都不可能一劳永逸。

我还帮助他分析了企业初期成功原因。创业初期，企业是在用较低层次的产品来满足当时卖方市场的急需，管理不是主要矛盾。可是，当市场发生了颠覆性的变化，市场变为买方市场，企业各项管理适应买方市场就成为主要矛盾。就拿离职的几个高管讲，你让他们拿高工资，想留住他们，已经不是钱的问题了，随着社会的变化，自身的变化，他们有了更高的追求。企业要发展不但要满足市场的需求，还要满足员工日益增长的对美好生活向往的需求。这就要求企业为了适应这些需求而变化。

我提出建议：一是要按照企业所在区域的政策，为了员工利益和发展，按照企业自身的特点，规划行之有效的企业管理模式和企业发展方向；二是要按照市场需求调整产品结构，产品的生产跟上市场的需求，不追求高、大、上产品，按自己产品线，适时开发市场所需产品。发展过快要退回来，过慢要赶上。

听了我的建议后，企业老板对企业管理模式进行了调整，根据企业自身特点、市场状况、地域环境、企业文化等具体情况，对各项规章制度和发展策略进行了调整。经过一段时间运行，企业管理步入了正常轨道，企业效益有了较大提升。

《道德经》第一章　企业启示

企业从来就没有固定的、一成不变的发展模式。即使是一个被实践证明了的、管用的、先进的企业管理模式，也不可能适用于所有企业。

世界上没有一剂良药能包治百病，没有一种管理模式可以放之四海而皆准。

囿于人类认知的局限性，每一个企业自身的地域局限性，企业自身文化的特殊性，加之语言文字表述的模糊性，我们定义的企业管理模式可能是不准确、不全面、不真实的。

企业和万事万物一样，也是从无到有，企业是由市场催生的，企业时时刻刻都在适应市场的需求而发展变化。根据这一企业特质，我们不能给企业的工作目标和管理方法设限，要根据不断发展变化的企业和企业生存环境，找到企业发展的规律，善于发现和选定企业发展方向和管理方法，善于发现和掌控企业运行的细微变化。

每一个企业都存在所有企业都具有的普遍性和自身企业的特殊性，都会自觉或不自觉地沿着企业发展规律运行，这种运行无休无止、变幻莫测。企业家最重要的任务就是要在这种运行中适时地、不断地、反复地修正运行的方向、速度和力度，使企业不断向最适合自身发展的规律靠近，无限靠近，永不停止。

《道德经》第一章 家传道德经参悟

“道可道，非常道。”“道”(客观规律)，真实存在，无时无处不在。“道”无形，看不见、摸不着，是无法用语言和文字来表述的。可以用语言讲述或用文字表述的都不是真正的、恒常的“道”(客观规律)，因为它经过了人们语言讲述或用文字表述后，就会出现认识偏差、表述偏差，及再认识、再表述的偏差。人类的语言和文字不能全面准确地定义“道”。

“名可名，非常名。”在为客观世界的事物范围界定、限定、规定命名时，当用语言和文字把这个事物的命名表述出来的时候，事物的“名”的界限范围就已经不是事物真正的界限和范围了。因为在人们首次给事物命名和规定范围的时候，就存在认识偏差，在表述“名”的范围和界限的时候又出现了二次偏差，当其他人获取“名”的表述的时候再次出现偏差。

“无名，天地之始；有名，万物之母。”当“无”生出“有”，天地、宇宙、万事万物的出现是没有名字的，它们都是客观独立存在的，没有生成的时间，没有范围的界定，更不具有名字。人类出现后，为了生存的需要，将一些事物片面地、短暂地区分命名，命名的内涵和外延界限与真正的客观事物是不相符的。人类将与自身相关的事物命名之后，对人类自身来讲，认识世界、适应世界有了自己标定的名，人类便开启了较高层次的认识世界、适应世界的过程，所以把“原始的命名”称为“母”，是人类适应世界重要“命名”的开始。

“故常无欲，以观其妙”。所以，人类要认识客观世界，“无欲”，不在自己欲望的驱使下，不沿着自身欲望驱使的方向，而是站在较为客观的角度，站在万事万物的角度，才能发现世间万事万物的细微精妙之处，明辨是非，才能朝向认知的“道”靠近，把控自身按正确的方向发展，能长久。“常有欲，以观其徼。”人类在生存、生活所激发出的欲望驱使下，“有欲”，沿着自身欲望驱使的方向，带着欲望去观察体会万事万物，只能发现人类与客观规律相处尺度的界限、边缘，看不到事物的内在，只能看到世间万事万物的表象，世俗琐事。因此，欲望不断滋长膨胀，不能长久。

“此两者同出而异名”，“有”和“无”，虽然命名不同，但它们同时存在，“无”中生“有”，“有”终将归于“无”，无限循环。它们相互循环着，无止无休地、无时无刻地同时在向“道”(客观规律)靠近。

“同谓之玄。玄之又玄，众妙之门。”这种向“道”无限靠近的趋势叫“玄”，这种向“道”靠近的趋势不能理解，无法预测。靠近、再靠近，谓之

"玄之又玄"。在"有"和"无"这种永不停歇地向"道"靠近的过程中产生了万事万物，这种永不停歇地向"道"靠近，就是产生万事万物的根源。例如，人类不断探索宇宙，可是，永远无法知道真正的宇宙，人类现在认知的宇宙可能会被后人在探索中否定。"人类一思考，上帝就发笑"，这句犹太人格言说出了人类对自身认知的感悟。人类主观的认知不符合客观规律，与客观规律有较大的差距，但是人类往往认识不到这一点，认识不到自己的渺小和微不足道，人类思考得越多，自以为越接近真理。例如，人类原来以为太阳围着地球转，后来，被新的发现否定了。人类始终在无休无止的探索中，在不断地发现、怀疑、否定中前行。这种探索的过程就是老子所说的"玄之又玄"。在探索的过程中，有时会向"道"靠近一些，有时又与"道"相背离，有时又远离"道"，这种或远或近、循环往复的过程永远不会停止。

有诗为证：无始无终既无形，万事万物由此生。
有名无名同根本，循环往复永不停。

《道德经》第一章　今通行本

道，可道，非常道；名，可名，非常名。
无，名天地之始；有，名万物之母。
故常无，欲以观其妙；常有，欲以观其徼。
此两者同出而异名，同谓之玄，玄之又玄，众妙之门。

《道德经》第一章　王弼本

道可道，非常道。名可名，非常名。
无名，天地之始；有名，万物之母。
故常无欲，以观其妙；常有欲，以观其徼。
此两者同出而异名，同谓之玄。玄之又玄，众妙之门。
【注释】徼 jiào：边界，边际。　玄 xuán：幽深；深奥。

第二问：为什么我的企业全力追求管理的完善，追求产品的完美，结果却事与愿违？

第二解 脱离实际求完美 伤及自身多愚昧

诗曰：唯美求美方向偏，经营管理全改变。
　　　产品尊崇新奇特，资财利润化作烟。

某地有一年轻女子，本来生得端庄秀丽，虽然不比西施貂蝉，也是男孩眼中的靓女。可是她受到社会整容新潮的吸引，追求更美，花费巨资为自己整容。谁知“天有不测风云，人有旦夕祸福”，她的整容出现了问题，好端端的一张脸就此失去了往日的靓丽。“爱美之心人皆有之”，但过分的追求往往会带来祸患，让人追悔莫及。

上海的一位企业家朋友也遭到了如此境遇。一次，我在考察这家企业的时候，企业老板一改往常的神采奕奕，愁眉不展地道出了他的苦衷。他的企业一直运营良好，产品在市场上旺销，企业利润丰厚。这时候，他觉得应该静下心来抓一抓企业的管理和产品的创新。他感觉管理和产品都应该美化，为今后企业扩大升级打基础。于是，他就做起了企业管理和产品美化的文章，投入了大量的精力和财力，对管理和产品开始美化。可是，他逐渐发现，经过对企业管理和产品一番美化后，企业经济指标反而不断下降，管理不断暴露出一些问题。他请求我帮忙查找原因。

原来，这位老板是从一家外资企业跳槽出来的技术骨干，自己出资建厂，另立了门户。开始，他的企业是和原来那家外资企业生产同一种产品，由于当时产品市场销路好，企业人少，成本低，企业赚取了丰厚的利润。有了资金以后，他想把企业做大，主要办了两件事。一是开始模仿行业内一些成功的大企业，追求大企业管理模式的外在形式。他认为，大企业的管理规章制度条目多、全面细致，看起来规范、上档次。于是，他按照大企业管理模式的范本，把自己企业原有制度按模式范本填充补齐。二是投入资金加大对产品开发的力度，主要改进了产品的外观，使产品看起来更美观，还开发了产品的附加功能。

我经过考察和调研，发现了问题的原因。福祸相依、利弊同体，二者在一定的条件下相互转变。在追求企业兴的时候，衰的危险同时存在。老子说："天下皆知美之为美，斯恶已。"所说的是，天下人都知道美，在朝向美的目标努力，但是如果为了追求美，采取了不恰当的手段和方法，或者选错了方向，追求美的过程和结果就会变成恶，对自身造成伤害。

"是以圣人处无为之事，行不言之教"。他错在追求管理形式的外在美，功夫下在了管理外表的形式上，追求的大企业管理不适合自身企业的实际。比起大企业，自己企业人员少，部门也不齐全，一个人负有多人的职责，本来不需要太多的条条框框。可是，他修改过的企业管理规章制度脱离了企业实际，设立的职责和规定没有相应的部门和人员岗位去对应，从而引起了企业管理的混乱。

"万物作而弗使，生而弗有，为而弗恃，功成而弗居。夫唯弗居，是以不去。"他追求产品的外观美，对产品增加了喷涂工艺。可是喷涂工艺的增加，不但没有起到提升竞争力的效果，反而因增加喷涂工艺影响了总成零件装配，减少了市场份额。他开发的产品所增加的附加功能，因客户没有这方面的需求而成为冗余，附加功能因得不到利用而闲置，从而不被市场认可。

在我的帮助下，老板认识到了问题的原因。后来，他亲自带领团队，深入市场调研，重新开发了新产品。新产品根据市场的发展、客户的需求，注重产品的实用性，去掉了花哨和多余的功能，因而受到用户的欢迎，管理也有了起色。这家企业从此走出了逆境，不断向前发展。

《道德经》第二章　企业启示

一个企业成功与失败，一个产品受热捧与冷遇，都是经过比较而区分的。这就如同有美，必然有恶，有恶，必然有美，美是相对于恶而言，恶亦相对于美而言。

一个企业的管理是为了适应市场的需要，是为了生产出人们需要的产品，企业不是为了追求管理形式而存在的，而是为了满足人们的需要而存在的。如果为了追求管理的形式，把自身企业管理目标设定为更像某著名企业的管理，这样，必然会失去企业管理为满足市场需求服务的特性，而把企业管理引向追求美化管理模式的道路上来，这是不符合企业发展规律的。

一个企业不能在产品不具备满足人们需求条件的时候，超出自身能力和环境限制去强行争取符合人们的需求、创造人们的需要，这是不符合企业发展规律的。这就如同为了追求美，在不具备基本条件下强行追求，损害自身的恶就会产生。实现企业良性循环也是如此。

所以说，符合人们需要的产品才能开发成功，这是人们的需求发展到临界点了，从无转化到有的产物。难易、高下、前后也是如此，这是一个临界点的问题。

发展比较好的企业，不会强行在自身企业发展规律以外去发展。在自身企业没有发展到由无到有这个临界点时，不去强行创造市场的需求，才能够较好地排除不符合市场发展规律的舆论干扰。

企业发展规律时时刻刻都在作用于每个企业，从来没有停止过，企业发展规律有千万条，从来不会规定企业采用哪一条，规定企业如何走。但是企业符合哪一条企业发展规律，就必须按规律做，企业发展的任何一个状态都不是静止不变的，在形成的同时就在开始改变，改变是常态。

《道德经》第二章　家传道德经参悟

“天下皆知美之为美，斯恶已”。天下人都知道美好的事情和美好的愿望，都知道向美的方向去努力和争取，从而达到美。但是美也可以成为恶。老子主张，无为无不为。老子主张的为，是在“道”以内的为，即在客观规律以内为。如果在“道”以外，超过“道”去追求美、追求好，这种为就变成了对追求者、追求过程和追求事物的损害，美就成了恶。另外，你认为或知道的美不一定就是美，因为带有你个人的主观想象，客观上它不一定美，还有可能是恶。美出现的同时，恶也就产生了。

“皆知善之为善，斯不善已。”善能够在“道”以内形成自身内部良性循环，叫善。人们都知道怎样可以实现自身良性循环的方法和目标，人为去实现它，如果超过事物自身的“道”，在“道”以外为，你所认为的善和你为善做出的努力，都将对你自身的良性循环系统产生损害，就是不善了。

“故有无相生，难易相成，长短相较，高下相倾，音声相和，前后相随。”所以，有和无同时产生、相互生成。所有的“有”，最终都要归于“无”，“无”又时时产生“有”。困难和容易是矛盾的两个方面，同时存在而相互矛盾。一切作为都有易有难，要从易做起，逐渐化解克服难。长和短同时产生，由相互比较而显现，只有用短才能证明长，同理，只有用长才能证明短。高和下同时产生，相互倾斜比对，只有高才能比对下，拿来下才能比对高。音和声同时产生、相互对立，音和声的相合才能辨别此高彼低。前和后同时产生、相互接继，只有排成顺序才能分出前后。

“是以圣人处无为之事，行不言之教。”所以，圣人的为是在“道”以内的为，圣人的说教是在“道”以内的说教，从不多说，而是顺其自然，用行动起到教育的作用。

“万物作焉而不辞，生而不有，为而不恃，功成而弗居。”“道”（自然规律）生养万事万物，而不占有它，引导万事万物生长而不把持它，完成自身的良性循环后，再进行到下一个良性循环，永不停歇。

“夫唯弗居，是以不去。”圣人遵循“道”永不停歇的属性，无限进行良性循环，永远在“道”以内施为，圣人所为的事物才能长久发展。

有诗为证：美丑善恶均有道，顺其自然求方好。
除恶扬善尽人事，功成名就不自傲。

《道德经》第二章　今通行本

天下皆知美之为美，斯恶已；皆知善之为善，斯不善已。

有无相生，难易相成，长短相形，高下相盈，音声相和，前后相随，恒也。

是以圣人处无为之事，行不言之教；万物作而弗使，生而弗有，为而弗恃，功成而弗居。夫唯弗居，是以不去。

《道德经》第二章　王弼本

天下皆知美之为美，斯恶已；皆知善之为善，斯不善已。

故有无相生，难易相成，长短相较，高下相倾，音声相和，前后相随。

是以圣人处无为之事，行不言之教。万物作焉而不辞，生而不有，为而不恃，功成而弗居。夫唯弗居，是以不去。

【注释】弗 fú：在甲骨文中是象形字。引申泛指矫正，现在已不用。后世用弗表示否定，相当于“不”。

第三问：我不惜血本采用重奖的方法激励员工，开始还十分奏效，企业效益直线上升，可为什么运行一段时间以后企业效益就开始大幅下滑？

第三解　急功近利误前程　奖励过度乱象生

诗曰：高额奖励引竞争，钱款房车分三层。
　　　滋生是非惹麻烦，血本无归一场空。

我有一位浙江企业家朋友，一次我去他的企业考察时，他曾向我炫耀了他企业管理的秘诀。他的秘诀就是奖励。他把奖励分成三个等级，一等是高工资，二等是高奖金，三等是实物，车和房子。真可谓不惜血本。开始，他的办法还挺奏效，企业效益直线上升。可是没过多久，他急忙让我去他的企业。我匆匆赶来浙江，应他的紧急邀请前来“救火”。

原来，他的企业出了大问题，一直蒸蒸日上的企业开始走下坡路。最近，企业员工为了争夺奖励出现了乱象，其严重程度几乎使企业运营停顿。企业家朋友伤心地对我说，我辛辛苦苦创业积累下的一些资产，好心好意奖励回报给贡献较大的员工，运行了几年之后怎么会出现这种状况呢？

我给他讲了六祖慧能帮助其母成佛的故事。一直以来，六祖慧能的母亲无比虔诚地吃斋念佛，但是，很多年以后也没有悟到佛。有一天，她把六祖慧能叫到身边，伤心地说，我学佛多年不成，看来与佛无缘，用手一指墙上挂的绳子说，你把绳子给我拿来，我上吊死了算了。六祖慧能见学佛多年和蔼慈善的母亲如此绝望，如五雷轰顶。他无比伤心，久久望着母亲手指，幡然醒悟。他一把抓住母亲的手指，大哭道，学佛只是个指向，为善才是佛道，学佛的过程是为善的旅途。如今，你已觉悟，真正成为一个善人，所以按你的心性已然成佛。那一时刻，即成为六祖慧能母子心性觉悟立地成佛的美好时刻。

他听了这个故事，若有所思。我接着告诉他“不尚贤，使民不争”的主要含义。在企业推行这种崇尚奖励的做法，必然使员工争相采取各种手段去谋取这些高物质奖励。这样，企业员工为之奋斗的目标就不是企业的成功，而是他们眼中高额的奖励，员工们的工作方式、方法更要去符合得到这些物质利益的规则，而不是企业发展的规则。由此，还会产生企业员工的纷争和彼此矛盾的激化，在生产中互相拆台或不配合。他说，他的企业正是出现了这些问题。

我给他开的医治药方就是老子《道德经》的第三章："不尚贤，使民不争。不贵难得之货，使民不为盗；不见可欲，使心不乱。"

企业经营的秘诀就是，不过多制定奖惩制度，为员工创造相对宽松的政策环境和发展空间，设立企业员工共同的奋斗目标，使一些伪诈钻营者和冠冕堂皇的伪君子没有滋生空间，企业员工沿着一个共同的目标和谐发展。后来，他在这番思考的基础上改变了企业经营策略，企业很快走出了误区，恢复了生机。

《道德经》第三章　企业启示

企业家不能对自己和员工的思维加以禁锢，这种禁锢多数情况下是无意识的，这种无意识表现为崇尚某一种理念，崇尚某一种管理，崇尚某一个企业，崇尚某一位个人。由于这种崇尚的存在，就会无意识地引导企业在崇尚的禁锢内发展，从而失去了根据企业周边环境促进企业发展的机会，距离企业实际发展规律越来越远。

企业家不能崇尚贵重、标新立异，在企业中人为地选树出一些高大形象和目标，引起员工在心里和感情上的一味追逐，这样必然把员工的主要精力引导到利用巧智来争取功利，追求某一种管理、某一项技术、某一种产品，使企业照抄照搬盛行，以急功近利为主流，失去了努力拼搏、奋发进取的常态精神，使企业失去了发展后劲和达到良性循环的能力。

企业家要正确领导企业制定出符合实际企业发展规律的企业短、中、长期发展规划、工作方针，凝聚共识，步调一致，不能好高骛远、急功近利。企业要在既定的规划方针指引下不断根据客观实际进行修正，绕过曲折、克服困难，使企业稳健发展。

这就是发展比较好的企业家的思维方式，要使超出自身发展规律的欲望逐渐淡化，要使企业每一个行为都符合企业发展规律，有利于企业实现良性循环，不断减弱偏离企业发展规律的智巧。要把企业有限的资源用在增强企业新陈代谢的良性循环上，不断强化、优化企业的各个系统，包括产品开发系统、质量保障系统、管理系统、售后服务系统。要使员工无视追求获取自身发展规律以外的欲望和认知，使一切超出企业发展规律以外的想法和作为都不能影响企业发展，不能影响企业有限资源的配置，使企业集中一切资源和精力实现企业良性循环。

《道德经》第三章　家传道德经参悟

“不尚贤，使民不争。”不崇尚自认为、他认为、社会上认为的贤德，因为这些贤德与真正的贤德差距较大。只有这样做，才能使人们不为人为设定的这些标准去无谓地为、无谓地争。

“不贵难得之货，使民不为盗。不见可欲，使心不乱。”不注重平常难以得到的物资，使人们不去为了这些难得之货去违反自身的“道”，在自身的“道”以外去为、去盗；不张扬表露自以为可以达到的欲望目标，主动对这些贵重物品视而不见，去除贪心和过度的欲念。这样，才能使人们对客观世界保持清醒的、符合自然规律的判断，心无杂念。

“是以圣人之治，虚其心，实其腹，弱其志，强其骨，常使民无知无欲。”所以说，圣德的人在“道”以内治理自身所能及的疆域，用“道”以内的思维方法淡化人们“道”以外的心愿和欲望，夯实自身的“道”以内的基础，弱化人们“道”以外的志向，强化“道”以内的发展，减少对“道”以外资讯的获得，不去为了“道”以外的欲望而为。

“使夫智者不敢为也。为无为，则无不治。”使所有自认为的智者，不能、不敢为了“道”以外的欲望去为，恒常在“道”以内为，在“道”以外无为，如此则“道”以内的事物没有治理不好的。

有诗为证：世俗弊端崇尚偏，利欲熏心祸乱源。
止欲倡清强其骨，淳朴民风驻人间。

《道德经》第三章　今通行本

不尚贤，使民不争。不贵难得之货，使民不为盗；不见可欲，使心不乱。

是以圣人之治，虚其心，实其腹，弱其志，强其骨。常使民无知无欲，使夫知者不敢为也。为无为，则无不治。

《道德经》第三章　王弼本

不尚贤，使民不争。不贵难得之货，使民不为盗。不见可欲，使心不乱。

是以圣人之治，虚其心，实其腹，弱其志，强其骨，常使民无知无欲，使夫智者不敢为也。为无为，则无不治。

第四问： 我的企业遇到了其他企业的不正当竞争，为什么不能采取以牙还牙的手段予以回击?

第四解

不当竞争来势凶　不予回击难为雄

诗曰：同一市场起纷争，恶意功伐险象生。
　　　调整心态稳阵脚，合作共赢都功成。

一次，我应邀在深圳一家企业考察。考察结束后，老板向我道出了他一直以来的心病。原来，他的企业生产的产品是由美国和中国香港两三家公司生产的，后来这两三家公司又分离出来十几家。经过几年的运行，现在国内只有四家公司还在生产这类产品，而其中一家实力较强的公司，由于个人恩怨和客户群重叠等原因，总是针对他的企业采取一些不正当的竞争行为。对此，他非常苦恼。由于那家公司实力较强，每采取一次针对他企业的行动，他的企业就会受到直接或间接损失。这个企业家甚至几次想放弃这个产品而改弦更张。

这种情况，我在十多年前为企业指导的时候就遇到过，于是我就把那个案例讲给他听。

那是在十多年前，我遇到的情况几乎与他的企业所遇到的情况一样。我给出的办法是：第一，正当维护本公司的合理商务及技术活动，一定不要采取非法或违背该行业共识的手段；第二，针对那个企业的攻击点，不断地强化和优化自身被攻击部分；第三，从不把资金和精力用到向对方企业的攻击上；第四，准备打持久战，时刻寻找与该企业合作的机遇。

以上是我为那家企业提出的建议，那家公司不但一一照办，而且还举一反三，根据实际情况衍生出了很多有效的应对策略。最终，两家企业经过一年多的磨合终于言归于好，实现了互相帮衬、取长补短、联合作战、精诚合作的健康发展。

听了我讲的这个案例之后，他不解地问，这是什么道理呢，是命好，是偶然的成功吗？我告诉他，这是社会规律，是“道”。“挫其锐，解其纷，和其光，同其尘，湛兮似或存。”万事万物经过一段时间的矛盾和纷争后必然走到一起，沿着和谐、纷争，再和谐、再纷争，无限循环。我建议他到老子《道德经》第四章去寻找答案。最后这位企业家处理好了企业的问题，还成为一名老子哲学虔诚的研究者。

《道德经》第四章　企业启示

企业发展的最高境界就是找到适合自身的企业发展规律。作为企业家一定要知道，适合自身的企业发展规律是无时、无刻、无处不在的，它存在于企业发展的每一个大的方向、大的环境、大的战略、大的市场中，同时还存在于企业每个细微之处。即时有，即时无，它需要企业家根据市场环境、技术环境、人才环境、营销环境，适时地抓住这一最适合自身发展的企业发展规律，而且，不能不足够，也不能过分多。

企业发展规律是企业发展的总源头，它总是源源不断地助力企业发展。在伴随企业发展过程中，它一定会锉掉企业一切不切实际的跃进式发展，它还可以解开困扰企业某个阶段的、违背企业发展规律的一些纷扰和困惑。沿着企业发展规律发展，企业一定会得到自然发展规律、社会发展规律、市场发展规律的助势发展。沿着企业发展规律发展，企业发展规律就能保证企业基本的良性循环，就能保证企业有时间、有精力、有能力探索寻求适合本企业的特殊规律。

一个企业的存在要始终遵循企业发展规律，要破除追求表面的、形式的、华而不实的繁荣，机械地模仿任何一种发展模式都不是适合企业发展规律的做法。

企业的发展不能盲目追求当时社会上崇尚的某种模式，这种模式我们只能看到、理解到它的十分之一，要学习到它的实质、采用它的实质。往往我们看到的只是象，不是本质。我们只有坚守自身的本质，在适应自身发展的环境中发展自己。

《道德经》第四章　家传道德经参悟

“道冲而用之或不盈。”“道”，在宇宙任何一个时间、空间内恒常运作，“道”的作用永远取之不尽、用之不竭，想让极其微小的空间和极其短暂的时间没有“道”，那是不可能的；想让极其微小的空间和极其短暂的时间多用一些“道”，那也是不可能的。

“渊兮似万物之宗。”“道”，博大深邃，从古至今，好像、好似是万事万物的宗祖，万事万物都离不开它，万事万物都是它的传承和沿袭。

“挫其锐，解其纷，和其光，同其尘，”“道”，会把一切事物的锐锋、锐角、尖锐的，与其他事物不和谐的地方挫平；“道”，会排解、解释、释放、厘清一切纷繁复杂的事物；“道”，会综合、和缓、平和一切事物扎眼之光；“道”，会使一切事物变成圣水，使一切事物趋向相同。

“湛兮似或存。”“道”，浩瀚、无边、无色，不得见，有时好像没有看到、没有感觉到“道”的存在，有时又好像看到、感觉到“道”的存在。

“吾不知谁之子，象帝之先。”不知道什么产生的“道”，好像感觉到“道”产生在一切我们可以见到的现象之前。也就是说，一切现象都是“道”的衍生表现。

有诗为证：不尽不竭道之冲，博大深邃万物宗。
平和纷杂挫锐锋，若隐若现趋大同。

《道德经》第四章　今通行本

道冲，而用之或不盈。渊兮，似万物之宗。
挫其锐，解其纷，和其光，同其尘，湛兮似或存。
吾不知谁之子，象帝之先。

《道德经》第四章　王弼本

道冲而用之或不盈。渊兮似万物之宗。
挫其锐，解其纷，和其光，同其尘，湛兮似或存。
吾不知谁之子，象帝之先。
【注释】湛 zhàn：深。清澈，清明。

第五问： 我和我的员工都有非常虔诚的信仰，但总是不如某些企业那么幸运，为什么好像神灵总是眷顾他们，他们的企业总是能够赢得市场？

第五解 虔诚笃信多盲从 保佑企业奢望空

诗曰：尊崇图腾信神灵，执着坚守待企兴。
满怀希望好运来，理智缺失不自明。

一年冬季，我受广州一家企业老板邀请到他的企业考察。在考察中发现，企业办公楼最重要的位置供奉着一尊雕像。我非常感兴趣地问他，你在这方面还有虔诚的信仰呢。他见我对此感兴趣，就像觅到知音般兴奋地把我带到他的办公室，对我说，他有非常虔诚的信仰，他的目的就是想让他所信仰的图腾给予他和企业以保佑。我问他，这样做的效果如何。他说，由于他作为公司老板对此有信仰，有一部分员工也纷纷效仿。可是，至今没有看到信仰有明显的效果，企业还存在许多难以解决的问题。他求助我指点一下。

我告诉他，像他这样的企业家，我指导过十几例，之后多数企业家能够从盲目执着的信仰中走出，能够正确认识自己的信仰，正确应用、管理、分享自己的信仰。

老子说："天地不仁，以万物为刍狗；圣人不仁，以百姓为刍狗。"我告诉他，从古至今，这个世界是遵循自然规律"道"的演化而自然而然形成的。自然规律（道、天地、神灵、任一信仰和图腾）都不会偏袒任何一个物种和个人，万事万物都如同祭祀时用草芥结扎的刍狗，只有在祭祀进行时它才能体现自身的价值，祭祀过后，又是草芥，没有什么价值。它的价值体现唯在正当其时。

"天地之间，其犹橐籥乎？虚而不屈，动而愈出。多言数穷，不如守中。"我们的企业好比市场中的一个风箱，为适应市场做好了充分的准备，当市场需要的时候我们就拉动风箱，自然满足了市场。在市场不需要的时候，我们不能一味地拉动风箱丧失能量，要守中，要保持虚的状态，蓄势待发。例如，我在调研中发现，这家企业的老板在投放新产品的时候就犯了“多言数穷”的大忌，在市场还不需要、还不认识这款新产品的时候，他就过早投入，没有做到“正当时”。上文说过，错过了“正当时”，就是无用的草芥。新产品过早投放市场，你的经验还被别的企业利用了。当市场上配套产品反推满足了客户对新产品的需求时，竞争对手恰到好处地推出了这款产品，抢占了先机。而这个时候他企业又在研发、开发新的配套产品，当新的配套产品推向市场的时候，市场需要的却是智能化的产品。如此，又失去了“正当时”。

万事万物无时无刻地往复循环这一客观规律，只有深刻参悟和理解自身所应该符合的规律，只有潜心钻研，悟出适合自身企业发展的方向和管理运营方法，才能解决企业运营中不断出现的问题。个人的信仰和崇拜应该是没有任何功利动机的一种内心文化追求，只是起到净化心灵的作用，使自己在分析和解决问题的时候不急、不燥、不慌，“猝然临之而不惊，无故加之而不怒”。把这种信仰用到企业中，应该是对全体员工道德底线的规范。共同的信仰能使企业员工减少矛盾，从而使企业和谐发展。

听了我的分析和建议后，他不再抱怨幸运之神不眷顾自己了。他带领几个骨干根据企业的实际特点和能力，认真发掘寻找市场的机遇，在找准市场切入点、抓住市场机遇、适应市场需求上下功夫，开发设计自己的新产品，适时投入市场。终于，他的企业做到了“正当时”，生产和管理都有了大的提高。

《道德经》第五章　企业启示

自然规律、市场规律、企业发展规律是不会偏向于哪个企业、哪个行业的，也不会偏向哪一项技术发明、哪一种市场热销的产品。任何一个企业、任何一项技术、任何一种产品都是适应时代的产物，只有在那一时段能体现自身的价值。

每一个企业都在试图抓住时代的机遇，适时发展自身及产品，不停歇地迎接下一个时代的到来，循环往复。

一个优秀的企业家深知自身企业及产品的社会时效性，能够较好地抓住适合自身发展的机遇，时时准备好下一个阶段的发展条件。

市场和社会是不断地循环往复向前发展的，没有一成不变的成功，也没有一成不变的失败。没有绝对的有利，也没有绝对的不利。看似有利，利用不好可以转化为不利；看似不利，利用好可以转化为有利。

客观发展规律、市场发展规律、社会发展规律、企业发展规律，凭借企业现有的条件和能力，是无法全面认知的。我们不能被市场的功利所左右，利欲熏心、四面出击，穷尽企业的资源。我们只有保持自身足够的代偿余量，在实际行动中不断地修正自己的认知偏差和过度作为，适时地坚持和把握较准确的认知，遵循企业发展规律，实现企业自身的良性循环。

《道德经》第五章　家传道德经参悟

“天地不仁，以万物为刍狗。”天地的自然规律没有仁和义的标准，其以万物等同草芥，祭祀时用草芥扎制形成的贡品，不会保佑偏向任何一方。

“圣人不仁，以百姓为刍狗。天地之间，其犹橐籥乎?”真正达到圣人标准的圣人，也没有仁义的标准，他对每一位百姓都是一样的，一视同仁，不会偏向帮助任何一方。天地之间，“道”的运转就像风箱一样循环往复、周而复始。

“虚而不屈，动而愈出。”把风箱的拉手拉开时，空虚部分就会立刻充满气体，推动风箱拉手时，风箱里空虚部分充满的空气就会被压出。风箱空虚部分充满空气是风箱推动气出的前提，要时刻保持屈，保持风箱充满空气，才能动而愈出，周而复始。

“多言数穷，不如守中。”只有在需要风的时候才拉动风箱，如果不需要的时候也反复拉动风箱，久而久之，必然造成风箱的损耗。在“道”以外，多说话、多行动，气数就会过早穷尽，不如守住事物现有的和谐状态。

有诗为证：天地开合按常理，不偏不倚无仁义。
顶礼膜拜枉费神，自强自信有生机。

《道德经》第五章　今通行本

天地不仁，以万物为刍狗；圣人不仁，以百姓为刍狗。
天地之间，其犹橐籥乎？虚而不屈，动而愈出。
多言数穷，不如守中。

《道德经》第五章　王弼本

天地不仁，以万物为刍狗；圣人不仁，以百姓为刍狗。

天地之间，其犹橐籥乎？虚而不屈，动而愈出。

多言数穷，不如守中。

【注释】刍 chú：喂牲畜的草。　橐 tuó：本义指一种口袋。　籥 yuè：古代装在通风鼓火器上的管子。橐籥：古代冶炼时用以鼓风吹火的装置，犹今之风箱。

第六问： 我的企业发展到一定规模后，再向前发展却常常受挫，产品红火一段时间后就被竞争对手的产品所替代。这是为什么？

第六解 经营受阻不如意　成长台阶遇难题

诗曰：创业艰辛苦亦甜，寻找机遇再向前。
阴阳失衡出差错，扩大规模举步艰。

一位江西籍企业家在广州创业，他带领江西的一些兄弟和亲戚艰苦奋斗十几年，企业形成了一定规模。我在他的企业考察时，发现企业的名字很特别，为企业起名字的人一定对《易经》有所研究。我在与他的攀谈中得知，企业的名字是他所起。他在大学学习期间就对《易经》感兴趣，大学毕业后来广州创业。我们谈得很投机，在深入交谈中，他向我道出了他的苦恼并向我求教。原来，他的企业从开始创业发展到今天的规模，虽然苦点累点但还算顺利。但是，从这个规模再向上发展，却每每不如人意，他设立的几个目标不但没有实现，企业还每况愈下。有这种问题的企业，我之前帮助过几个，效果还不错。我见他对易经有所研究，就从易经的角度帮他分析。

首先，这个规模的企业应该在产品研发、产品生产、质量控制、营销采购、售后服务等主要方面找到自己的长处和欠缺之处，找到自己竞争对手的长处和欠缺之处，找到低于自己企业的企业长处和欠缺之处，找到高于自己企业的企业长处和欠缺之处，从中比对研讨出自己企业应该提高的关键点、防止自己企业下滑的关键点，并将其运营方法形成机制和流程，其中最关键是能够适时找到企业发展的边际成长台阶，即结合企业自身现状、特点及行业环境，找到运营必须达到的程度和方向，据此找到企业必须提高的部分。

一个企业在正常经营过程中，如果是阳，就要找到阴，如果是阴，就要找到阳（玄牝）；根据企业自身发展的特点，结合周边环境所隐含的规律，准确地找到企业发展的边际或成长台阶（玄牝之门，是谓天地根），不失时机地不断提升，才能使企业处于不败之地（绵绵若存，用之不勤）。

这家企业的老板采纳了我的建议，结合企业自身现状和市场需求，从寻找企业发展的边际台阶入手。在产品研发、产品生产、质量控制、营销采购、售后服务等主要方面找到自己的长处和欠缺之处，并找到发展自己的长处和克服欠缺之处的对策，循序渐进地发扬自己的长处，弥补自己的欠缺和不足，并将其形成企业的运营方法、机制、流程，周而复始地长期坚持，使企业得到快速发展。

山东济南也有一个企业老板遇到了同样的问题，他的企业生产的是智能产品。让他头痛的是，他的产品投入市场不久，就又出现一款更为先进的产品替代了他的产品，这种情况成为一种常态，让他耗费巨资，疲于应对。

我应邀来到他的企业，经过调研发现，他的企业针对某一种产品攻关能力比较强。但是，当他把这一款产品投放市场后，他的开发工作就会停滞一段时间，等待市场新的需求，失去了市场先机。

要想长期占有市场，产品开发系统应该是一个良性循环系统。老子说："谷神不死，是谓玄牝。玄牝之门，是谓天地根。绵绵若存，用之不勤。"像人们吃的五谷一样，收割了一季，吃掉了一茬，就会有新的五谷又生长出来，继续供养人们生存之需，一茬接续一茬，循环往复，没有穷尽。我们企业开发产品也是一样，完善第一代产品，预开发第二代产品，计划开发第三代产品，这三步要同时进行，至少有三代产品循环。要根据自身特长和市场需求发展变化，由相关客户不断拉动，在开发第二代产品和第三代产品前与对应客户充分交流、不断完善，在最佳时机向市场推出适合市场需求的智能产品。

随着科学技术的发展，企业要不断满足人类发展的需求，产品需要不断进化。例如，他的一款触摸式智能产品投放市场不久，就被竞争对手的一款激光感应式产品所取代。在激光时代，该应用、能应用激光技术就要应用，而且，在市场上激光技术已经由单台数据积累达到整个系统共享。这就要求企业应该像玄牝的谷神一样，不断循环往复开发。有了"玄牝之门"，才能在天地（市场）扎根立足，不断循环往复，"绵绵若存"，与市场客户配合紧密、贴切、不生硬、不过度。这样，企业才能"用之不勤"，立于不败之地。

企业老板感觉我说得有道理，带领他的管理团队对企业进行了阶梯递进式的改造。在市场开发方面，对某一地区、某一重点客户进行了阶梯递进循环开发。以往某种技术或产品开发一段时间以后，如果没有成效就停止了；现在如果一时不见成效，就要总结前段经验，找出问题，明确改进方向，进行几个循环，最终取得实效。他把这种方式应用到了企业的各个系统。一段时间以后，企业赢得了市场较大份额，不断有先进技术产品推向市场。

《道德经》第六章　企业启示

企业要不衰败、不倒闭，必须要有一个精髓做支撑，这个精髓是看不见、摸不到的，它就是企业的阴阳调和，即企业的各个系统、各个部分、各个方面、各个部门、每名员工都能正常运行。这种时时调整企业阴阳平衡的精髓就是企业发展规律，就是“道”，就是企业发展的根本。

阴阳外在的表现叫作玄牝，表现阴阳瞬间时刻的地方叫作天地根。阴阳的标的相互转化、相互变化，有时显现，有时隐约不可见，永远在运动、绵绵不断。企业在任何时候都要遵循这一根本，永远不偏离企业发展规律、市场发展规律、社会发展规律。

《道德经》第六章　家传道德经参悟

“谷神不死，是谓玄牝。”万事万物循环往复，永远向阴阳平衡靠近。

“玄牝之门，是谓天地根。”阴阳不断追求平衡，阴阳向平衡运动的这一点是产生万事万物的根源。

“绵绵若存，用之不勤。”阴阳不断追求平衡，在永远达不到的这个过程中产生万事万物，这个规律（道）引导万事万物不停演化，周而复始，永不停歇。

有诗为证：永生之门天地根，有无往复恒常存。
万事万物皆有道，生生不息在自身。

《道德经》第六章　今通行本

谷神不死，是谓玄牝。
玄牝之门，是谓天地根。
绵绵若存，用之不勤。

《道德经》第六章　王弼本

谷神不死，是谓玄牝。

玄牝之门，是谓天地根。

绵绵若存，用之不勤。

【**注释**】牝 pìn：雌性的鸟兽。

第七问： 我的企业开始一直处在行业领先位置，后来我更加努力创新，想争取更加领先的位置，结果企业效益却逐渐下滑，失去了行业领先位置。这是为什么？

第七解 舍本贪功求争先 重负缠身前行难

诗曰：行业领先夺排头，设备技术属一流。
辛苦拼搏尽全力，不进反退成下游。

一次，在北京考察一个企业的时候，遇到了一位企业家，他向我叙述了一件使他困惑不解的事情。原来，他的企业是从一个世界领先企业剥离出来的，设备、技术、产品、管理都处在领先的位置。这个老板非常努力，也能吃苦，总是在追求领先位置。在最近的四年里，前两年发展势头很好，可是后两年企业开始走下坡路。他向我讨教原因和救治良方。

企业在发展中遇到的这样问题有很大普遍性，可归为一类，可以称之为“过犹不及”。我在近三年中为20多家这样的企业开具了药方，帮助这些企业回归正常的发展轨道。

一个企业要追求基业长青，只有符合企业自身良性循环、良性新陈代谢的发展规律，才能得到最好的发展。不能过分地按照自己认为的发展方向而“为”。就是说，企业的创新秘诀是，要在自己发展规律范围内，即“道”内，去创新、去“为”，最忌讳“道”外创新。那些符合自身发展规律的企业一开始不追求在规律以外的创新，在企业竞争中好似落后了，但是，当自然规律把超出规律以外创新并走到前头的企业淘汰了，那些原来排在后面的、符合自身发展规律的企业自然就置身前列了。企业自身特有的发展规律（即员工文化特点、技术特点、员工家庭背景、市场竞争对手的对应情况等相关因素而形成的合力，是企业自身的特点规律）是企业要重点关注的。把世界上、市场上的创新的、先进的、科学的信息和资源当成企业可部分利用的工具，不为这些外在技术、信息、资源而舍弃内在的企业自身的特点规律，而是根据企业“内在”而恰到好处地应用“外在”，企业才能兴旺发达。

企业家不要违反企业发展的基础规律，不要脱离企业本身的现实去创新去努力，这样，反而会使企业顺其自然地蓬勃发展。

这家企业原是一个总成零件企业，与之相配套的零部件有30多种。后期出现问题的原因是，他把由其他企业供货的30多种零件中的10余种自己建厂生产，由此背上了沉重的包袱，每生产一种零件就要投入专业设备和人员，而且只是给自己供货，高成本低产出。

我提出，你的企业前一段时间效益非常好，就是因为你只是在做总成主机的生产，其他件由专业厂去做，这些零部件企业也要不断进步，不断提升工艺水平，他们不仅仅供应你的企业，同时还在为社会上其他企业提供产品，他们做的是整个市场。你认为他们产品的价格高可以跟他们谈，交货不及时可以采取适当措施解决，总之，不要拿来自己生产。

老子说：“天长地久。天地所以能长且久者，以其不自生，故能长生。”天和地为什么能存在长久，因为它的互生，天地互利形成生态系统。企业也是一样，你的企业要与其他企业互生。你的企业存在是其他企业存在的前提，其他企业存在也是你存在的前提。不自生故能长生。

“是以圣人后其身而身先”。存在长久的企业，他们在遵守已有的企业规则的时候，时刻不忘适应市场新的需求，时刻满足市场新的需求。“外其身而身存”，企业在满足市场新的需求的时候，时刻不忘保守自己的生存根本。“非以其无私耶？故能成其私。”企业的生存不是靠你自己所能完成的。你的私，可以成就彼的私；彼的私，也可以成就你的私。你把总成零件的配套件都拿来自己生产是不行的。比如，有几个件是铝合金材质的，铝合金加工行业科学技术发展迅速，你要自己生产这个配件，需要建厂、需要设备、需要专业技术人员等一系列的投入，而这些投入仅仅是为了你总成零件上的一个配件，这样的产出与投入不成正比，这样的产量不能供养一个专业工厂。而社会上的零部件企业，他们的产品是要供应全社会的，供给你的只是他们产量的很小一部分，所有的企业只有在这个大社会中互生，才能共生、长生。

这家企业的老板和他的团队在充分理解了互生和共生的哲学含义后，采纳了我的建议，把已经成立的零部件生产厂全部卖给了相关企业，重新调整和规划了供货商的管理，与供货企业友好商定了配套零部件的价格，企业卸掉了包袱，又回到了行业领先的位置。

《道德经》第七章　企业启示

企业要想自身发展不走入歧途、不走向灭亡而长盛不衰，就要始终抱着不是为了自己的生存而生存的信念，时时刻刻要想着造福社会、服务社会。

企业的生存应归于社会，应该以人们对美好生活的向往为努力方向，企业的一切活动、一切作为要对社会有益，对企业周边环境生态有好处，和周边环境重生结合起来，与周边环境同生共长。

企业不能脱离社会，不能脱离市场环境、产品环境、行业环境。

企业孤立地追求生存，脱离社会，生产的产品再先进、再完美，也只能被束之高阁，因无用武之地而被抛弃。企业的生存一定要同所在市场紧密结合，让企业对社会、市场、行业有利，社会、市场、行业必然对企业也有利。

企业不要因为自身的发展，给社会环境、市场环境带来不利的影响。要时时留意各种各样的不利因素对企业的诱导和阻碍，增强企业自身修行和辨析能力，绕开不利因素，或化不利因素为有利因素。

发展比较久、比较好的企业，首先考虑的是如何改变自己，使自身适应社会环境和市场环境，而不是考虑改变市场环境和社会环境来适应自己的企业，要学会在社会和行业中找到自己企业的位置。

优秀的企业灵魂要符合三个规律，最核心、最重要的三个规律即社会发展规律、市场发展规律、企业发展规律，要逐渐减少直至淘汰不符合这三个规律的思想、管理、应急设施、暂时行为等。

企业不是不需要考虑自己的生存，而是为了更好的生存，要把企业放到社会规律、市场规律、企业规律大循环中，成为大循环中的一部分，这样才能得以长久地生存和发展。

《道德经》第七章　家传道德经参悟

“天长地久。”天，存在的时间长，地，存在的时间久。

“天地所以能长且久者，以其不自生，故能长生。”天和地所以能存在长久，因为天和地不是完全为了自己而生存，不是完全按照自己的规律和意愿去生存，不是自己生了自己，天地由道而生，尊道而行，按照大道生存所以能长久。

“是以圣人后其身而身先，外其身而身存。”所以，圣人学习天和地，按道而行。圣人总是不争先，有一些争先者不按道而行，好似暂时领先了，过一段时间后，由于这些领先者是在“道”以外领先，最终被道淘汰了，圣人便由身在后而身在先了。圣人对身外之物的得与失遵循客观规律行事，顺其自然，该得即得该失即失，没有受到身外之物所累，从而使自己的生命得以长久。

“非以其无私耶？故能成其私。”圣人不在“道”以外谋求私利，表面上看不是谋求私利，只是顺其自然规律，反而使自己生命的这个“私”能得以延长。

有诗为证：舍己谦恭谋长久，先后得失道内求。
不争事物长与短，丢弃所累道内修。

《道德经》第七章　今通行本

天长地久。天地所以能长且久者，以其不自生，故能长生。
是以圣人后其身而身先，外其身而身存。非以其无私邪？故能成其私。

《道德经》第七章　王弼本

天长地久。天地所以能长且久者，以其不自生，故能长生。
是以圣人后其身而身先，外其身而身存。非以其无私耶？故能成其私。

第八问： 我的企业秉持着与人为善、不与他人争利的理念，在企业经营中尽量使产品给人们带来方便和乐趣，为什么结果却是不被认可，企业险些倒闭？

第八解 为善不争丢市场 发展受阻己身伤

诗曰：秉持为善不与争，企业经营多亏空。
规则自然无偏袒，失去效益难成功。

有一次去南京一个企业考察，企业的老板是我多年的朋友。考察结束后，他向我叙述了一直以来困扰他的问题。他说这年头做个善人比较难，他自认为是个善人，一直秉持着与人为善，不与他人争利，还把这种善用到了企业经营中。他的企业开发的几个拳头产品也都是能够给人们生活带来乐趣的产品。经过几年的经营，他的这种与人为善、不与他人争利的行为不被周围的客户、员工、朋友认可，没有得到他们的理解和尊重，尤其是他的几款高科技、高智能的产品，销量始终上不来，成本高，销售价格得不到市场认可。

对此，我告诉他，这种类型的老板和企业接触了几十个，我成功地纠正了2/3老板的指导思想，还有1/3没有纠正过来，我把我的观点和你说一说，看看你是不是认同。

首先，不与人争利、与人为善的思维是模糊的。老子说的水善利万物而不争的真义，是在自己的“道”以外不争，不违背规律去争。水不与火争、不与电争、不与山川争，但是，水在“道”以内争，争灌溉农田、争负载船舶等，最终争到了生命之源。老子说“处众人所恶”的意思，是人们有众多棘手的事情，我们的产品定位要牢牢抓住处理多数人棘手的事情这根主线，为大多数人谋福祉，去和市场争，去和行业争，在争中给人们善，发扬善。

我在调研中发现，他所投入人力、物力所攻关创新的产品，是具有高科技和高智能性能的产品，产品本身没有问题。可是，为什么不被市场认可呢？开始，我也觉得奇怪，在经过对市场深入调研后发现，这款产品一直以来存在两大顽疾，迟迟没有得到很好的解决，一是故障率高，二是使用周期短。而他投放市场的新产品虽然凸显了高科技和高智能特性，但产品仍然存在这两大顽疾。

找到原因后，我建议他要“处众人之所恶”，这个恶就是市场最急需解决的问题。第一，最急需解决的是产品故障率问题；第二，解决使用生命周期问题，使用周期要长一些。这就是投资方向和产品创新攻关的方向。

他认同我的分析和建议，改变了企业投资和攻关方向。过些日子，他又来询问，改进这两个问题困难重重，短期内不能解决，但是时间拖得太长会影响企业效益。我又一次告诫他，一定要深入了解“处众人之所恶”的深刻含义，集中力量解决这个“恶”。他有所醒悟，马上组织团队针对两大顽疾攻关。最后，他采用了快速更换易损件的方式解决了这个难题，整体产品不动，只是在易损的部位加装一个可快速更换的部件，达到操作简便、更换快捷的目的。这个产品一推向市场就获得了认可，为企业赢得了丰厚的利润。通过这件事，他把原来挂在办公室的“高科技、高智能”条幅改成“处众人之所恶”。

《道德经》第八章　企业启示

企业家最正确的思维、最正确的理论、最正确的灵魂就是水所具备的上等的善。那么，什么叫上等的善呢？所有的事物（包括企业）能够完成自身的新陈代谢、良性循环叫善。这种自身的新陈代谢、良性循环也就是我们常说的“刚刚好”。

拿水来比喻企业个体的内部循环，看看我们企业都具备哪些善，能够处在企业发展高端。

当万物需要的时候，水对万物有利，而不争是水的本性。把产品做好，是企业服务社会、服务市场的本性，不是与哪个企业去争。企业通过各种手段竞争来的利是不能长久的。做好产品是本性所致，不是争来的，特别是通过各种不正当手段竞争来的利是不善的，是恶，这是在“道”以外的争。

世界上地表的3/4都是水，这不是水争来的。水对万事万物最重要，但这不是争来的，是水的本性使然。

水能够自然而然地化解人所厌恶的很多棘手的事情，可以洗涤污损的衣物，可以浇灌田地，可以灭火等，水无所不能，无所不包，它从多个渠道接近自然，成为自然规律的一部分。水的功用就是正常的，人们认为是正常的道。

企业要建立在适合自身发展的地方，例如，地域的经济发展、政府对企业的政策、地域的人文环境、社会环境、可利用资源等，这些条件都要有益于企业的发展。

企业要始终向往正常的新陈代谢和良性循环，与周边接触到的人、事、物，与自身的新陈代谢和良性循环能够互动。企业对于自身的筹划和对周边环境理解，要准确地获取符合企业发展规律的有益部分。

一个企业要具有随时纠偏的能力和机制，不断地使自己的想法和行动符合企业发展规律、市场发展规律、科技发展规律。

无论企业从事何种事业、所在何种行业，都要使自身的所有作为对该事业和行业有利，该事业和行业自然也会对自身内部循环有利。

企业的一切思想和行动，都要使自身行动正好符合企业发展规律。所有的企业思想和行动都不是建立在竞争基础上的，都是自身本性的体现，所以任何因素都无法与你竞争。

《道德经》第八章　家传道德经参悟

“上善若水。”上等的善事，拿水来比喻分析一下。

“水善利万物而不争。”水善于对万物有利，不在水的道以外去争。世界上地表 70% 以上都是水，所有生命都离不开水，没有水连细菌都活不了。水是成功在“道”以内“争”的典范。比如，水不与粮食去争，粮食能解饿，水能解渴，各司其职。

“处众人之所恶，故几於道。”水能够成功解决人们棘手的问题，水可以灌溉农田，可以运输货物，可以灭火救灾。所以，水有多种道，万物也有多种道，人们可加以甄别利用。

“居善地，心善渊，与善仁，言善信，正善治，事善能，动善时。”自身内部的良性循环叫善。人们要像水一样居处在善地，心处在善的深渊，与人交往互相仁义，与人交往互相守信，为人处事要及时修正，处理事情善于对自己有利，人们的行动要符合道以内的时机。

“夫唯不争，故无尤。”所有的“为”，都不在“道”以外去争，只有做到这一点，“道”才不会淘汰“为”者，才会没有忧患和缺憾。

有诗为证：水利万物不争名，默默无闻尽善行。
扶危济困传美德，绵延流长身自清。

《道德经》第八章 今通行本

上善若水。水善利万物而不争，处众人之所恶，故几於道。

居善地，心善渊，与善仁，言善信，正善治，事善能，动善时。夫唯不争，故无尤。

《道德经》第八章 王弼本

上善若水。水善利万物而不争，处众人之所恶，故几於道。

居善地，心善渊，与善仁，言善信，正善治，事善能，动善时。夫唯不争，故无尤。

【注释】尤 yóu：手上有赘疣是“尤”之范式。突出的，特别的。

第九问： 企业在我的父辈手中资本雄厚运营良好，我接手以后，还是和原来一样运营，为什么企业却越来越衰败了呢？

第九解 雄厚企业传二代　照旧运营终失败

诗曰：父辈企业子经营，资本模式得传承。
管理方式依原规，效益下滑陷困境。

一次，一位湖北武汉的年轻老板打电话找我，说他碰到了难以解决的问题。他的父亲告诉他请我帮忙。

原来，他属于二代企业家，他的父辈把企业交到他手上的时候，企业资本雄厚运营良好。可是他接手以后，企业每况愈下，濒临倒闭。他向我诉苦说，接手企业后，他父亲原来怎么干，他还怎么干，原以为只要保持原来的企业运行状态就可以了。他想不明白，父亲那样干，企业发展得很好，自己照原样干，怎么就不行了呢。

对他的企业进行深入调研后，我发现了诸多问题：一是企业的市场份额在逐步减少，原来的一些忠实老客户也有部分离去；二是产品开发设计人员年龄偏大，技术落后；三是市场上出现了技术先进的替代产品；四是几位重要技术骨干离职；五是管理规章制度的部分内容已经不适应企业发展，重要战略规划跟不上当前形势发展。

根据调研情况，我主要根据老子的哲学思维解决他的思想认识问题，帮助他运用哲学的思维来运营管理企业。

老子说："持而盈之，不如其已；揣而锐之，不可长保。"你想保持父辈企业原来盈满的状态，采用你父辈以往的成功经验，这些都不能长时间奏效，因为已经不能适用于当前的状况了。当前，与你父辈企业比，生存的环境改变了，当时的社会环境、市场环境、竞争环境、科学技术环境都发生了巨大变化。在当前情况下，用适应当初环境的一些做法来维持企业的状态是不可能的。现在经营企业要根据现在的企业状况，根据当前的社会环境、市场环境、市场竞争对手环境、科学技术发展环境来经营管理企业。同过去比较，虽然企业人员基本没有变，但他们所处的年代变了，他们的年龄变了，思想观念变了。你还想用过去的规章制度和考核来约束他们，让他们勤勤恳恳地为企业服务、主动为企业着想，是很难做到的。你父辈办企业，除了看得见的规章制度和管理外，还有看不见的调动员工积极性的办法，比如，交朋友、许诺股权等。但如今，情况发生了变化，这些当初的做法已经不灵验了。

企业强盛的状态不主动进取是守不住的。动中求静，只有动起来，才能取静。要想守住，你的努力拼搏程度必须远远大于你的父辈。

“金玉满堂，莫之能守；富贵而骄，自遗其咎。”在你身上自觉或不自觉地产生的富贵而骄的习性必须克服改正。你是老板的儿子，接管一个这么大的企业，对员工、客户、同行，可能会流露出一些高傲的行为举止，引起他们的反感，他们因此可能会或多或少做出一些不利于企业的事情。还有就是对待产品的态度，摆出大企业的身价，不能放下架子与客户沟通、按客户意愿去升级改造产品。

“功遂身退，天之道也。”即使是一个非常成功的方法或经验，也会随着客观实际的变化衰退。父辈的任何策略和好方法，在当时取得某一成果之后，这个策略和好方法应该结合实际进行调整，不能再原样应用。例如，你父亲在聘用企业能人的时候，最主要的激励政策是许诺股份和分红。可是，现在这些已经不是能人第一兴趣所在。他们现在想要的是一个能体现、实现自身价值的平台，实现他们自身发展和财富积累。

这位老板听了我的分析和意见后，认为很有道理。他组织企业现有的高管和骨干制定了企业二次创业的战略，对企业管理运营进行了一系列的调整和改进。一是推进人力资源改革，引进了市场营销、产品开发、生产工艺、企业管理领域的专业技术人才，使企业焕发了活力。二是以市场营销部门为重点，设立了新的工作流程和激励机制，深入了解原来忠实客户新的需求和潜在客户未来的需要，了解市场需求的变化，把这些信息及时反馈给产品开发部门。

一年以后，这个企业的利润远远超过了父辈经营的时期。

《道德经》第九章　企业启示

企业把自己的核心能力定位在保持、把持垄断某项技术、某个产品、某个市场以增加自身的市场竞争能力，期许自己的企业不被淘汰，这样做，是背离企业发展规律的。其实，市场发展规律告诉我们，企业的指导思想应该是在顺应企业发展规律基础上，根据企业自身的特点，充分发挥企业的优势，准确找到企业发展规律并坚定不移地遵循。只有这样才能使企业进入正常竞争的常态。

靠一时的突击和加班暂时实现企业产品的优良性，这样的产品优点是不可能长期保留下来的，是没有竞争力的。企业只有及时固化，使企业各个系统管理形成常态，使企业各系统形成产品优势的管理常态化，企业才能真正长期保持产品优势，形成竞争力。

市场偶然形成的机遇，国家政策暂时给予的优惠，企业已经获得的专利和技术，企业市场产品优势，对于这些宛如机遇一样的财产，要想留住它们是做不到的。

一个企业不能因为具有以上暂时获得的优势而骄傲自满，如果骄傲自满了，不求拼搏进取，就犯下了无法挽回的错误。企业自身所下的功夫，所有沿着企业发展规律和方向上的努力，做过了以后，可以适合当时的市场需求。如果停止了正常的循环列阵，这些获得的机遇就会逐渐远离，这是自然发展规律，也是企业发展规律、社会发展规律。

《道德经》第九章　家传道德经参悟

“持而盈之，不如其已。”用把持、加持的努力使事物盈满、盎然（不断努力为之，达到良性循环，会使自身的精力耗竭），不如以事物本身的发展趋势去发展，不如按事物本身发展的道去发展。

“揣而锐之，不可长保。”总是用修整的方式使器物锐利，不可能长久保持锐利（长久的修整会使精力耗竭，不可预见的因素会导致修整间断）。

“金玉满堂，莫之能守；富贵而骄，自遗其咎。”任何人不可能永远守住满堂的金银财宝，依仗富贵得势而骄傲，一定会由此遗留下因骄傲而带来的灾祸。

“功遂身退，天之道也。”事物良性循环的形成为之功遂，但这种循环会逐渐衰减，渐渐耗尽气力乃至消失，这是自然规律。

有诗为证：自持盈满终耗竭，锐利器物久修折。

敛财聚宝无守常，功成身退适时歇。

《道德经》第九章 今通行本

持而盈之，不如其已；揣而锐之，不可长保。

金玉满堂，莫之能守；富贵而骄，自遗其咎。功遂身退，天之道也。

《道德经》第九章 王弼本

持而盈之，不如其已。揣而锐之，不可长保。

金玉满堂，莫之能守；富贵而骄，自遗其咎。功遂身退，天之道。

【注释】咎 jiù：罪责；过错。责备；处分；追究。祸患；凶。 遂 suì：实现；成功。如意，顺。本义指道路，引申指田间水沟。又引申为畅通无阻。再引申为到达、顺利实现、满足，还引申为成功。

第十问： 为什么我的企业聘用了职业经理人，他的一些作为却给企业带来巨大损失？

第十解 请来职业经理人　急功冒进失根本

诗曰：投资扩能建新厂，智能高新紧跟上。
　　　发展受阻效益差，进退两难陷迷茫。

有一次，我遇到了一位温州的年轻人，他在接手父兄企业之前找到了我。他目前面对一个危机重重的企业，向我咨询接手这个企业后应该这么做。

原来，他的父亲做鞋起家，积累了一定的资金后，进入了机械行业。后来他的父亲年纪大了，把企业交给了他的哥哥打理。他的哥哥文化水平不高，但非常能吃苦，起早贪黑，尽心尽力，一门心思要把企业做好。可是，还是只能勉强维持。为了尽快改变这种状况，他哥哥聘请了一位职业经理人来管理企业。

这位职业经理人来到企业后，大刀阔斧地扩大生产，投入大量资金搞转型升级、智能化建设，向工业 4.0 迈进。由于哥哥把希望寄托在职业经理人身上，开始按职业经理人的规划去做。第一步，扩大产能，新建了厂房；第二步，购买了自动化设备和机器人；第三步，招聘了高科技人才充实产品开发部门，搞新一代智能产品开发；第四步，扩大一、二线城市市场营销布点。经过一年多的运营，企业到了崩溃的边缘。厂房闲置，产品滞销，研制成功生产的智能化产品没有市场，因为产品技术超前，没有与之相配套的产品。由于投入大，没有回款，资金链几乎断裂。面临企业困境，哥哥没有更好的办法，要把企业卖掉。

这时候，这位年轻人从国外留学归来，他有国外 8 年的学习经历，雄心勃勃地要接管企业，不想把企业卖掉。听从他父兄的意见，向我讨教解救企业的良方。

经过一番调研，我向年轻的企业老板提出了意见和建议。

老子说："载营魄抱一，能无离乎？"企业的营魄，要最大地相符合，不能分离，才能做好企业。企业拥有的厂房、设备、人员就是你的“营”，企业现有的社会环境、市场环境就是你的“魄”。厂房、设备、人员最大限度地适应社会环境、市场环境，不能让两者偏离太多。父亲做企业的时候，由于创业艰难，谨小慎微，没有使两者过多偏离，所以企业能够做好。哥哥不是创业者，但也非常小心，虽然有一些追求快速发展的做法，使“营、魄”之间有些偏离，但还不严重。到了职业经理人这里，由于他成功心切，只是受聘于企业，没有责任压身，不需要小心，所以胆大，造成了“营、魄”大的偏离，给企业带来严重的损失。

“专气致柔，能婴儿乎？涤除玄览，能无疵乎？”必须引导企业回归客观实际的起点，一步一个脚印地向前发展。智能化产品已经超出了实际很远，要回到真正的原点，不能有虚荣心。最重要的是把企业偏离实际的一些作为尽快涤除，尽量彻底涤除，疵点越小越少越好。

“天门开阖，能为雌乎？明白四达，能无知乎？”企业要建立起一个机制，用这个机制来防止超出客观实际的想法，阻止超出企业实际的想法、做法。要给企业员工和管理者明确的企业战略方向引导，充分发挥每位员工、每一个层面的能动性和积极性。前一段的失败，原因是没有做到明白四达，没有根据实际，没有研究实际，超出客观规律的捷径是不存在的，符合自己的实际才是最大的捷径。

年轻的老板听了我的建议后，制定了一系列涤除玄览的措施。第一，把闲置的厂房租赁出去，使资金压力减少；第二，留下必要的急需人才，其他的不符合需求的辞退；第三，深入客户和市场了解产品信息，有的放矢地开发市场和客户急需的产品；第四，撤销了大部分一、二线城市的营销办事处和产品展台，采用宣传片的形式宣传企业和产品。

经过一段时间运营后，企业扭亏为盈，走上了正常发展的轨道。

《道德经》第十章　企业启示

一个企业所有的规划都要符合企业当时发展的状态、自身资源的情况、周边资源的状态，离开“营”不行，要符合企业自身的发展规律，欲望、发展、作为都不能脱离现有的状况。

“专气至柔”，把控、把持好企业的内部的精气（内部的一切资源与实力），使其达到至柔状态，使你的躯体能充分利用这些资源，能顺应规律，像婴儿一样符合自身成长规律。婴儿的哭、笑、吃，都符合他的成长规律，所以具有旺盛的生命力。

一个企业制定出自身的运营方案，运营方案要遵循企业发展规律，使企业各个系统、各个环节都能很好地遵循企业发展规律，很好地与周围的资源互动，得到市场的认可。

排除企业主管认知的偏差。爱惜你的员工，治理你的企业，一定要从实际出发，多角度看待问题，不要刚愎自用、以偏概全。

企业家要认知自然规律，把握自然规律，遵循自然规律，一定要阳多一点，阴少一点，“雄”多一点，“雌”少一点，一定要在保守企业基本的基础上，去努力争取促成企业的转型升级。在转型升级之后，还要了解企业所在地区情况、企业产品线情况、产业链情况，还要了解企业自身、周边、国家政策、行业技术等情况，不要停留在自身原有的认知上面自满，通过自身努力，创立企业、运营企业、发展企业，不断地促成企业正常新陈代谢和良性循环。

虽然企业是你创立的，但是它的发展要符合企业发展规律。你不能占有，也占有不了，如人员流失了、资金枯竭了。企业按照发展规律正常发展，你不能把持，不能强加你的意志，也不以你的意志为转移。

企业家可以使企业不断发展成长，但不能主宰、决定、规定企业的命运。这就是不断地接近在客观规律范围内去得。

《道德经》第十章　家传道德经参悟

“载营魄抱一，能无离乎?”承载着灵魂的躯体与你的欲望要相符合。人的欲望实际上是以能够满足人躯体正常的新陈代谢为健康目标。过，则欲望过高；不及，则欲望过低。

人的欲望与身体需求实际上相差甚大。例如，很多人对物欲的追求与自身承受能力不成比例，两者差距越小对身体越有利、越健康。此两者相当于阴阳互动转化，此低彼高，此高彼低，皆为正常。两者不断朝向客观规律本身无限靠近，为“抱一”。这里所说的“魄”与实际的“营”，永远不会吻合，无限靠近是趋势，也是人之驱动的原动力。要尽人之所能，使躯（“营”）欲（“魄”）不相离甚远。

“专气致柔，能婴儿乎?”人活一口气，要使自身生命柔韧，极大限度地适应外部环境，顺应自然规律，像婴儿一样具有强大的生命成长力。

“涤除玄览，能无疵乎？爱民治国，能无知乎？”不断的洗涤清除自身认为社会不公平、不如愿的事物是瑕疵的观点，存在即是合理，想办法共生、共享、互利。

关爱周围的人，处理好周边关系，要做到不在自身“道”以外为，在“道”以内尽力而为。

“天门开阖，能为雌乎？”当你做决断的时候，要遵循躯壳生命的延续，形成自身有机的新陈代谢和良性循环。即你所做的事情有利于生命的延续，对社会、自身和他人有益。

“明白四达，能无知乎？”明白、理解及把握了许多事物，一定要知道，这只是万事万物的一点点。

“生之畜之，生而不有，为而不恃，长而不宰，是谓玄德。”万事万物都是由“道”生养，“道”生万物而不占有万物，“道”划分“道”内“道”外的界限而不强求，“道”使万物源远流长、生生不息，不宰割获取。“道”的这些特性就是告诫人们，可以向着这个目标不断努力和接近，不断地在“道”以内得到。

有诗为证：躯体魂魄为一体，欲望过犹总不及。
荡涤摒弃瑕与疵，万物源远才相宜。

《道德经》第十章　今通行本

载营魄抱一，能无离乎？专气致柔，能婴儿乎？涤除玄览，能无疵乎？爱民治国，能无知乎？天门开阖，能为雌乎？明白四达，能无知乎？

生之畜之。生而不有，为而不恃，长而不宰，是谓“玄德”。

《道德经》第十章　王弼本

载营魄抱一，能无离乎？专气致柔，能婴儿乎？涤除玄览，能无疵乎？爱民治国，能无知乎？天门开阖，能为雌乎？明白四达，能无知乎？

生之畜之，生而不有，为而不恃，长而不宰，是谓玄德。

第十一问： 专家、学者管理企业，采用了一系列的先进管理方式方法来提升企业的形象和生产运营水平，可是到头来，为什么企业不但没有得到提升，反而各项经济指标一路下滑？

第十一解 学者专家做企业 市场萎缩少份额

诗曰：产品入手大改变，注重美观方向偏。
强制推进新管理，繁荣景象不再现。

一次，在考察江苏海安一个企业的时候，感到非常意外。我在两年前来这个企业时候，这里还是一派繁忙、繁荣景象，这次发现企业已经有些衰败。原来，这家企业老板此前引进了一位新老板，新老板入股这个企业后，在股权份额中占了大股，现在企业运营由他说了算。这位新老板原本是一位大学教授，在学术界有一定的名望。攀谈中，新老板也了解到我的情况，知道我经常用老子《道德经》帮助企业解决问题，就请我帮忙出主意，解决企业的问题。经过深入的实地调研，我提出了我的意见和建议。

原来，他来到企业后，感觉到企业的目前状况离世界一流企业相差太远，管理陈旧、不正规，企业没有完美的形象。于是，他开始对企业进行了一系列的改进。第一，从产品的外观入手，增加喷涂工艺，美化产品外观；第二，整顿产品研发团队，从知识构成设定门槛，有高学历要求，没有高学历一律不要，一些不具备高学历的人员离开了企业研发部门；第三，推行国际上流行的管理模式，在员工考核上增加激励机制，在生产管理上实行零库存管理；第四，取消企业质检部门，产品质量由企业生产员工自检和互检。他的这些改革措施，从理论上大家认为都对。改革半年后，问题开始频发。首先，经过喷涂工艺美化的产品在市场上出现滞销，客户不认可；其次，新的产品开发团队设计的产品跟不上市场需求；再次，产品装配经常因为外委零件供货不及时，影响总成产品装配；最后，对于新管理方法中的奖励激励机制，多数员工反感，影响员工积极性。

老子说："三十辐共一毂，当其无，有车之用。"企业的一切行为，企业的管理、企业的设备设施都是为了用，最终的目的是为了客户对产品的使用。不是你的产品想要用多少就用多少，不是为了毂，想把企业管理做得美化就多几辐，辐多与毂不合，会影响用。产品是为了用户的使用，不能以外观漂亮为主，应该是以使用为主。增加了喷涂工艺产品的使用功能没变，客户不会仅仅因为美观买你的产品。

"埏埴以为器，当其无，有器之用。"管理是需要不断改进和加强的，这种改进和加强是不间断的，不是改一下就完了，埏埴要成器，要不断拍打，拍打完成了器中间的虚空，可以装盛酒水，器中间的无，就有了用的价值。零库存的用，就需要一个锻造、拍打的过程。就是说，你的零库存要有基础，有其他必备的条件，只有器形成了，才有了用，才可以实现零库存。

"凿户牖以为室，当其无，有室之用。故有之以为利，无之以为用。"对员工的考核不是增加激励条款了事，研发团队的门槛设立也不是学历越高越好。研发人员应该是适合企业实际的，具有一定的行业经验，有设计天赋，有文化背景，有设计激情，有了这些才能设计出好的产品。有一个好学校，有一个专业背景，这只是为了团队的高学历，而不是有利于设计产品。凿户牖是为了居住，不能为了美观漂亮而影响了居住功用。

往往想法和实际相差很远，实际不能假设。一切要建立在"有"的基础上，要注重你的"有"，你的厂房、设备、员工及管理系统、产品开发系统、生产系统、营销系统，这些都是为了"用"，为了设计、生产、销售出最适合用户使用的产品。

他听了我的分析和建议后，受到很大触动。在以后的一段时间内，主动征求其他高管和技术人员的建议，虚心听取员工的意见，把原来的错误进行了纠正。取消了产品的喷涂工艺，改为酸蚀工艺，节省了资金。研发团队遴选改为以有行业经验和有设计作品为重，把学历作为参考，不做硬性规定。员工的考核更体现人性化，以增强荣誉感为主，充分调动员工主动进取的积极性。

一年多以后，这个企业有了质的飞跃，迈入了行业的先进行列。

《道德经》第十一章　企业启示

一个企业的服务领域由多个系统组成，例如，企业生产系统、企业质量保障系统、企业产品开发系统、企业运营系统、企业管理系统、企业售后服务系统等。这些系统都服务于企业的总目标，这个目标就是适应社会需要，适应市场需要，适应客户需要。每一个系统的设置都要留有一定的空间，这个空间便于各个系统的相互配合，便于每位企业员工能自主执行企业的指令。如同车轮一样，企业各个系统是坚硬的辐条支撑车毂，车辐交汇的车毂中心虚无，留有这个虚无的空间车轮才能运转，企业才能正常运营。

企业创立各个系统的同时，就要不断夯实自身的硬实力，留有充分的软实力运行空间，这样才可以使企业随时抓住市场机遇，如同烧制器皿一样，不断拍打四壁，坚固当中，预留的空间可以盛装酒、水、茶等各种液体。

企业要善于识别自身发展的机遇，主动出击，顺应规律，解决关键问题，完成质变一跃，如同识别石穴可以当作企业生存的房屋，主动创造完成门窗，实现房屋的用处。

所以说，企业要利用好现有的一切资源，完成“利”和“用”向企业自身功能的转化，使企业在未来的市场中游刃有余。企业为“有”，以为“利”，市场为“无”，以为“用”。“利”“用”恰到好处，可以使企业持续发展，给企业带来丰厚的利润。

《道德经》第十一章　家传道德经参悟

“三十辐共一毂，当其无，有车之用。”许多辐条支撑着一个毂，毂的中间是空无的，这中间空着的才能安装成车，车才能供乘载之用。

“埏埴以为器，当其无，有器之用。”用黏土烧制成器皿，器皿的中间是空的，这空着的器皿才能盛装酒水供人使用。

“凿户牖以为室，当其无，有室之用。”开凿门窗修建房屋，门窗是空的，房屋是空的，这空着的地方才能使用。

“故有之以为利，无之以为用。”所以，已经“有”的事物我们人类可以借助、借势（在“道”以内）；还没发生，表面似不存在的事物，但在足够的外力条件下仍然可以使用。做任何事情都要从现有的状态出发，尽量全方位加以利用，对于在“道”以内我们有可能做成的事物，要不失时机地大胆付诸行动。

有诗为证：辐毂户牖实所见，虚实蕴藏在其间。
实空有无总相依，恒常利用不可偏。

《道德经》第十一章 今通行本

三十辐，共一毂，当其无，有车之用。埏埴以为器，当其无，有器之用。凿户牖以为室，当其无，有室之用。故有之以为利，无之以为用。

《道德经》第十一章 王弼本

三十辐共一毂，当其无，有车之用。埏埴以为器，当其无，有器之用。凿户牖以为室，当其无，有室之用。故有之以为利，无之以为用。

【注释】辐 fú：车轮上连接车毂和轮辋的直棍。 毂 gǔ：旧指车轮中心有圆孔可用于插轴的部分。 埏 shān：用水和（huó）泥。 埴 zhí：用于制作陶器的黏土。埏埴，是指用水和黏土，揉成可制器皿的泥坯。 牖 yǒu：上古的“窗”，专指开在屋顶上的天窗，开在墙壁上的窗叫“牖”，秦多用牖，窗少见。

第十二问： 我的企业实施了提升企业管理、引进高端人才、开发高科技新产品等许多重要举措，为什么企业还是遇到了许多难以解决的问题？

第十二解

引入资本新技术　做强不成反添堵

诗曰：盲目贪求名与利，创新改革转型急。
国际一流没兑现，过度妄为伤自己。

一次，我接到江苏泰安一位企业家朋友的电话，向我告急，说企业出了问题，让我前去帮忙查找原因、出出主意。

他的企业我以前去过，是一个在行业内处于中等水平的企业，发展势头良好。他想在此基础上把企业做强做大，成为国际一流企业。为此，他采取了几个重大举措：一是引进了三股外来资本，招聘了几名科技高端人才；二是听从高端人才的建议，经常参加国际博览会，在展会上学习和感受到了一些特别的高科技产品、新产品和经营经验；三是聘请了社会上的咨询公司协助运营企业，采纳了公司的建议，申请了许多实用型专利；四是推进了高端人才指导开发设计新产品，把新产品的试验品推向市场，收到了客户对试验品的好评。采取了这些举措之后，他期望能给企业带来大发展，可是企业却接二连三地出现问题。

在对企业情况深入调研后，我对企业老板提出了看法和建议。

老子说："五色令人目盲。"参加世界博览会无可非议，但是，一定要知道你所看到的特别的、个别的某个产品，你所看到的某种先进技术和管理理念，这些都有适合它们生成的客观条件。例如，企业员工的业务素质、文化习惯，产品技术特点、产品适应客户特点，这个企业所在地政策、法规、技术环境、商业环境都是先决条件。任何一个博览会上所见到的先进经验、先进管理、先进理念、先进技术都不可照抄照搬。

"五音令人耳聋。"咨询公司给你的意见都是外来的意见，偏重理论成分多些，多数都是别的企业的经验。这些意见可能不适合你的企业，因为你的企业的外部条件和内部条件与意见提到的企业不同。所以，这些意见必须与你企业现在的客观实际相结合，要慎重参考对待这些经验和意见。

“五味令人口爽。”投放到市场上的一些新产品暂时得到了效益和利润，受到客户欢迎。试验品和批量生产的定型产品差别较大，企业提供的是试验品，别的企业也是试用，没有考虑成本，因为是少量试用。试用产品转化成批量生产的产品还需要产品成本优化、使用寿命周期优化、故障率优化等，而这些方面都需要经过系统化工程达到，这样产品才能投放市场。不能因为一点点试验品卖出去就盲目乐观，“爽”不一定准，那可能不是真正的需求。

“驰骋田猎，令人心发狂。”新产品有了一点成绩就喜出望外，不经过成本、使用周期、故障率、新技术的系统论证，匆忙把新产品推向市场。在调研中发现，他的新产品附带一款智能软件。该软件是在博览会上发现的，当时感觉该软件反应灵敏快捷，还与企业产品相配，于是就买来加装在产品上。可是，客户用了一段时间以后，发现该产品在信号捕捉方面出现了问题，因为企业没有这方面的技术人员，于是找到了售卖软件的外企，外企说这款软件因为这个问题解决不了停产了，又研制了一款新软件，这个软件不但价格昂贵，还与企业产品不相配。这一产品投放市场，给企业造成了重大经济损失和名誉的损失。“心发狂”带来的恶果是不可估量的。

“难得之货令人行妨。”我在调研中还发现，企业投诉其他企业侵犯自己专利权失败。原来，他听从了咨询公司的建议，申请了几个实用型专利，然后又起诉了其他企业侵犯了专利权，结果，由于专利使用的原理不是他开发的，别的企业也是使用了这个原理，实际应用中与他专利稍有不同，就不算侵权。

“是以圣人为腹不为目，故去彼取此。”一个企业要取得成功，一定要脚踏实地地从企业自身管理和技术方面的提升做起，一切为了满足客户的需求，为客户提供全方位的优质服务，只有沿着正确的方向走，企业才能向前发展。

听了我的分析和建议后，老板组织董事会制订了一项原则：今后，企业所有的重要项目投入、新产品开发、新方向策略制订都必须经过扩大的董事会讨论、论证、通过，扩大的董事会要有中高层管理人员和企业各方面骨干员工参加。

一年以后，这个企业开始稳步向国际一流企业迈进。

《道德经》第十二章　企业启示

一个企业面临纷繁的资讯：文字的、影像的、实物的、事件的，令企业家很难分辨其中哪些是符合企业发展规律的，哪些是违背企业发展规律的。还有许多资讯是传闻的、商业性的，这些资讯也使企业家难以分辨。企业的各种尝试，许多都会给企业带来刺激性感觉，按照自己的主观臆想行事之后，很容易误判其正确性。稀缺的物质、稀少的虚名，很容易令企业家去追求、热捧。

发展较好、历史悠久的企业，企业一切行为都是紧紧围绕企业发展规律，坚守企业自身的根本，不妄想、不妄为、不多为，摒弃那些沽名钓誉的形式，善于从各种观念中找到自身企业借鉴遵循的方向，企业一切行为都是从最基本之处着眼着手，扎扎实实挺进成长。

《道德经》第十二章　家传道德经参悟

“五色令人目盲，五音令人耳聋，五味令人口爽，驰骋田猎，令人心发狂，难得之货，令人行妨。”人类与客观世界相联系总是根据人类主观标定通道来认识的（包括颜色、声音、味道、欲望），难得之货也总是根据人类头脑中的标定与人类相联系，人类的主观标定，就是有获得难得之货的趋势，这就告诉人们对色、音、味、欲在符合人类自身生理需求的限度内注意加以限制和规范。

“是以圣人为腹不为目，故去彼取此。”所以说，活得比较久的人，他对人类自身对色、音、味、欲的需求标定范围，将其控制在人类自身基本、必要需求的范围内，把由于主观过分标定的内容去除，留下对人类最基本要求标定的部分。

有诗为证：色音味货乱心性，放纵欲望遭险凶。
摒弃祸根贪嗔痴，恬淡宁静乐无穷。

《道德经》第十二章　今通行本

五色令人目盲，五音令人耳聋，五味令人口爽，驰骋田猎，令人心发狂，难得之货，令人行妨。

是以圣人为腹不为目，故去彼取此。

《道德经》第十二章 王弼本

五色令人目盲，五音令人耳聋，五味令人口爽，驰骋田猎令人心发狂，难得之货令人行妨。

是以圣人为腹不为目，故去彼取此。

【注释】妨 fáng：阻碍，伤害。迷信的人指某人或某物对人不利，俗称相克。

第十三问： 我注重企业的新产品开发，委派儿子管理开发部门，并且企业的资金、人力、物力都向这个部门倾斜，为什么好的新产品没有开发出来，企业反而出了许多问题？

第十三解　侧重开发倾全力　顾此失彼乱整体

诗曰：创新产品急求成，加大投入助提升。
偏重一方弃全局，效益滑坡遭罚惩。

安徽合肥有一位企业家朋友，他的企业是一家行业内实力较强的企业。一次考察他的企业时，他一脸愁云地向我述说了近来出现的大问题。

这位企业家原本是做自动化技术的，他儿子最近从国外留学回国，儿子在国外学习的也是自动化专业。为了锻炼儿子和尽快开发出新产品，他把儿子安排在企业的产品开发设计部担任部长。他给产品开发设计部投入了大量的资金，并在权力、物力、人力、政策上向这个部门倾斜，希望儿子能带领这个团队为企业开发设计出市场上能够畅销的新产品。儿子也很努力，带领开发设计团队做了大量的工作，可是能够转化成产品的少之又少。这时，部门有两名跟随老板10多年的设计人员离职去了其他企业，儿子又从社会上招聘了两名专业技术人才。大量资金投进去了，新产品却迟迟设计不出来，企业出现了大的波动，员工认为企业快不行了。老板不明白为什么会出现这种局面，向我讨教解决问题的办法。

经过对企业深入了解调研，走访离职的两名技术人员，我对老板提出了看法和建议。

老子说："宠辱若惊，贵大患若身。"老板重视产品开发设计部门是对的，足够就可以了，不能过分，就是不能"贵"，"贵"则祸患就要临头。老板将企业的大量资金和人力、物力投给了产品开发设计部门，影响了其他部门的正常运作，一些项目缺乏资金实施受阻，削弱了当下产品生产和技术质量保障。在这期间，产品开发设计部门的两名老技术人员向老板儿子提出了意见，老板儿子听不进去，两人又找到老板汇报，老板认为儿子做得对。同时，在当下生产缺少资金运营的情况下，老板又让这两名技术人员保障产品的技术质量。两人无奈离职。

由于老板过分注重产品开发设计部门的作为，致使其他部门资金不足，当下产品质量问题频发，新老客户怨声载道，产品市场占有率急剧下降。

“何谓宠辱若惊？宠，为下得之若惊，失之若惊，是谓宠辱若惊。”只要你重视某一方面，你重视儿子，重视产品开发，过分以他为重为贵，则会产生祸患。贵，同时产生祸患。“宠”是贵重，“辱”是不重视，对某些生产运营环节不重视，应该引起老板特别注意。“宠”“辱”偏离，一个在左，一个在右。

“何谓贵大患若身？吾所以有大患者，为吾有身，及吾无身，吾有何患？”企业要结合自己的客观实际，以当下产品的生产、技术、保障为前提，来制订新产品开发计划，在逐步实施的过程中不断纠错，不能追求过分的、不切实际的发展速度。不切实际的想法做法，为“有身”，去除了不切实际的想法做法，为“无身”。做到“无身”，也就没有了祸患。

“故贵以身为天下，若可寄天下；爱以身为天下，若可托天下。”老板知道了问题的原因后，就不“贵”这个产品开发部门了，让儿子当副部长。我说，儿子在这个部门就是当员工也不合适，不管当什么，他是老板儿子的身份没有变，你儿子就是贵重的符号，放到哪里，哪里就自然贵了。要跳出这件事想问题，以企业为身，“贵”企业整体，做一切事情从企业整体出发，从企业实际出发，从一起有益于企业出发，这样企业就能立于不败之地。根据专业特长，我建议他把儿子放在产品销售服务部，熟悉客户，熟悉市场，掌握产品问题第一手资料，先从产品的问题改进入手。

老板听从了我的建议，纠正了以前的一些错误做法，根据企业实际，制订了切实可行的计划和发展策略，企业扎实、平稳发展，企业效益很快就得以恢复，一年以后企业新产品在市场上深受欢迎。

《道德经》第十三章　企业启示

一个企业家要居安思危，对市场和社会的表象有敏锐的洞察力。市场追捧的产品，接下来往往可能会快速衰退；市场遇冷的产品，有可能在未来一段时间内会受到客户的青睐。总之，宠和辱不是一成不变的，宠和辱都是市场的极端表现，都是向着相反的方向转化的转折点。

一个企业家不要刻意追求某一方面，这种超出自身能力的刻意追求会给企业带来灾害。

那么，企业家如何认识世俗的赞誉和贬损呢？世俗对你的赞美，是世俗的见解，赞美过后就是贬损，事物高峰过后就是低谷。所以，赞美是贬损的起点。

企业家对得到的赞美和利益，对失去的赞美和利益，都要给予足够的重视。

那么，我们怎么认识贵重就会出现大的祸患，崇尚追求就会出现大的祸患呢？

我们过分的作为给企业带来祸患，就是因为我们自身有过多欲望，我们对欲望的追求超过了企业正常发展的界限。所以，超出企业正常发展界限的追求和作为会给企业带来大的挫折和祸患。如果企业没有过多的欲望，不在企业发展规律以外作为，企业就不会发生挫折和灾祸。

如果企业时时处处关注市场的发展变化，注重市场需求，使企业适应市场需求，企业就能在市场中占有一席之地，在市场中得以生存。

如果企业时时处处能把自身融入市场和社会，成为市场和社会不可分割的一部分，企业就自然而然地顺应了企业发展规律和市场发展规律，市场和社会也将时时推动企业发展。

《道德经》第十三章　家传道德经参悟

“宠辱若惊，贵大患若身。”宠信和屈辱的事情到了，如同使你心惊胆战的事情到了。只要你有贵重之心，只要人有贵重之心，贵重物质，贵重名誉，贵重享受，就等于将大的祸患加到你的身体上了。

“何谓宠辱若惊？宠，为下得之若惊，失之若惊，是谓宠辱若惊。”什么是宠辱若惊，为什么说宠和辱使你心惊肉跳呢？宠为下，宠、尊崇和宠信是人的一种主观做法，只要是主观的做法，只要是人在“道”以外所为，必然每况愈下。得之若惊，失之若惊，得到使你心惊肉跳，失去也心惊肉跳。这就是为什么宠和辱系于惊骇。

“何谓贵大患若身？吾所以有大患者，为吾有身，及吾无身，吾有何患？”什么叫大患若身，为什么贵重的行为等于大的祸患到达身体了呢？人所以有大的祸患，是因为在人的身体之外去“为”了，是因为在人的身体需要之外去“为”了。如果人们不在人的身体需求之外去“为”，人们就没有什么祸患了。

“故贵以身为天下，若可寄天下；爱以身为天下，若可托天下。”所以，以贵重人的身体需要为目标的事物，就等于把自身托付给天下；以爱护自己、爱护人们身体为目标，以喜爱人们身体为目标去做事情，就等于天下万事万物都能够自然顺畅地生存。

有诗为证：宠辱行至皆有因，祸患袭扰钻营人。
兼爱天下贵己身，逍遥自在驭乾坤。

《道德经》第十三章　今通行本

宠辱若惊，贵大患若身。
何谓宠辱若惊？宠，为下得之若惊，失之若惊，是谓宠辱若惊。
何谓贵大患若身？吾所以有大患者，为吾有身，及吾无身，吾有何患？
故贵以身为天下，若可寄天下；爱以身为天下，若可托天下。

《道德经》第十三章　王弼本

宠辱若惊，贵大患若身。
何谓宠辱若惊？宠，为下得之若惊，失之若惊，是谓宠辱若惊。
何谓贵大患若身？吾所以有大患者，为吾有身，及吾无身，吾有何患？
故贵以身为天下，若可寄天下；爱以身为天下，若可托天下。

第十四问： 我聘请的高管，无论我怎么对待他，过一段时间总会有人提出辞职。为了留住他们，我给他们高薪、给他们权力、给他们面子，该给的都给了，为什么还是留不住他们？

第十四解 给足好处枉费神 屡遭背叛徒增恨

诗曰：待遇优厚聘高管，给足面子又放权。
频繁辞职难挽留，捉摸不透多迷幻。

一次，在上海企业考察期间，一位企业家向我提出了一直以来使他困惑的问题。他向我诉苦说，现在的人越来越难以捉摸了。“我聘请的高管，无论我怎么对待他，过一段时间总会有人提出辞职。为了留住他们，我给他们高薪、给他们权力、给他们面子，该给的都给了，怎么还留不住他们呢？”

详细了解这些高管辞职的情况后，我帮助这位企业家分析原因。我告诉这位企业家，他的这些高管都是实实在在客观世界中的人，他们每个人有各自不同的特点，有各自的长处和短处，有各自的需求和喜好。他们会将内心深处的召唤（即道）作为他们的行动指南。而你认为高薪、权力、面子就是他们所需要的全部，其实，是远远不够的，可以说这只是九牛一毛。用人失败的原因，就是没有做到深入细致的观察、了解。实际上，即使我们进行了深入细致的观察和了解，也不能全面掌握一个人的情况，这就是老子说的，“视之不见，名曰夷；听之不闻，名曰希；搏之不得，名曰微。此三者不可致诘，故混而为一。”但是我们凭借对高管细致入微的观察，并结合高管个人、企业及社会当时的实际情况，可以采取恰当的措施，避免或减少高管辞职的发生。这就是老子说的“迎之不见其首，随之不见其后。执古之道，以御今之有。能知古始，是谓道纪。”为了便于老板能用老子的哲学思维正确认识对待这个问题，我给他讲述了我的一个企业家朋友聘用高管的故事。

河北涿州一位企业家朋友，用高薪从竞争对手企业挖来一名高管。他曾在与这家对手企业的竞争中屡屡败北，究其原因，都说是因为这位高管。业内传说，这位高管管理运营企业很有一套。一次，这个高管在与另一个企业竞争大项目时失败，他的老板和企业里许多人都怀疑他拿了对方的好处，他因此心灰意冷。在这个时候，我的这位企业家朋友把他聘来，希望他能把一些好的做法移植过来，增强企业竞争力。

这位高管来到涿州的企业后，非常想证明他的能力，马上按照他在原来企业的经验，对这个企业进行了一番改造。可是，经过一段时间后，企业非但没能进步，反而开始逐步衰退。这位企业家怀着迷惑和不解找到了我。

我对反差最大的企业营销进行了深入调研。这位高管首先花费大力气对企业营销进行了改造。原来这家企业的营销模式是代理制，企业把产品授权给全国各地的经销商，然后给他们部分利润空间，以此调动他们的积极性。这位高管把营销模式改成直销，在全国一些大城市建立售后服务部，直销产品的同时承担产品的售后服务。我在调研中发现，对销售模式进行改造后，新建立的营销体系还没有完全进入工作中，原来的经销商就停止了销售企业的产品，企业产品销售受到极大影响。

老子说："其上不皦，其下不昧，绳绳兮不可名，复归于无物。是谓无状之状、无物之象，是谓惚恍。"凡是经验都是不能完全认知的，所有学习来的经验都是过去的，都是"惚恍"。这些经验的产生与当时、当地、企业自身的客观实际相关联，本来就是"惚恍"的事，再与当下客观实际不符，必然招致失败。

"执古之道，以御今之有。能知古始，是谓道纪。"过去的经验虽然是"惚恍"，但也是宝贵财富，只要根据已经发展变化了的时间、地点、自身实际，结合当下主观实际和客观实际，根据实际需要不断修正、发展、丰富这些经验，这些经验还是可以借鉴和利用的。"执古之道，以御今之有"是企业发展的常道。

我提出了改变这种局面的建议。由于市场多样、多变、复杂的特性，这位高管的专业能力很强，建立的直销模式有优势，但是只采用直销的模式有一定的弊端。企业产品销售可以灵活多样，有主有辅，吸取两种模式的优点。在重点大城市慎重设立销售售后服务部，由销售售后服务部根据地域市场的实际情况授权代理商。企业授权销售售后服务部独立开发客户、直销产品和管理代理商权力。

涿州的老板采纳了我的建议，肯定了这位高管的成绩，与这位高管和团队骨干深入研讨，对原来的做法进行了补充和完善。销售售后服务部由设在大城市改为设在客户集中的重点地区，销售售后服务部制订了一整套的直销开发措施策略，还设置了对代理商的管理机制和奖励退出机制。经过一段时间，产品销售额大幅增加。

《道德经》第十四章　企业启示

企业家一定要善于收集识别看不见、听不到、摸不着的资讯，通过看、听、摸这三种渠道得不到的资讯，仍然对企业起着很大的作用，这些看不见、听不到、摸不着的资讯是无限循环更迭的，是永远探索追问不完的。

这就是企业发展规律，没有在企业发展规律之上可追求的事物，也没有在企业发展规律之下可彷范的阻碍，没有比企业发展规律还高明的规律，企业发展规律不可能把企业每一个环节都用管理的词语诠释，来让人们遵守。企业发展规律可以创造各式各样的物质，但是它本身不是物质，它本身也不追求物质，物质只是规律的产物。

企业发展规律追求的是无形、无状的思维层面，如企业运营模式、企业发展策略、企业文化理念等，有形有象的物质是企业遵循发展规律的产品。

企业的发展是不随着人的意志而转移的，不是人的主观能够创造出来的，是客观存在而需要去遵循的，不随人的主观意识分前、后、左、右。

古今中外其他企业的经营管理经验是可以借鉴的，但是这个借鉴要掌握一个度，这个度就是根据本企业此时此刻所面临的环境、技术发展程度、客户认知程度加以借鉴，以此来指导企业现在的实际行动，在行动中要时时加以修正。

做到以上这几点就能够知道，企业得以生存发展的根本是适应人们的需要。企业家引导企业沿着适应企业发展规律、满足人们需要的方向前进，是企业应该长期坚持的根本。

《道德经》第十四章　家传道德经参悟之一

“视之不见，名曰夷；听之不闻，名曰希；搏之不得，名曰微。此三者不可致诘，故混而为一。”“道”有以下特点，怎么仔细看也看不到，可是又感觉好像能看到；怎么仔细听也听不到，可是又感觉好像能听到；怎么仔细摸也摸不到，可是又感觉好像能摸到：此谓夷、希、微之恍惚。即“道”就在我们身边，我们都在“道”中。夷、希、微，此三者不可以无限细致，以人类标定的逻辑去追问。所以，我们现在认识到了夷、希、微是同时存在的。没有比“道”更加光明透彻的了，没有比“道”更加幽深昏暗的了。

“其上不皦，其下不昧，绳绳不可名，复归于无物，是谓无状之状、无物之象，是谓惚恍。”“道”，纵向顶天立地，通向由宇宙之最始，“道”到永远；“道”，不可以用人类的标定思维来计量；“道”，会使现在所有事物复归于无。这就是“道”的无状、无象。

“迎之不见其首，随之不见其后。执古之道，以御今之有。能知古始，是谓道纪。”“道”，人类永远看不见它的开始，看不见它的结束。人们通过古代的事物，总结出一点点规律性的东西来指导人们的行动，如此循环，是我们人类如今遵循“道”、认识“道”的一点点方法（纲纪）而已。

有诗为证：视听触摸均不见，头尾身形亦无边。
混沌为一似有无，执古纲纪顺自然。

《道德经》第十四章 家传道德经参悟之二

“视之不见，名曰夷；听之不闻，名曰希；搏之不得，名曰微。此三者不可致诘，故混而为一。”“道”（自然规律）是我们人类看不见的、观察不到的，没有影和像，我们暂且称作“夷”；“道”是我们人类听不到的，没有音和声，我们暂且称作“希”；“道”是我们人类触摸、感觉不到的，没有形和状，我们暂且称作“微”。这三者不能再往下追问，不会有另外不同的答案。

对“道”人类还没有更深的认知，也没有更深入研究的方法。我们只能认识“道”集“夷”“希”“微”于一身，其余还有什么我们不得而知。

“其上不皦，其下不昧，绳绳兮不可名，复归于无物。是谓无状之状、无物之象，是谓惚恍。”在“道”之上，人类还没有发现有什么比“道”更高一个层次的存在，在“道”之下，人们也没有发现有什么比“道”更有力量的存在。“道”，不能用任何人类现有的语言、文字、逻辑、数字给其命名，因为它归于无。

“是谓无状之状、无物之象，是谓惚恍。”人类现在只能认知，“道”，是循环往复，是有和无之间，规定这个世界在有和无之间循环。“道”，始终处在没有状态的状态，没有物质的现象，我们把这种现象称为“惚恍”。

“迎之不见其首，随之不见其后。”人类还没有发现“道”的起源，也没有发现“道”何时停止。

“执古之道，以御今之有。”人类对“道”的认知虽然是微乎其微，但是我们可以用传承的方式，逐渐地、不间断地继承和发展人类对“道”的认知，以此来驾驭、约束、指导我们的行动。由于“道”的不完全可知性，因此我们执古之“道”不能僵化、盲目，而要结合当下实际，不断加深对“道”的认知。

“能知古始，是谓道纪。”人类对“道”从古至今发展的历史进行认知、研究，靠近“道”，是人类对“道”认知深化的唯一途径。

《道德经》第十四章　今通行本

视之不见，名曰夷；听之不闻，名曰希；搏之不得，名曰微。此三者不可致诘，故混而为一。

其上不皦，其下不昧，绳绳兮不可名，复归于无物。是谓无状之状、无物之象，是谓惚恍。

迎之不见其首，随之不见其后。执古之道，以御今之有。能知古始，是谓道纪。

《道德经》第十四章　王弼本

视之不见名曰夷，听之不闻名曰希，搏之不得名曰微。此三者不可致诘，故混而为一。

其上不皦，其下不昧，绳绳不可名，复归于无物，是谓无状之状、无物之象，是谓惚恍。

迎之不见其首，随之不见其后。执古之道，以御今之有。能知古始，是谓道纪。

【注释】夷 yí：本义为讨平、平定。《说文》：“夷，平也。”由讨平、平定义引申为铲平、除去、诛灭等义，由铲平引申为平坦义，由平坦引申为平安、平和等义。　诘 jié：责问，追问。《说文》：“诘，问也。”　皦 jiǎo：古同“皎”，洁白，明亮。分明，清晰。　昧 mèi：早见于西周金文，其本义是天色将明未明之形，又可引申为暗昧、昏庸之义。　绳绳 mǐn mǐn：接连不断、小心谨慎。　惚恍 hū huǎng：混沌不分，隐约不清；迷迷糊糊，多指神志方面游移不定。　御 yù：多指驾驭车马。引申指驾驭车马的人。御也泛指驾驭一切。由本义还引申有治理、统治之义。扩充意义至与帝有关的事务。

第十五问：我大刀阔斧改变父辈企业旧的生产经营模式，为什么却引发了企业一系列的问题，致使企业损失惨重？

第十五解　子承父业改旧貌　大刀阔斧一团糟

诗曰：改变经营急开拓，管理生产创新多。
　　　迈开步子向前行，效益不增反出错。

一次，我去温州一个企业去考察。这个企业经营多年，一直业绩较好，老板是我多年的朋友，虽然精力旺盛，但是年纪已经大了，他说要把企业传给他的儿子。这次来到这个企业，接待我的是他的儿子。可是，我在考察中发现，这个企业大不如前。他的儿子跟我说，他一直以为他的父亲保守、胆子小、步子小。他接管企业后，进行了大刀阔斧的改进，引进了高端人才和高端产品，废弃了原来一些薄利的产品。可是运行一段时间后，企业利润不升反降。于是，他又聘请了几位咨询公司的高手对公司进行排查，结果均未发现运营错误，他们也拿不出解决办法。在他的百般求助下，我对企业进行了细致的调研，对他的管理团队也进行了访谈，最终我用《道德经》第十五章的哲学思维帮助他分析了原因，并提出了解决方案。办企业的“道”和所有的“道”一样深不可识，微妙玄通，它会时时地把企业经营者淘汰掉。要想不被淘汰，而能被“道”所包容，你在这条“道”上行走时，就要像过冰川那样小心、谨慎，时时防范来自四周的风险，把持好自身的“道”。

任何企业变化都要遵循渐变原则，即由量变到质变，从点滴改善开始，“不以善小而不为，不以恶小而为之”。该企业片面追求冒进，致使新的管理不能符合实际，不能解决实际问题，反而阻隔和堵塞了已有的解决问题的途径。

该企业对周边的同类企业的管理思想没有结合实际领会吸收，而是错误认为照搬照抄同类企业好的做法就会收到好的效果，善意的学习也可以给企业带来祸端。

该企业追求大刀阔斧、改天换地，这样会使企业已有的新陈代谢体系遭到破坏。对已有的新陈代谢体系，企业应该充分认识到它的重要性：就是因为有了它，企业才存在。人们自认为多么好的体系都是想象而非实际，想象和实际的差距是必然存在的。

任何在“道”以外的行为、任何冒进都会给企业带来灾祸，要遵循企业发展的规律，超越规律是妄想，是祸事的开始。

最后这个企业认识到了问题所在，找到了解决问题的办法，又恢复了以往的生机。

广州一位企业家朋友也遇到了类似的问题，着急约我去给他的三个儿子讲讲企业的经营之道。原来，他分别将企业的三个分公司交给了三个儿子打理。他的三个儿子年龄差距不大，都有国外学习的经历。他们在接管企业之初做的第一件事，就是人员调整，把老板大量的亲戚朋友降职和解雇，重新聘任了管理人员和专业技术人员。这一点让老板很没面子，因为被解聘的许多人都是老板的亲属或是跟随多年的朋友。做的第二件事，就是对企业彻底改造。他们都认为，企业原来的产品利润太小，而且很老，面临被市场淘汰的可能。老大投入资金和人力，企业改生产电子产品；老二招聘专业人员开了广告公司；老三将企业作为国际品牌的加工厂，生产装配外企的品牌产品。老板根据以往的经验，开始就没有看好他们的作为。可是，三个儿子一再保证只要给他们机会，一定能把家族企业做好。老板痛下决心，让他们放手一搏，结果招致惨败。老大的电子产品遇到了市场上的激烈竞争，销路不畅，企业出现较大亏损。老二的企业改成广告公司，等于从头做起，缺乏经验，订单少，还做了两次被告，一次被告虚假宣传，一次被告侵权。老三一开始接到的是科技含量较低的加工订单，因为销量少、厂子大、人员多，也一直亏损。后来，外国企业单方面解除了合约，厂子陷入停顿状态。出现了这种状况后，三个儿子又有了新想法，还要继续干。老板觉得损失钱事小，但是他看不到希望，决定让我来给他们讲讲经营企业之道。

了解了他们运营企业的过程后，我提出了看法和建议。

老子说：“古之善为士者，微妙玄通，深不可识。”善于经营企业者，一定要对企业的成长、改革、升级、进步从细微之处入手，一定要找准能使企业技术方面、经营方面事半功倍的妙处，遇到“玄”要停止，一定要在上下左右意见基本一致的时候才能实施，80% 的人不同意不能实施，不通过不能实施。“深不可识”，你要知道，你们涉足的领域是深不可识的。“夫唯不可识，故强为之容。”对于经营之道，要知道你们能了解到的是非常少的，根据这些非常有限的了解所制定的方法政策一定会有大的偏差。

“豫兮若冬涉川；犹兮若畏四邻；俨兮其若客；涣兮其若凌释；孰兮其若朴；旷兮其若谷；浑兮其若浊；澹兮其若海；飂兮若无止。”你的企业在实施具体做法时，应该是时常谨慎的、小心翼翼的，要知道周围环境、企业自身有非常冷酷的一面，往往不能承受一时疏忽的偏差和错误。企业出现的一时疏忽、偏差错误，会给企业带来无法挽回的损失。

企业在市场中，对上下游供应商、客户、员工，对科技进步，对当地法律法规和民俗习惯，始终要有足够的敬畏之心。可能你的一点不敬、一处失误，即刻导致某个项目失败；某个产品不合格，就可能造成企业倒闭。小错积少成多，会像冰雪融化一样无法挽回和阻挡。

作为企业，一定要敦厚淳朴，符合市场需求，适应市场环境，做任何事情要充分留有余地，尤其是对企业进行较大的改造升级。

“孰能浊以静之徐清；孰能安以久动之徐生。保此道者，不欲盈。夫唯不盈，故能蔽不新成。”在变化莫测的市场中，在风云激荡的企业竞争中，企业只有坚持上述的做法，不过分，不强求，循序渐进，才能取得成功。

老板和他的 3 个儿子听了我的意见和建议，受到了很大的启发。他们认真检讨了失败的教训，掌握了做企业的哲学思维，经过长时间的磨炼后，逐渐把自己分管的企业做强。

《道德经》第十五章　企业启示

善于经营的企业家都是从细微之处着手，善于促成微小的变化，使企业不断向繁荣昌盛前行，使企业顺应规律，减少阻碍，通达顺畅。将企业发展规律层层抽丝剥茧，深入探索，直到认识的边缘，再在实践中加以修正，反复实践，反复探索。这些优秀企业的做法看似玄妙，不被多数企业所认知。

探索到企业发展规律的边缘，就要制订出在实践中加以修正的机制。由于企业发展规律不可完全认知，我们所有的推理和描述都是暂时的、象征性的，还需在实践中逐渐完善。

企业在沿着企业发展规律前行的时候，对规律的认知、遵循存在着天然的偏差，所以对每一项管理、每一个策略、每一个目标都要非常小心、谨慎，如同冬季行走在冰川上一样，要小心谨慎与周边环境相融合、相适应、相合作、相互利、相共赢。

企业要在市场中始终保持敬畏的心态，向做客一样遵守规矩，保证企业每一个行为都要顺乎自然，自然而然地完成，恰到好处；悄无声息地完成，如同树木生长、岁月更迭一样。

保持住企业最原始、最朴素、最基本的管理精髓，企业家不但要综观自身行业，还要时刻关注其他相关行业科技、管理的发展，企业要与自己的上下游企业、同行业企业天然混成，形成你中有我、我中有你的共赢关系。

企业所面临的各种纷繁复杂交织在一起的问题和矛盾，在万事归静这一规律驱使下必然会逐渐清晰。企业的任何营利模式、产品优势都不是一成不变的，只有主动地不断修正企业发展方向，保证良性循环和新陈代谢，才能使企业长盛不衰。

企业要始终保持沿着企业发展规律前行，不追求超出自身能力之外的发展，只有坚持这一点，才能保证正常的生存和发展。

《道德经》第十五章　家传道德经参悟

“古之善为士者，微妙玄通，深不可识。”自古以来善于接近“道”的这些人，不放过一点点微小的、偶然的、靠近“道”的机会，只有不断地向“道”靠近，才发现“道”是人类无法认知的。这才是对“道”的敬畏，这就是人类无法真正认识的“道”。

“夫唯不可识，故强为之容。豫兮若冬涉川，犹兮若畏四邻，俨兮其若客，涣兮若冰之将释，敦兮其若朴，旷兮其若谷，浑兮其若浊。”我们之所以能够生存，是“道”能够容纳我们一段时间，此时人们什么都看不明白，像豫这种动物一样在冰面上小心行走，因为人类无法认知周围的危险；像犹这种动物一样对周围的一切极其警觉，此时，来临的即使是友爱也可能造成伤害；如同做客一样对周边的一切事物保持尊重；做任何事情都要适应周围的环境，如同冰凌悄然融化一样，不对周边的环境产生伤害和影响；长期做很多事情，无论做什么事情都要向事物的自然规律靠近；任何事物的变化完成都不是一朝一夕，它不仅遵循自身“道”的循环，而且还与周边相关的事物、相关的“道”交互循环；任何事物变化发展的“道”都是相互间交叉在一起，如同浑水中有泥土一样，谁也离不开谁。

“孰能浊以静之，徐清；孰能安以久动之，徐生。保此道者不欲盈，夫唯不盈，故能蔽不新成。”什么能使浑浊交织的“道”暂时分离得清晰一些呢？万事万物归净的“道”，可以使万事万物纷繁复杂的“道”清晰一些，或者有可能被人们认识一点。什么可以使万事万物安稳长久呢？只有不停地运动，不断向安稳长久的“道”靠近，才能保持事物的原有生机。

万事万物保持各自的本“道”，没有盈亏的趋势，只有避免盈亏的趋势，万事万物的“道”从始至终不可能有一丝一毫的改变，不能增加和减少，总是保持原有的“道”，不能生成新的“道”。

有诗为证：身在道中入玄妙，涉川畏邻险途遥。
包容万物无亏盈，亘古不变恒常道。

《道德经》第十五章　今通行本

古之善为士者，微妙玄通，深不可识。

夫唯不可识，故强为之容；豫兮若冬涉川；犹兮若畏四邻；俨兮其若客；涣兮其若凌释；敦兮其若朴；旷兮其若谷；浑兮其若浊；澹兮其若海；飂兮若无止。孰能浊以静之徐清；孰能安以久动之徐生。保此道者，不欲盈。夫唯不盈，故能蔽不新成。

《道德经》第十五章　王弼本

古之善为士者，微妙玄通，深不可识。

夫唯不可识，故强为之容。豫兮若冬涉川，犹兮若畏四邻，俨兮其若客，涣兮若冰之将释，敦兮其若朴，旷兮其若谷，浑兮其若浊。

孰能浊以静之，徐清；孰能安以久动之，徐生。保此道者不欲盈，夫唯不盈，故能蔽不新成。

【注释】豫 yù：《说文》象之大者。古象。　犹 yóu：《说文解字》，犹，玃属。　玃 jué：古书上说的一种大猴子，从犬、酋声。一曰陇西谓犬子为猷。酿酒成熟糟渐少而见酒水时是酋（酒熟）之范式。犬、酋两范式叠加，兽进退多疑似在酝酿中是犹之范式。本义，迟疑。引申指迟疑不决。

第十六问： 为了让企业经营管理再上一个台阶，我聘请了专业人才，对企业经营管理进行全面提升，结果企业效益却连续下滑。这是为什么？

第十六解

管理升级上台阶　产品市场减份额

诗曰：能人专才来企业，大刀阔斧搞改革。
　　　裁撤旧制立新规，管理失衡难弥合。

南京的一位企业家急匆匆打电话找我，要我尽快到他那里帮忙。我去了以后发现他比以前憔悴了许多，一脸愁容。他的企业原来是一个比较成熟的企业，已经经营了多年。他前一段时间想让企业上一个台阶，聘请了一位职业经理人，又从竞争对手企业挖来一位高管，开始了企业的全面改革提升。各项制度和管理看板布满厂房，班组车间规章制度成册，人员也进行了调整。可是，过了一段时间，企业利润不断下滑，员工也没了以前的劲头。他怎么也找不出企业出现问题的原因。

我经过细致的调研，发现了问题的所在。

首先，错误在于企业老板想要通过捷径（聘请职业经理人、挖来其他企业高管）来达到企业的全面提升，而这两人又采取了违反企业发展规律的一些做法，给企业带来了损失。

老子说："致虚极，守静笃。"已经发生过的和你所知晓的都是虚极，即将发生的和将来要发生的也是虚极。所谓的虚极，都是守静笃的过程。守静笃，就是企业家要深入了解自己企业想要达到的那个状态，以及达到那个状态所需要的条件，然后努力积累、促成那些条件的形成，满足达到目的所需。除此，没有任何捷径可以走。例如，要使企业产品在市场上达到畅销的那个状态，必须努力积累促成 5 个条件的形成，即技术的先进性、质量的稳定性、成本的合理性、售后的即时性、升级的周期性。

在没有达成这些条件时，你认为达到了，或者你按已经达到的条件运营企业，这时候，致虚极、守静笃的规律就会对企业造成破坏。产品没有具备这些特性就急于推向市场，会给企业名誉和利益带来巨大损失。

原外企的高管，在条件不成熟时，对企业的一款产品增加投入，更换了精美的包装，把产品推向市场，结果损失惨重。

“万物并作，吾以观复。夫物芸芸，各复归其根。”企业的管理也要守静，不能失衡。每个条款、每项规定、每个措施要具有时效性、可操作性、公平性、利益相关性、简明易懂、严肃权威、合理亲民、前瞻引导、防范包容，易于员工接受，利于企业发展，能归于企业的根基。做到“归根曰静，是谓复命。复命曰常，知常曰明。不知常，妄作，凶。知常容，容乃公，公乃王，王乃天，天乃道，道乃久，没身不殆”。让企业按照客观规律循环发展。而这位请来的职业经理人没有根据这个企业的自身特点、员工思想文化实际和企业发展的常道去构建企业管理，在新建的管理中缺失达到目的必备条件。

例如，在新的管理制度中，有一条关于员工加班报酬的规定：加班通过两种方式获取报酬，一种是在加班餐中给予一定的补贴；另一种是记载下来，把达到一定的量作为优先入股的条件。第一条就不被员工接受，加班餐补贴款很少，只是象征性的，与加班付出不成正比；优先入股更不是多数员工期待的，所以造成了员工不愿意加班，有消极怠工现象。许多罚款、扣款的条款，挫伤了员工的工作积极性。不知常，妄作，凶。新的管理阻碍了企业发展。

我建议老板守静笃、归其根、知常容，不能迷信能人，不能依赖捷径。遵循企业发展规律，结合企业自身实际、员工实际、产品实际，一步一个脚印地做细、做实每一项工作，不断修正偏离客观规律的错误，守住企业的根本，牢牢掌握正确的发展方向，企业才能发展长久。

老板听从了我的建议，辞退了能人，与企业高层和骨干深入研讨、总结教训，一切从企业实际入手，制订了通往企业所要达到那个状态的方向、策略，实施了一系列新举措，让企业焕发了新的生机。

《道德经》第十六章　企业启示

企业发展规律会时刻眷顾企业，无论企业多么繁荣、多么强盛、多么成功，随着时间的流逝都会递减；无论企业多么纷繁、多么复杂、多么混乱，随着时间的流逝都会澄清。所以，企业的任何一项管理都要有循环流程，企业所有困难都是暂时性的。企业看起来有许多问题，实际上归根到底就是一个问题：如何适应客户需要。可持续地适应客户需要是企业的生命。

所有的企业事项，都可以归结到是否能适应客户需要这个根本问题上，所有的管理都会递减，所有的纷繁复杂都会澄清。归于澄清的根，归于递减的根，归于符合客户发展规律的根。企业的一切活动归结为适应客户的需要，归结为澄清一切纷繁复杂，循环往复使企业得以生存。

企业能够使适应客户需要，解决客户问题循环往复，这是企业应有的常态。知道坚守这一常态，才是真正明晰企业发展规律，不知道明晰企业的常态，不依据企业发展规律作为，就会使企业出现危机。

知道企业的常态，就能够包容遵守企业发展规律过程中所犯的错误，坚守这种包容的心态，就能够较公平地看待企业出现的问题，就能够使企业最大限度地得到保全。沿着企业发展规律自然发展，符合自然之道，企业就能发展长久，在企业走完它生命旅途过程中没有大的灾祸。

《道德经》第十六章　家传道德经参悟

“致虚极，守静笃。万物并作，吾以观复。夫物芸芸，各复归其根。”“道”，使万事万物发展到极致就是虚，“道”，早晚使任何事物都成虚和无。“道”，使万事万物笃定遵循归静，早晚归静。事物趋势的谷底为静，万事万物都是趋虚、趋静发展。

人要依循此“道”，把握好“道”之所谓的界限。我们现在观察到的所有事物，都是万物并作循环往复的表象，都是万物循环往复趋静的一个表象。纷繁多样的万事万物，各自都会循环往复地趋虚、趋静，趋虚、趋静就是它们根本的“道”。

“归根曰静，是谓复命。复命曰常，知常曰明。不知常，妄作，凶。”归根就是归到静，静就是循环往复地重新出发，静就是“道”又一循环的生命的开始。

“道”的循环的生命往复开始是常道，恒常大道。人类就要不断地认知常道，遵循常道，这样就能明白所谓“道”的内外界限。没有遵循常道，在“道”以外为之，就会遭到趋虚、趋静“道”的矫正、伤害。

“知常容，容乃公，公乃王，王乃天，天乃道，道乃久，没身不殆。”知道常道，遵循常道，我们就会减少在“道”以外之所为，就会被千万个“道”所包容。被“道”包容，就能达到万物并作，在公共空间里生存。只有在公共空间里与万物并作、生存，才能很好地完成人类这一生命的循环。这样，我们人类社会就会与无限自然互利共生，我们就能更好地接近恒常大道。遵循符合“道”，社会与万事万物互动得久一些，一直到人类的寿终，使在“道”以外所为的部分受到“道”的矫正伤害最小。

有诗为证：万物并作致虚空，动静往复无始终。
遵循常道能久远，敬畏自然避险凶。

《道德经》第十六章　今通行本

致虚极，守静笃。万物并作，吾以观复。夫物芸芸，各复归其根。

归根曰静，静曰复命。复命曰常，知常曰明。不知常，妄作凶。知常容，容乃公，公乃全，全乃天，天乃道，道乃久，没身不殆。

《道德经》第十六章　王弼本

致虚极，守静笃。万物并作，吾以观复。夫物芸芸，各复归其根。

归根曰静，是谓复命。复命曰常，知常曰明。不知常，妄作，凶。知常容，容乃公，公乃王，王乃天，天乃道，道乃久，没身不殆。

第十七问： 学习先进企业的管理经验，加强企业管理，为什么反而给企业带来负面影响？

第十七解　管理加强施良策　众人诋毁不认可

诗曰：重奖严罚立新规，职责明晰定范围。
相互推诿落实难，功过荣辱人自危。

深圳一位企业家朋友非常注重企业的管理，总是在千方百计寻求最佳企业管理方式。一次偶然的机遇，他遇到了一个让他为之羡慕的企业。他觉得这个企业的管理非常规范严谨，职责明晰，赏罚分明。于是，他把其中的一些条款和措施也引进了自己的企业。刚开始还收到了一些效果，可是过了一段时间以后，许多部门和员工都对此有意见，甚至还给企业带来了负面影响。在一次走访中，他向我请教，问这是什么原因，怎样才能解决这个问题。

经过深入调研，我帮他分析了原因，并提出了意见和建议。

老子说："太上，下知有之。"首先，这位企业家朋友对企业管理认识有偏颇，为了管理去寻求管理，殊不知，最上乘的管理，是有了管理但使人感觉不到管理的束缚，遵循管理的条款就是一种自觉、自愿的习惯，达到一种自然而然的和谐、融洽。

"其次，亲而誉之。"在调研中发现，奖罚中有一条款规定，满足客户需求，对产品开发有重大贡献的人予以重奖。一名员工因为在产品开发中发挥了重要作用，受到了厚奖。因此这名员工对这项管理制度赞誉有加。

"其次，畏之。"由于惩罚条款规定过于严苛，一些容易出现工作失误的工位和岗位人人自危，抑制了员工的主动性和积极性，使员工对制度产生畏惧。

"其次，侮之。"在调研中还发现，有几名技术人员参与了一个非常成功的项目，可是他们对企业只是重奖了其中的一人十分不满，认为自己在项目中也发挥了重要作用。所以，他们都对制度有所怀疑，甚至诋毁。

“信不足焉，有不信焉。”在与老板交谈中，老板流露出他的迷茫，他认为已经非常用心、非常认真地把职责范围的规定做得很严密、很周全了，可是总有些遗落。比如，他把产品工艺改进的功能设置在研发部门，质保、售后、生产环节遇到问题都要反馈给研发部门，但发现这些部门对产品工艺的改进都没有积极性，影响了产品工艺及提升。后来，产品工艺的改进改设在生产部门，但研发部门对售后反馈提升产品工艺的意见不重视，对生产部门提出的产品工艺改进方案不认可。怎么总有不尽人意的地方呢？

总有不尽人意的地方，这就对了。再完善的制度也不能包罗万象，总有顾及不到的地方，总会有遗落。企业各部门互相推诿、扯皮的现象，不是制度本身的问题，而是对制度的认识问题。企业发生的履行职责和提升产品工艺的矛盾，说明大家是为了遵守规则而研究职责，研究的立足点是职责范围而不是产品工艺。

“悠兮其贵言。功成事遂，百姓皆谓我自然。”成功的管理不在于“言”，不在于你的条款多么合理。不要让员工对管理感觉到“誉”“畏”“侮”，而能在自然而然中做好本职工作，自觉自愿地尽职尽责，这样的管理才能使企业的发展事半功倍。

我的分析和意见建议使老板受到了启发，他带领高管团队对管理制度进行了修改完善，并在执行制度中制定了一个总的原则，只要是为了企业的发展做出重要贡献的，即使不在奖励的规定内，不在职责范围内，也要给予奖励。

老板改变了过去一味注重管理的思路，开始注重企业员工自觉守纪和积极主动的习惯养成。经过一段时间的努力，企业逐步形成了具有自身特点的企业文化。

《道德经》第十七章　企业启示

企业最上等的管理是让企业各个部门每位员工都没有感觉到企业的特殊约束，这些管理行为已经转化成了各个系统、各个部门和每位员工的自身意志，这样的管理才能使企业员工自觉遵守。

次等的管理是让企业各个部门中的每位员工都赞成企业条款的制定，虽然是赞成，归根到底还是使员工感觉到了企业管理对员工的束缚，这样减损了员工的自觉程度。

再次一等的管理使企业员工都畏惧企业管理的条款，员工抵触这些条款。

末等的管理是企业各个部门中的每位员工都咒骂企业条款的束缚，企业员工挣脱和抵制这些管理。

企业的管理内容一定要符合企业发展规律和企业的时代背景，并且使企业员工真正认识到，遵守这个规定会给员工和企业带来好处，使每位员工都能自觉自愿、智能修正地遵守这些管理。如果做不到这一点，就会使企业各个部门、每位员工不能从根本上认知这些管理对企业、对自身的好处，无法实现智能修正管理。

企业的各项管理制度、发展战略、各时期计划都要考虑当时的具体状况和员工的接受能力，企业的管理、规章制度一定要让企业发展与员工的精神荣誉和经济收入发生直接的关系，这样，遵守企业各项规章制度才会成为员工的主动意志。

《道德经》第十七章　家传道德经参悟

“太上，下知有之；其次，亲而誉之；其次，畏之；其次，侮之。”最上等的靠近“道”，是让周边的环境不知道有你的存在，这叫与周围浑然一体，自然互动在其中；其次靠近“道”的，是与周围环境互相亲近、互相赞誉，这就超出了“道”的本身，这就是过分了；再其次，靠近“道”的，与周围环境互相畏惧，互相之间有伤害的可能，违背“道”的成分多一些，“道”也对违背部分给予纠正，便是“道”对其的伤害；再次，与周围的环境相互侮辱排斥。

“信不足焉，有不信焉。悠兮其贵言。”以人们现在认识的“道”去指导人生是不够的。人们认知的“道”是非常少的，绝大部分的“道”是人类无法认知的。所以，我们要根据具体事务发展的过程来采取决策和行动，对已知的“道”要尊重。

“功成事遂，百姓皆谓我自然。”然后，再不断地丰富和发展“道”，这个过程的良性循环就是功成。顺应“道”，做事才能最符合我们个体需要，多数人这么做，才是人类符合自然的大道。

有诗为证：上乘万物近道生，亲誉畏侮不自明。

贵言笃信难守身，业立事就自然成。

《道德经》第十七章 今通行本

太上，下知有之；其次，亲而誉之。其次，畏之。其次，侮之。
信不足焉，有不信焉。悠兮其贵言。功成事遂，百姓皆谓：我自然。

《道德经》第十七章 王弼本

太上，下知有之；其次，亲而誉之；其次，畏之；其次，侮之。
信不足焉，有不信焉。悠兮其贵言。功成事遂，百姓皆谓我自然。

第十八问：我的企业靠能人管理，开始阶段，能人解决了许多大问题。可是后来企业的大问题也出在能人身上。这是为什么？

第十八解 授权能人管企业 丢弃机制遭毁灭

诗曰：生产运营尽心力，筹款借资化难急。
功高欲增人多变，危机显现祸患起。

重庆一位企业家朋友向我夸耀说，他的企业有三大能人，有了这三大能人，企业什么难关都能渡过。

原来，他的企业是做整机产品的，但只生产主机中几个重要的部件，其他许多部件都是外委加工生产。三大能人是三个部门的经理，对他承诺说，你就放心把项目交给我们就行了。他们不仅具有较强的领导部门的能力，还能为企业筹措资金，让协作厂给自己企业贷款，厂家垫付货款，暂缓付给代理商货款。在企业发展受阻出现临时困难的时候，他们都能想办法解决。因此，老板授予了他们许多特权，在有些方面他们甚至可以代替老板行使权力。

我感觉到这种情况很不正常，对他提出警示。企业靠临时性的、不确定性的、非运营机制以外的力量来得到保障，是不能长久的，也是不正常的，会对企业产生潜在的威胁。对我的警示，老板不以为然，认为这三大能人都是多年的朋友，有他们帮忙运营企业，感到非常放心。

一年后，这个老板打来电话，让我赶紧去一趟，说让我给言中了，三大能人中的一人离职了，他不但自己离职，还带走了部分客户资源、产品技术和几名业务骨干，给企业造成重大损失。

我来到他的公司，让他马上召集管理层和业务骨干会议，告诉他不能让另外两个能人参会。他很不理解，问为什么，我告诉他照做就行了。

在会上提出了我的建议，之所以出现这样的问题，就是没有按企业运营规则给部门经理界定职责、划分权力范围，造成了能人权力过大，形成了对其难以掌控的局面。企业运营机制以外的保障都是假的、虚的、靠不住的。企业当务之急，要立刻全面恢复企业正常运行机制，收回能人过大的权力，减少能人权力过大而给企业带来的威胁。这就是为什么没让两个能人参会的原因。

接下来，我又用老子的哲学思维分析了问题的原因。

“大道废，有仁义；智慧出，有大伪。”企业正常的运行规则被破坏了，这个大道废了，才出现了你所认可的能人。这些能人的智慧，表面看似帮助企业解决问题，实质上扩大了他们不应该具有的权力，进一步破坏了企业正常运营规则，实际上是大伪。

“六亲不和，有孝慈；国家昏乱，有忠臣。”你感觉到这几个能人非常忠诚、能干、挑起了企业的大梁，产生这种感觉的原因是你的企业出现大的危机了。各个系统运转不灵了，企业管理制度、规则、职责混乱不清了，企业正常交往的渠道阻塞了，在这个时候你会备感能人的大用，同时，你企业的危机也就到了。

大家的认识统一了，老板采取了一些补救措施，收回了另外两个能人的权力，逐步强化了企业的管理，部门分工明确，注重团队协作精神的发挥，杜绝个人英雄主义滋生的土壤。不久，第二位能人离职，由于补救措施及时，没有给企业带来影响。第三位能人在企业正常运营机制中发挥了他应有的作用，企业回到了正常发展的轨道。

《道德经》第十八章　企业启示

企业具备各种管理体系，如人事管理体系、市场运营体系、产品开发体系、质量保障体系、售后服务体系等，应该用自然发展规律、企业发展规律、市场发展规律来检验这些体系是否符合本企业实际，是否符合本企业自身发展，是否对本企业实现效益最大化有利。绝不能用某一先进企业、某一种国际上认可的某一种管理模式作为检验自己企业管理的唯一标准。更不能把某一先进企业的理念、经验绝对化，崇尚典型治企、精英治企、文化治企。

避免木偶化管理，即僵化管理。用别人的管理模式管理自己企业，必然带来企业各系统的管理脱节、僵化，企业运行起来像木偶一样，企业整体衔接受阻，运行不畅。

一个企业在没有认知到企业发展规律和自身发展特点的时候，往往用自身主观设定的标准来管理企业。企业在用自身的巧智设定企业管理目标和考核目标的时候，就会为了实现这些目标，出现一些偏离企业真正需要、社会真正需要的做法。任何一个企业所制订的管理目标和考核目标，都应该根据企业的具体情况和市场具体情况不断加以修正。企业各个系统都应该主动、智能地根据其所面临的实际，在工作面前各自多进一步；在利益面前，各自多退一步，处理好相互间的关系。需要领导出面协调相互关系，需要用一些规章制度界定相互之间的职责和利益，说明这个企业没有形成智能、和谐的各系统关系，尚未形成高能的、和谐的、内耗最小的系统关系。

企业的各个系统、各个岗位都应该形成主动的、智能的关联。在从企业的大局出发去实现各部分、各阶段目标的时候，及时修正自身的工作。如果出现了跨部门协调考核督促工作行为，说明这个企业缺乏智能的、正常的新陈代谢，内部循环系统出现了混乱。

《道德经》第十八章　家传道德经参悟

“大道废，有仁义。”人们要努力了解大道、认知大道，但是，由于人类认识能力、认知逻辑的局限性，导致人们永远不能认准大道、认清大道。但是人类的存在将会一如既往地追求对大道的认知，在向大道进军的过程中会出现自认为已经认清、认准大道，但是实际上离大道很远，有的甚至已经背离了大道。人们头脑当中想象出来的大道仁义，其实是古代智者为人们指明的努力方向，而被许多人误认为该指向的路标即为大道。因此说，严格按仁义去行事的人们仍然离道很远。

“智慧出，有大伪。”人类的智慧实际受本身认知所限，都是对大道指向性的学问，不是大道本身，如果误认为智慧就是大道本身，就会与事物发展的规律相差很远，甚至背道而驰。

“六亲不和，有孝慈。”人们根据个体对大道不同的理解，按照各自认为的仁义、智慧去行事就会离道甚远，分歧会逐渐增大。为了解决这一问题，人类又主观想象出了规定性处理这些分歧的智慧，即孝、慈，孝慈的智慧实际上是人们对大道指向学问之一，不是大道本身。应用好指向性特性，会给人类带来和谐、圆融；如果误认为孝、慈即大道，就会增加人间的矛盾。因为每个个体对孝慈都有自身独特的理解，“差之毫厘，谬以千里”。

“国家昏乱，有忠臣。”国家是把很多具有独特智慧的人们聚集在一起，由于人们误认为自己的认知即为大道，互相坚持、互相影响、互相制约、互相分歧，积累误差越来越大。因此，智者就会出现，要用个人能力使这种误差不至于分裂国家，而实际上，这些忠臣的出现恰恰是国家分裂的前奏。因为这种从根源上把指向性的智慧当成大道所造成的误差是无法纠正和弥补的。

有诗为证：忠孝仁义传美名，大伪巧智由此生。
反扑还淳归自然，和谐安康享太平。

《道德经》第十八章　今通行本

大道废，有仁义；智慧出，有大伪；六亲不和，有孝慈；国家昏乱，有忠臣。

《道德经》第十八章　王弼本

大道废，有仁义；智慧出，有大伪；六亲不和，有孝慈；国家昏乱，有忠臣。

第十九问：我一直在学习名企的先进经验，以名企的模式为标杆，用优厚的条件吸纳名企的核心技术人员和新产品技术。可是，为什么能人和好产品到了我的企业就不灵验了呢？

第十九解 学习榜样为做强 思维禁锢招祸殃

诗曰：迷信名企挖高人，移花接木梦难真。
空中楼阁昙花现，耗尽资财伤自身。

一位天津企业家朋友，好胜心极强，他非常崇拜世界著名企业，一直以这些企业的经验和管理、思维为标杆，用这些标杆经验管理企业，一门心思要把企业做大、做强。我曾经告诫他，做企业要脚踏实地，不能好高骛远，更不能使自己的思维僵化和固化，要切合实际地发展自己的企业。隔了很长一段时间，他打来电话向我求援，说他的企业出问题了。

来到他企业后，经过调研发现了问题所在。

首先，他的固化思维使企业出现了问题。他用巧智给各个部门层层设定了目标和管理规章制度，大多都是他学习来的固化模式。这个模式在工资奖金分配上脱离企业实际，向引进的人才倾斜力度过大，向他认为贡献大的人倾斜力度过大，引起技术人员和员工的普遍不满，影响了他们开发新产品的积极性。一些管理规章制度不好操作，操作不准确给企业带来混乱。一些目标太远、太大无法完成；一些规定太具体，束缚员工手脚，缺少灵活性。

其次，他一直看好的一个外企业的核心技术人员，以这名技术人员为首研发的一款产品在市场上十分抢手，他就花费重金，将这名技术人员挖到自己的企业。可是，这名技术人员开发的盛极一时的新产品，过不多久市场上就出现了迭代更新产品，他的产品因落后于市场需求而滞销。

再次，他用高薪聘来了市场营销的业内高手，同时，这位高手还带来了4位大客户。可是，不到一年的时间也出问题了。一是他为了拿下大客户的订单，把企业产品打上二维码，但是企业内部可追溯系统没有建立。产品出现问题时，大客户要追溯问题的原因，但无果而终。二是客户提出合作条件，要企业根据客户的需要对产品进行升级，但是企业系统之间没有形成良性循环，产品升级跟不上客户的时间节点和技术节点。三是达不到客户要求的供货准时性，生产系统、质保系统、物流系统没有协调一致。四是售后服务环节薄弱，不能在2小时内答复，8小时到达现场。4个大客户解除了长期购货合同。

企业老板认为，有著名企业的经验，有技术能人和营销高手，企业一定能得到快速发展，一定也能成为知名企业。谁知经过一段时间的运行，原本一直发展势头良好的企业开始止步不前，效益也开始下降。

我分析了问题的原因，并提出了我的意见和建议。

老子说："绝圣弃智，民利百倍。"靠投机取巧挖人才、挖产品的做法，近似偷盗和钻空子，阻碍了企业良性发展。如果把靠能人一蹴而就提升企业的不切实际的想法和做法丢弃，对企业有利百倍。"绝仁弃义，民复孝慈。"要主动摒弃那些看似可以使企业发展好、看似可以促使企业达成目标的花拳绣腿，从企业全局着眼、细微之处入手，不断改进、修正企业的失误，从根本上提升企业经营能力。"绝巧弃利，盗贼无有。"任何投机取巧的捷径都是虚假的、虚幻的，企业家应该摒弃，这样就不会对企业造成伤害。"此三者以为文不足。"这三种思维方法的利弊，用文字是不能表述全面、明白的。那么，需要怎样做呢？"故令有所属"，你的企业要有一个发自内心的追求，永不停歇的、见微知著的、不辞辛劳地寻找企业的发展规律。"见素抱朴"，永远不能骄傲、自满，在企业经营不善的时候和经营好的时候都不受其影响。如果你已经很谦虚了，还要加倍谨慎。"少私寡欲"，要沿着企业发展规律去发展企业，不要把自己的私心和欲望掺杂其中。盲目追求快速发展，会揠苗助长；彷徨观望，举棋不定，会失去最佳发展机遇。"绝学无忧"，把学习来的经验，结合企业实际，成为自己的方式方法，在实际应用过程中看不到学习的痕迹，运用自如。就像真正的武功大师一样，把各家武功融于一身，看不出是哪一家哪一派。

老板非常感谢我的分析和建议，我们又一起深入探讨研究，及时调整了企业老板固化的思维和依靠巧智的行为，去除了追逐成就名企的欲望。结合本企业和自身所处环境实际，量体裁衣，调整了企业产品研发团队，规定了合理的奖勤罚懒制度，努力开发适合市场和客户的新产品，并保持这种开发能力的持久。改进后的企业运行一段时间后，步入了正常发展的轨道。

《道德经》第十九章　企业启示

企业管理的宗旨是，将企业置于符合当时市场需求的客观环境，而不需要做许多表面文章，使企业的管理得到别人的认可和夸耀，不是炫耀那些用巧智杜撰出来的目标或以巧智为目标，而是抛弃那些用巧智杜撰出来的目标或以巧智为目标。抛弃那些用巧智杜撰出来的目标，更要抛弃以巧智为目标。

企业家一定要使企业各项管理落到实处，不要以人们推理杜撰的目标为依据，比如说仁义，而是讲明白说透彻企业发展真正所需要的管理。这样企业员工就会充分发挥主观能动性，遵守、优化企业管理制度。

企业发展一定要摒弃追求巧智近利，这样就会杜绝企业投机取巧、急功近利的风气。

这三种情况没有办法彻底、全面地讲清楚，所以说，只能粗略归类、抛砖引玉、引发思考。

企业仅适应企业发展的基本规律是不行的，在自认为已经做得较好的情况下，其实还差较多，还需要进一步探索、优化自身管理。

企业发展规律的根本是适应市场和客观实际的需要，过分地追求和努力不够都是偏离，企业管理者只有根据这些规律，进一步减少个人和企业的私欲，才能使企业不受来自各方的诱惑。

《道德经》第十九章　家传道德经参悟

“绝圣弃智，民利百倍。”圣和智是人们想出来的，不符合“道”。随着“道”的发展，灭绝圣贤、抛弃智慧，灭绝圣贤圣明的指教，抛弃智者智慧的规定。逻辑模型计算推理的结果，离实际客观规律相差甚远，“道”的这种绝圣弃智的属性会使人们获得“道”以内的真正利益，较大程度地靠近了“道”。

“绝仁弃义，民复孝慈。”“道”的发展就是要灭绝以仁为目标的追求，抛弃以义为目标的理念，从内心出发，人们才能真正恢复到孝、慈，归到晚辈孝顺长辈、长辈关爱晚辈这个大方向上来。

“绝巧弃利，盗贼无有。”“道”的发展方向就是自然发展，任何投机取巧、急功近利都会被“道”所灭绝和抛弃。所有盗窃行为都是为了近利，都不是“道”，随着大道方向绝巧弃利的发展，必将向无有盗贼的方向发展。

“此三者以为文不足，故令有所属：见素抱朴，少私寡欲。”即使把前面叙述的绝圣弃智、绝仁弃义、绝巧弃利这三者说得再详细，也不可能与“道”的要求相同，也不可能真正把“道”描述清楚，所以警告、告诫所有的表述都是方向性的参考，要善于发现任何事物中细小的自然规律，把自然规律作为自己的归属方向和发展方向。忧于人类思维离“道”较远的特性，人们正确的思维方式是减少自己“道”以外的私欲。

有诗为证：追名逐利巧智生，仁义孝慈尚民风。
朝暮往复天地间，弃欲绝私能功成。

《道德经》第十九章　今通行本

绝圣弃智，民利百倍；绝仁弃义，民复孝慈；绝巧弃利，盗贼无有。此三者以为文不足，故令有所属，见素抱朴，少私寡欲，绝学无忧。

《道德经》第十九章　王弼本

绝圣弃智，民利百倍；绝仁弃义，民复孝慈；绝巧弃利，盗贼无有。此三者以为文不足，故令有所属：见素抱朴，少私寡欲。

第二十问： 我在原来的基础上对企业理念和企业管理进行了升级改造，为什么企业产品市场竞争力不升反降？

第二十解 锦上添花急功利 能人治企路偏离

诗曰：跨国企业请能人，大刀阔斧来创新。
改头换面追时尚，功亏一篑枉费神。

一位重庆企业家朋友，在我去他那里调研的时候向我述说了让他十分困惑不解的问题。原来他的企业一直经营良好，产品在市场上颇受欢迎，企业效益蒸蒸日上。他想顺应企业良好的发展势头，把企业做大做强。于是，从一个知名的跨国企业聘请来一位非常有能力的 CEO，他放心地把企业交给了这位 CEO 全权管理。他满心欢喜地准备听取企业的报捷，可是，等待他的却是一个坏消息。企业这个季度亏损了，接下来的季度又是亏损，这让他想不明白。明明引进了能人，又对照国际名企对企业进行了改造，可是企业效益却连连下滑，他不明白其中的原因。初步调研中感觉企业一切正常，我也没有找到问题的所在。

这件事引起了我的好奇，我放下其他工作，花费几天的时间深入调研。在调研中发现，这位 CEO 来企业不久就成立了三个部，即新技术开发部、质量保障部、市场广宣部，而这三个部门从人员配备到管理运行都完全采用外资企业模式，表面看没有问题，但在反复深入了解后，我发现了问题的根源。

新技术开发部在闭门研究世界领先的新技术，并把一些新技术用在产品上，而这种新技术的客户用不上；质量保障部检测出一些需要整改项目，不是客户所关心的，白白浪费人力、财力去做没有价值的改造；市场广宣部花费巨资通过各种媒体进行地毯式的产品宣传，可是，这个企业的产品客户有特殊性，是专业性群体，一般消费者不需要这种产品，宣传选错了对象，做的是无用功。

我把找到的问题与企业老板进行了交流，并提出了具体解决方案。

对三个部门进行整改，按整改后的具体工作内容配备人员。新技术开发部按照市场和客户的需求来研发产品，注重产品的实用性，用物美价廉的产品占领市场；质量保障部把对出厂产品的检验作为对员工的考核，让员工自检互检，使发现问题改进产品更加省力省时；取消市场广宣部，将其功能并入营销服务部，针对具体客户和产品潜在客户群体进行定向宣传和服务。

这些整改措施CEO不同意，企业辞退了他。这位CEO不是没有能力，他所采用的方式方法不是不好，只是用在这个企业不合适。

老子说："唯之与阿，相去几何？善之与恶，相去若何？人之所畏，不可不畏。"一些别人都在用的好方法、好经验、好模式，虽然你拿来和他一样采用，但是往往所达到的效果却不一样，就是因为你在采用他的方法时和他的采用相差一点点，"失之毫厘，差之千里"，这就是你失误的原因。

无独有偶，广东惠州一位企业家朋友也犯了同样的错误。他向我诉说在两年内他接连失去了几个大客户，找不到原因。他觉得这些年销售和售后服务人员非常努力，都是按照订单准确准时供货，并经常联络感情，没发现什么不对的地方，以前行之有效的方法为什么就不行了呢？

我帮他分析了问题的原因，并提出了意见和建议。

老子说："唯之与阿，相去几何？"一开始你认为行之有效的好方法，与不见效的方法差距是很小的，就是这微小差别之处使大客户合作了。现在市场竞争对手都是一个水平上的企业，能力、技术、资金、质量、售后服务差别不大。你在某些方面有一点点与其他企业不同的特质，你在做好必要的基础工作后，还要准确、及时地了解你企业暂时胜出的原因（一切胜出都是暂时的）。用过的方法还有效，是不准确的，要深深地了解这一点，要及时找出胜出的特质，不断发现客户未来需要哪些特质。你用过的方法没有效果了，就是你没有找对适应用户的特质。

在调研中了解到，客户每一个时期的要求是不一样的。你的第一个订单，客户对材料的使用寿命非常满意。可是发展变化以后，其他企业使用的材料也相同，客户需求的特质变化了，客户要求精准服务，把产品准时送到工位上。老板认为这一要求无关紧要，是无理要求，结果失去了原来忠诚客户的订单。

"善之与恶，相去若何？人之所畏，不可不畏。"企业的发展与停滞就在一线之间，会随时转换。在市场竞争中，企业都在关注着社会需求的变化，都在千方百计地适应这种变化。“荒兮，其未央哉！众人熙熙，如享太牢，如春登台。”在市场竞争中，不能马放南山，享受太平。你的企业满足了，你的满足就是失败的开始。“我独怕兮，其未兆，如婴儿之未孩。儽儽兮，若无所归。”在失败的前兆还没有出现之时，就要及时找到未来企业自身的短板、市场发展的痛点和客户需求的痛点。“我独异于人，而贵食母。”把握解决这些痛点，从根本上解决问题。

我建议他开发一个智能化精准供货系统，并与大客户的生产系统相连接，可以随着大客户的生产节奏变化而变化。随着这个系统的成功采用，不但原来失去的几个大客户回来了，这家企业又成功签约了一些新客户。

《道德经》第二十章　企业启示

企业理念和企业管理的先进与落后没有绝对的界限。一个好的理念，一个好的管理，由于应用过度或者不及，都会变成不好的，对企业发展起阻碍作用。对于某一先进理念、某一成功管理，如果自身基础尚缺，时机尚不成熟，宁可先不实施。“众人皆有余，而我独若遗。”应该果断丢弃不合时宜的理念。

企业家暂时获得一点成绩后不要骄傲，暂时获得的成绩与失误近在咫尺；企业家暂时遭到失败也不要气馁，暂时的失败里孕育着成功。“人云亦云”，人们认为对，我也认为对；人们认为错，我也认为错。所有事物千差万别，每个人的情况都有所不同，这种随波逐流的思维荒唐至极。

广大的市场漫无边际，众多企业趋之若鹜，都沉浸在对自身目标追逐过程中，都在积极完善产品的功能和质量，增加投资、扩大生产，为暂时获得的利润笑逐颜开。而始终如一地遵循企业发展规律前行的优秀企业，超然于这些表面的程序化和形式化，面对众企业的大势淡定如常，他们悄无声息地了解客户和市场未来真正需求，按照这些需求适时制订和调整战略规划。这些优秀的企业不强求自身归于哪一个群体，不强迫自己站队。一些企业会过多追求企业发展规律以外的利益，而优秀的企业勇于剔除不必要的奢望和追求。

优秀的企业家认为，在盈利系统和科技系统里追求过多的利润而超出自身的能力和技术都是愚昧的；而一些企业家恰恰相反，他们认为遵守客观规律，不追求多盈利，不尝试超出自身能力和技术是平庸的。

企业所面临的市场是一个经济体，它是一个不断寻找自身位置的系统。一些企业在市场系统中超出自身能力和技术争取过多利润，暂时发展向好；还有一些企业不善于经营、技术落后而使企业的能力削弱。

很多企业家设定许多目标、发展模式、前进方向，由于都是出于主观意识所为，不能准确符合企业的发展规律。虽然一些企业领导人也有目标、管理方法、发展方向，但是他会根据客观实际不断地调整自身的主观意识，使之更加符合客观实际。

企业家要知道企业的发展方向和前景广阔得像大海一样，作用于企业的发展规律像风一样永不停歇，许多企业都因眼前的利益而骄傲，而那些发展好的企业、有经验的企业，不会因为某个阶段的盈利而骄傲自满，而是会把这些阶段的盈利当作里程碑，即又一个起点。

《道德经》第二十章　家传道德经参悟

“唯之与阿，相去几何？善之与恶，相去若何？人之所畏，不可不畏。”非常和蔼的问候与非常愤怒的呵斥就差那么一点点，好与坏中间相差很小，非常好的良性循环与恶性循环中间也没有严格界限，稍微疏忽便可相互转化。别人不合适的做法，我们可以拿来借鉴，我们距离正确的做法还差得很远。

“荒兮，其未央哉！众人熙熙，如享太牢，如春登台。”多数人认为自己对客观世界认识很清楚了，接下来，应该高高兴兴地享用祭祀果品，在春天里游玩。

“我独怕兮，其未兆，如婴儿之未孩。儽儽兮，若无所归。”我对这些很淡泊，注意于专研那些没有征兆的、对人类有害的规律，就如同婴儿对世界浑然不知一样，就如同婴儿没有成长到孩童一样。我在追求认知世界本真向“道”靠近的过程中需要用出较大的精力，即使这样，也不能真正认识到社会的本真，找到适合自己发展真正的“道”。但是我不灰心、不气馁，仍然要一代一代地传承勇于探索、勇于认知、孜孜不倦的精神。

“众人皆有余，而我独若遗。”多数人都认为对客观规律的认知绰绰有余，而我则认为对客观世界的认知遗漏较多。

“我愚人之心也哉！沌沌兮，俗人昭昭，我独若昏。”我自认为比大多数人愚钝，大多数人也认为我比他们愚钝，而我同时也认为大多数人认为自身对世界的认知已经很深，已经认清“道”了，这种行为也是愚昧的。

“俗人察察，我独闷闷。”每个人对世界规律的看法都有不同之处，也有相同之处。这些相同的和不同的观点混杂在一起，这就需要我们根据自身的实际情况借鉴参考，切不可当作规则执行。

“澹兮其若海，飂兮若无止。”任何一个事物发展之道上的一个小节点的“道”，都比浩如烟海还要广泛，同时，这个小节点每时每刻都要经受浩如烟海的“道”的洗礼。

“众人皆有以，而我独顽似鄙。”多数人都有自己头脑中标定的主张，为了头脑标定的主张不惜损害自己的身体，唯独“我”认为人生一世就应该顺其自然，没有必要让“道”以外的欲望伤害自己。“我”非常鄙视我头脑中展现的“道”以外的欲望，“我”顺其自然的做法，与多数人头脑中标定的目标是不同的。当“我”有道以外的欲望的时候，“我”就拿人类生存的道以内的基本欲望为标准来衡量。

“我独异于人，而贵食母。”大多数人对世界规律认知的极少，但都认为足够多，而唯独我认为任何个体的认知都离“道”甚远。大多数人做事情都努力想要达到头脑中主观标定的结果，而我做事情主观标定的想法只是参考，行事顺其自然。

有诗为证：好坏美丑原一体，把握无度使分离。
余食赘行惹祸端，返璞归真长相宜。

《道德经》第二十章　今通行本

唯之与阿，相去几何？善之与恶，相去若何？人之所畏，不可不畏。

荒兮，其未央哉！众人熙熙，如享太牢，如春登台。

我独泊兮，其未兆；沌沌兮，如婴儿之未孩；傫傫兮，若无所归。

众人皆有余，而我独若遗。我愚人之心也哉！俗人昭昭，我独昏昏。俗人察察，我独闷闷。

澹兮其若海，飂兮若无止。众人皆有以，而我独顽且鄙。

我独异于人，而贵食母。

《道德经》第二十章　王弼本

绝学无忧。唯之与阿，相去几何？善之与恶，相去若何？人之所畏，不可不畏。

荒兮，其未央哉！众人熙熙，如享太牢，如春登台。

我独泊兮，其未兆，如婴儿之未孩。傫傫兮，若无所归。

众人皆有余，而我独若遗。我愚人之心也哉！沌沌兮，俗人昭昭，我独若昏；俗人察察，我独闷闷。

澹兮其若海，飂兮若无止。众人皆有以，而我独顽似鄙。

我独异于人，而贵食母。

第二十一问： 我采用了"抓大放小"的策略，尽心尽力把大事抓好，可是企业还是出现了大问题。这是为什么？

第二十一解 抓大放小出祸端　蝇头沟渠也翻船

诗曰：固执己见多傲慢，枝梢末节放一边。
忙忙碌碌抓大事，芝麻小事惹麻烦。

重庆有一个企业被称为小巨人企业，虽然规模不大，可效益非常可观。经过几年顺利发展，产品销量在同行业中一直处于领先地位。

有一年，我来到这个企业，发现老板有些情绪波动。他主动对我说，近来产品销量有下降的趋势，请我帮他查找一下原因。

我应邀对他的企业进行了调研，发现了 4 个问题：第一，产品颜色单一，客户选择少；第二，产品外观稍显粗糙；第三，产品上的企业标识图案显得老旧；第四，一些员工对奖金分配有意见。我把这 4 个问题向他进行了反馈，谁知他笑了笑说，这都是些小事，不是企业产品销量下滑问题的关键，让我再找找大问题。我再三叮嘱他一定要重视这些小问题，然后离开了他的企业。

这件事过去了一年多，他突然打电话让我赶紧去一趟。到了他那里才了解到，企业出了两件大事。一件大事是企业一名员工因对奖金分配不满，破坏厂里的重要设备，被判刑后在监狱自杀，家属来闹，企业一些员工离职。另一件是企业的产品严重滞销，企业面临倒闭困境。由此，他想起了一年前我给他提的问题，让我帮忙出出主意。

首先要解决的是他的思维方法和认识问题。

老子说："孔德之容，惟道是从。"这个孔，就是思维上出现了偏差所形成的，这个孔会沿着它的规律运行，给企业带来毁灭性的打击。企业家运营企业的思路、发展企业的策略、管理企业的具体方法，离企业客观实际运行的规律是有差距的，企业家努力使差距越来越小。即使自己认为这个差距已经很小，也要对这个差距给予足够的重视。“道之为物，惟恍惟惚。惚兮恍兮，其中有象；恍兮惚兮，其中有物。”第一，你自己认为这个差距很小，实际则不一定。“窈兮冥兮，其中有精；其精甚真，其中有信。”它有精，甚真，有很强的破坏力。第二，由于认识的偏差和它自身“惟恍惟惚”“惚兮恍兮”，我们感觉不到它。第三，即使是很小的差距，犹如很小的孔，即使是微孔的差距，它也会按照这个差距本身的规律去运行，结果必然对企业的正常运营带来阻碍作用。在一定的客观环境下，还有可能呈指数级地放大阻碍作用。

“自古及今，其名不去，以阅众甫。吾何以知众甫之状哉？以此。”要把寻找自己的思维、策略、做法与企业发展规律的偏差作为常态，企业按照客观规律正常循环是企业的根本。影响企业正常循环的任何一个微不足道的小孔都要引起重视，认真对待，不能让其酿成大患。

我给了他两点建议。第一，安抚好员工家属，从人道主义出发帮助员工家属解决实际问题。将奖金分配权力下放，建立透明民主的奖金分配制度。第二，组织技术、售后等人员深入市场调研，根据用户的需要和市场需求趋势对企业产品进行改进，对企业标识按照客户喜好和时代特色进行设计改进。经过这件事，他也认识到了企业无小事的道理。

经过持续不断改进，他的企业又恢复了活力。

《道德经》第二十一章　企业启示

企业运营的每一个环节都体现在许多细微之处，这些细微的枝梢末节连接着企业的整体，一旦出现问题就会影响到企业发展的整个进程，绝不可以有丝毫懈怠。

企业管理的每一个枝梢末节都是在遵循企业发展规律运行，不能因为它是总体方案中的一个子项目，甚或是更微小的项目，就对其循环规律不予重视，轻视对它的管理，这样做往往会使企业管理之堤溃于蚁穴。

企业发展规律通常是看不见、摸不着的，但有时候也在某个具体事物中体现，隐多现少，或时隐时现。在其恍惚的过程中，有时候以具体的形态得以体现，有时表象也得以体现。在它的规律深处，在它的具体表象和形态深处，始终存在规律的精华。这个规律的精华是世界事物的本真，我们一定要知道它永恒存在，永恒在发挥作用。人类有史以来，对它的探索和认知就从来没有停止过，人们始终通过事物的表象探索研究事物内在的根本规律。

我们怎样才能知道事物发展的方向和结果呢？多数是根据以往认知的规律来推断的。

《道德经》第二十一章　家传道德经参悟

“孔德之容，唯道是从。道之为物，唯恍唯惚。”很小的一点点的所得，只能顺从“道”才能得到。在“道”以内得到的物、办成的事，永远在有与无、得与非得的状态下。

“惚兮恍兮，其中有象。”有与无，得与非得，在“道”以外的所为、所得，就是无，就是象。“恍兮惚兮，其中有物；窈兮冥兮，其中有精。”任何事物都存在有、无，在道以内的所得就是有。“道”是得与非得，有与无的主宰为精。

“其精甚真，其中有信。”“道”为精，精为“道”，无限靠近“道”，就是接近世界的本真。“道”广泛存在、永远存在、时时刻刻发挥作用，不会改变。

“自古及今，其名不去，以阅众甫。吾何以知众甫之状哉？以此。”从古至今，我们一直沿用先人标定的命名，人们以头脑中标定的命名和逻辑观察分析世界本真。我通过什么知道世界运行的“道”呢？就是从“道”开始。

有诗为证：渺茫恍惚物虚空，窈冥晦暗藏真精。
细微之处有大道，孔德之容莫看轻。

《道德经》第二十一章　今通行本

孔德之容，惟道是从。道之为物，惟恍惟惚。

惚兮恍兮，其中有象；恍兮惚兮，其中有物；窈兮冥兮，其中有精；其精甚真，其中有信。自古及今，其名不去，以阅众甫。吾何以知众甫之状哉？以此。

《道德经》第二十一章　王弼本

孔德之容，唯道是从。道之为物，唯恍唯惚。

惚兮恍兮，其中有象；恍兮惚兮，其中有物；窈兮冥兮，其中有精；其精甚真，其中有信。自古及今，其名不去，以阅众甫。吾何以知众甫之状哉？以此。

第二十二问：一些中小型企业原本发展势头良好，可是一旦加大投入、扩大产能，全力以赴做大企业，却往往以失败告终。这是为什么？

第二十二解　攀比学友欲望生　强行做大终成空

诗曰：盲目投入扩产能，自是自矜不自明。
　　　超越自身加杠杆，误判行情错在争。

有一位哈尔滨的企业家朋友，想要扩大他的企业经营范围，把企业做强做大，增强企业在市场中的地位。由于他听过我的课，在决策实施前想听听我的意见，邀请我来到了他的企业。

经过一番调研后我了解到，前一阶段企业扩大了生产，又聘用了两位业内资深的销售人员，并加强了营销网点的建设，可是扩大生产规模后，产品出现严重的滞销。这时候市场上有一款产品正在热销，他通过朋友找到了这家企业老板，要收购他的企业。由于他的出资让老板心动，他们初步达成了意向。由于这个操作款项巨大，他想征求一下我的意见。我分析了企业现状和准备收购那家企业的情况，以及行业市场发展预期，认为他此举非常危险，不宜操作。

我首先给他举了一个类似情况的实例。有一位在沈阳做企业的朋友，曾经是政府的公务员，特别有能力。他下海经商后，接手了一个起重机厂。经过几年的经营，企业效益一直很好。这时他参加了清华大学的MBA学习班，同学都是大企业的老板，经营的企业是他的企业规模的几十倍，由此他产生了攀比心理，觉得自己的能力不比他们差，也开始着手把企业做大。他开始向银行贷款，与国外企业合资，把起重机厂扩大，增加广告投放。又买房、买地、买设备，与外国商家合作建立了大型葡萄酒厂。由于企业资金不足，银行贷款有限，他又向民间借了高利贷。我知道了这个情况后，帮他分析了企业前景。他的企业做的起重机是工厂里使用的天车，是特殊设备，需要定产，产品生产周期长，回款慢。葡萄酒厂生产的葡萄酒也需要商家售出后才能回款，资金周转问题特别严重。我建议他适当缩小规模，停止借高利贷，最好回到他的当初起重机厂的规模，把葡萄酒厂尽快转让。他说，“开弓没有回头箭”，没有采纳我的建议。最后，起重机厂入不敷出，葡萄酒厂债台高筑，高利贷和银行贷款都无力偿还，结局令人叹息。

“不自见，故明；不自是，故彰；不自伐，故有功；不自矜，故长。”企业悲剧发生的原因，在于不具备客观条件，不具备人力、物力、财力的情况下盲目扩张，犯了自见、自是、自伐、自矜的大忌。

老子说：“曲则全，枉则直，洼则盈，弊则新；少则得，多则惑。是以圣人抱一为天下式。”曲，顺应周围的环境，随形弯曲，既有环境逼迫的被动弯曲，又有积极适应环境的主动弯曲。主动曲最好，没有受到冲击，按照市场要求主动曲。有环境的逼迫，被动曲，虚曲。直观地看，企业研究产品转型升级，把时间、精力、资金投入产品开发上，表面曲了，是虚曲。产品成功，为全和直打基础，是实曲。环境逼迫时必须曲，如果没有真正的曲，将遭受到产品升级规律的淘汰，淘汰产品就是淘汰企业。按照目前上述企业面临的状况，他现在就得实曲，缺什么补什么，缺产品开发系统就要补产品开发系统。他现在处在竞争不利的状态下还要买企业，买来的不是自身的系统，不是自身的良性循环，很快就会枯萎。目前他的企业已经落后了，产品开发和营销都出现了严重问题，当务之急是把实曲变成虚曲，将被动曲变成主动曲，企业才能恢复生机。“枉则直”，枉，才有生命力，保留生命力才能挺直。枉，就是主动曲。“洼则盈”，他现在认识洼了，认清洼、解决洼的问题，才能盈满。少一，缺什么补什么；多一，要想多，不符合客观规律。天下式，就是对万事万物、阴阳都要正确面对、勇敢面对。面对暂时的挫折、暂时的落后，经过潜心研究原因，把被动曲变成主动曲。“古之所谓曲则全者，岂虚言哉？诚全而归之。”曲则全，不是认识到就可以了，要真正去做，不是说说而已或简单做。要做实质，真正达到全、动态的全，不断向好的机制和趋势发展，一定要敢于、甘于智慧的曲，而不是简单的曲。

我的分析引起他高度重视，他取消了购买企业的计划，按照当前市场需求发展和企业现实状况，重新调整了企业的系统和策略，组织力量潜心研究产品的创新换代，生产一代、开发二代、研发三代，扩大了市场份额，企业稳步向前发展。

《道德经》第二十二章 企业启示

企业发展规律、市场发展规律、科技发展规律等，这些规律从人类角度来观察都是蜿蜒曲折的，企业和万事万物一样，都是顺应这些规律向前发展的。某些事情，有时站在短期立场上看可能是坏事；站在其他企业立场上看，或者站在自身企业长期立场上看反而是好事。企业只有认识到这一点，顺应企业发展规律，把企业调整到随着规律的起伏而作为的状态。

企业家一定要能够适应企业高峰时的波峰，还能够适应企业低潮的波谷，做到高峰时盈利，波谷时积蓄力量，以迎接下一个波峰的到来，这样才能使企业保持盈满的状态。

企业此前的每一时刻和当今的此时此刻，相对于未来都是过去，都是陈旧。每一个事物都是由敝到新的循环往复，新时不要骄傲，因为骄傲的同时新已经开始向敝转变了；敝时不要气馁，因为敝的同时新的机遇已经产生。

企业产品要精、不要多，企业的发展方向也要围绕企业发展规律而制定，前行不能过多，过多则超出自身能力之外，努力减少由于目标分散而带来的疑惑。优秀的企业家在探索企业发展规律、遵循企业发展规律的过程中都能从始至终不断地重新认知这些规律，不断地修正自己的认知，不断修正执行的方式方法。这是企业实现正常新陈代谢和良性循环的基本模式。

企业家不固执己见，从多角度看问题才能把事物看明白；企业家不自以为是，充分发挥企业专业人员的作用，才能发挥企业自身优势。企业家在积极创新的同时要坚守初心，不能偏离现有的市场环境、技术环境。孤军奋战往往都会因为后继乏力和补给不足而失败。企业不能拘泥于某种形式或留恋某种状态而停滞不前，从而失去机遇。要使企业一切作为都能够顺应企业的自身实际和周围环境，这样才能使企业长久发展。

所以，只有不在企业发展规律以外去争、去作为，企业获得的地位和利润才能稳定长久，企业才能不被市场淘汰。

从古至今，有作为的企业家应该保持韧性、增强企业的逆境生存能力，顺应企业波峰波谷的规律，才能够保证企业的良性循环。

《道德经》第二十二章 家传道德经参悟

“曲则全，枉则直，洼则盈，敝则新，少则得，多则惑。是以圣人抱一为天下式。”任何事物的空间都是随“道”而变化，不会一成不变，只有靠随“道”内的大小形状，才能不被“道”所伤害，才能使自身得以长久保全。如果失去灵活，靠随的功能就会使自身方直，这种方直的状态非常容易遭到大道的淘汰。做任何事情要留有余地，这样就会获得“道”以内的事物，但是很容易盈满过分，对此还要坚守“道”以内的欲望，而不使“道”以外的盈满发生，避免受到常道修正的伤害。新是相对旧而言的，守住“道”以内的旧，才有可能成就“道”以内的新，如守不住“道”以内的旧，盲目创新就会超出常道，必然受到常道的修正与伤害。对待任何事物都要在“道”以内所得，但“道”以内的尺度不好把握，所以要在自己的欲望中减少一部分，确保在“道”以内不出本道。超出“道”以外的行为多，“道”以外的得会超出自身的能力，必然产生许多疑惑。

这就是为什么圣人一直抱定阴阳平衡，把做任何事情都在“道”以内保持阴阳平衡的状态作为行动的基本方式，实施阳的多少根据阴的多少来定，实施阴的多少根据阳的多少来定。

“不自见，故明；不自是，故彰；不自伐，故有功；不自矜，故长。夫唯不争，故天下莫能与之争。”不能固执地坚持自己的见解，因为自己一方的看法非常狭隘，只有这样才能明白“道”的作用。做事情不自以为是，能够眼观六路、耳听八方，多角度看问题和分析问题，才能使所做出的事情彰显生命力。做任何事情不是强行征伐，顺势而为才能实现“道”以内的功成。做任何事情不失时机、“道”内以为，便能获得“道”以内的长久。永远不在“道”以外去争，天下其他的人便没办法与你相争。

“古之所谓曲则全者，岂虚言哉？诚全而归之。”古代所说的必须靠随“道”的形态，才可以求全存久一些，这句话不是随便说说的，只有靠随“道”的形态，才可以保全人生的长道而寿终正寝。

有诗为证：贪恋私欲难功成，顺其自然不与争。
谦卑委曲古今全，自知之明身自轻。

《道德经》第二十二章　今通行本

曲则全，枉则直，洼则盈，敝则新，少则得，多则惑。是以圣人抱一为天下式。

不自见，故明；不自是，故彰；不自伐，故有功；不自矜，故长。夫唯不争，故天下莫能与之争。古之所谓曲则全者，岂虚言哉？诚全而归之。

《道德经》第二十二章 王弼本

曲则全，枉则直，洼则盈，弊则新；少则得，多则惑。是以圣人抱一为天下式。

不自见，故明。不自是，故彰。不自伐，故有功。不自矜，故长。夫唯不争，故天下莫能与之争。古之所谓曲则全者，岂虚言哉？诚全而归之。

第二十三问： 企业在发展中遇到了前所未有的困难，地域环境、社会环境、市场环境都出现了不利企业发展的趋势，企业应该何去何从？

第二十三解　危机无畏信功成　决断低潮死回生

诗曰：山沟企业现危机，坚守恒常志不移。
　　　积蓄力量练内功，抓住机遇再奋起。

重庆有一位企业家朋友，下海比较早，当时他接手了一个原来的军工企业，主要为西南地区制作冲压设备。企业货源充足，生产运转良好，效益可观。

可是几年过后，西南地区出现了许多独资、合资的冲压设备企业，由于这些企业的基地都建在交通便利、经济发达的地域，产销具有较大优势，他的企业逐渐失去了大部分市场份额。

这位企业家朋友的企业原是建在山沟里的军工企业，交通十分不便，没有铁路，附近仅有一个小型机场，一周只能飞一次，遇到阴天下雨还得停飞。企业要想招聘外地人才，根本没有人要到山沟里来。企业产品开始滞销，企业的几个核心人员都主张解散企业，该卖的设备卖掉，人员遣散，各奔东西。

当他最后征求我的意见的时候，我来到了这个企业，花费了一定的时间详细了解这个企业。我发现这个企业在当时的情况下还具备相当的实力，具有一定的后劲和潜力。

第一，这个企业具备一个实力非常雄厚的研发和生产制造冲压设备的团队。研发生产冲压设备需要在这个领域内的高科技研发人才和高技术水平的操作者，而这个团队不是短时间内所能形成的。第二，生产冲压设备需要特种高端的、配套的、高精度的生产设备，而有了这些设备还需要长时间调试和生产准备。第三，这个企业有完整的产销链和售后服务体系。

这个企业经过十多年的运行，具有当时其他企业无可比拟的优越条件。我详细说明了调研结论，并提出了解决当前问题的建议。

老子说："希言自然。故飘风不终朝，骤雨不终日。孰为此者？天地。天地尚不能久，而况于人乎？"企业目前的处境都是自然形成的，都是可转变的。企业的困难也是暂时的，飘风和骤雨会很快过去，不利于企业发展的状况也不是一成不变的。

"同于道者，道亦乐得之；同于德者，德亦乐得之。"他的企业一定坚定信心向"道"（企业发展规律）靠近。适应市场需求，市场也会乐于接受他的企业，为他的企业提供发展空间。

我建议他下力气培养当地的技术人员，因为当地山清水秀，当地人不愿意离开此地。聘请外地的专家做短期指导，解决不能调入人才的问题，加大以销定产的力度，加强销售队伍建设。

经过一段时间的坚持，他的企业在市场上站稳了脚跟。后来那里又修建了铁路和公路，企业加入了同行业领先行列。

在青岛的一位企业家朋友也遇到了类似的问题。他的企业是做配套零部件的，一直在为一家大客户提供配套产品。后来，这个大客户把企业搬到了他所在的城市。他认为距离近了，供货更方便了，他们的供求关系能更稳定了。可是，万万没想到，大客户找到了另一个固定的供应商为自己供货。老板和营销人员多次找到这家大客户总经理，总经理的回答是继续合作绝无可能。老板找到我询问，这件事已经绝无可能了，该怎么办？

我对这个大客户和周围营商环境进行了调研，给老板提出了意见和建议。

"希言自然。故飘风不终朝，骤雨不终日。"他想要加入目标客户的供应商队伍，是他的想法，这个想法离实现还有一定差距。目标客户告诉他，绝不与他合作了。这个想法是客户的想法。他的想法、目标客户的想法都是希言，能够符合客观规律的成分少之又少。"天地尚不能久，而况于人乎？"天地自然规律是不使任何事物、现象保持过久而不发生改变。他的企业和目标客户都是天地自然的产物，都是符合这一客观规律，任何有形、有状态的事物都符合这一规律。例如，目标客户已有供应商这一状况不会永久不变。但是，如果要打破这一不变，首先要符合"故从事于道者，同于道；德者，同于德；失者，同于失"。就是说，现在他的目标客户有长期使用供应商这一规律，要经由他的企业和营销人员的积极努力，在可合作的范围内加以改变、互动、促进。他的改变，就是要改变自身的状态，去适应、配合他的目标企业。在适当、合理、有效配合他的目标企业之后，要抓住机遇，及时互动。准确、充分、全面了解他的目标客户新的需求，及时地去适应和满足、再适应再满足，不断修正过程，使企业处于“道者同于道”的状态，在此过程不断巩固与发展已经被目标客户认可的部分，这就是所谓“德者同于德”；要随时修正、剔除目标客户不适应的部分，即所谓的“失者同于失”；还要善于准确抓住目标客户最适合我方特点的部分，即“同于道者，道亦乐得之”，及时舍弃修正目标客户不适应我方特点的部分，即“同于失者，失亦乐得之”。

老板认为我说的有道理，在我的建议下，他组织企业高管团队，根据目标客户的特点，制订出了能够及时、准时供货的一套详细方案，并且在短时间内模拟演练熟练，然后派出营销人员，以两个企业联谊的名义进行互动，让目标客户了解到这个企业是能够真正做到准时供货的，节约下来的物流、库存费用降低了成本。在此基础上，老板又结合市场技术的发展，制订出了应对目标客户发展的一系列配套措施，并且在某些方案上让客户认识到，他的企业可以提升某些方面的质量。用了6个月的时间，这个企业完成了破冰之旅，与目标客户签订了长期供货合约。

《道德经》第二十三章　企业启示

企业家一定要知道，企业发展规律、市场发展规律是不容易认知准确的，因为这些规律都是看不见、摸不着的。人类能够接触到的事物，只能向我们提供很少的规律资讯，而这些规律随着事物的发展时刻发展，我们得到的资讯往往是滞后的。从解读到认知到确认过程中，这个规律已经发展变化了。就如同风刮过，每一个时点风力都是不同的；每一场雨，任何一个时点雨量也是不同的。

所有的事物都遵守这个规律。所有的事物包括天地都不可能长久，人也不能例外，也不会有任何一个状态保留长久。所以，沿“道”而行的人，要不断靠近“道”。想要实现在“道”以内的获得，要坚守靠近规律，坚守自身应该遵循的规律以内的规律。如果能够放弃那些多余的欲望和作为，就要遵守放弃多余欲望和作为的规律。靠近企业发展规律的企业，企业发展规律就有助于这个企业发展。靠近在企业发展规律以内作为的规律，企业发展规律以内作为的规律有助于企业作为。去除企业发展规律以外的欲望，遵守企业发展规律且剔除过多欲望和作为的规律，就会有助于企业剔除规律以外的欲望和作为。

因为我们对企业发展规律认识得不足够、不全面，所以我们一定要从多个角度、多个侧面、多个行业去认知和学习，不能片面认为自身的认知够全面、够准确。其实，任何认知都不能够全面和准确，我们不能完全相信和依赖已有的认知。

《道德经》第二十三章 家传道德经参悟

“希言自然。”人类认识客观规律是有限的，只有很少的部分认知。

“故飘风不终朝，骤雨不终日。孰为此者？天地。天地尚不能久，而况于人乎？”再大的风暴也持续不了多长时间，再大的暴雨也持续不了几天，风越大，持续的时间越短，雨越急，持续的时间越短。任何人、任何事物都受到“道”的把控。天地都不能永久，何况人类及其触及的事物。

“故从事于道者，道者同于道，德者同于德，失者同于失。同于道者，道亦乐得之；同于德者，德亦乐得之；同于失者，失亦乐得之。”所以认知“道”、靠近“道”的人，虽然会遇到一些波折、干扰和影响，也要坚定不移地向“道”靠近。在“道”以内所得到的，也会同样遇到波折和艰难险阻，人们一定坚定信心向“道”靠近。把控事物的大道，会让任何事物终究有一天会失去现有的状态，“道”会促使任何事物失去现有的状态。

所以，随道行事的人会从“道”中获得自己得以长久的好处，“道”会把控任何事物，任何事物都会失去现有状态，“失”是任何事物“道”的循环中的一部分。

“信不足焉，有不信焉。”人类现有的知识和智慧是不足以遵循“道”的，人类没有认知的“道”是绝大部分。

有诗为证：世事往复始有终，风雨转瞬现彩虹。
万物自然归常道，守信笃行能成功。

《道德经》第二十三章 今通行本

希言自然。故飘风不终朝，骤雨不终日。孰为此者？天地。天地尚不能久，而况于人乎？

故从事于道者，同于道；德者，同于德；失者，同于失。同于道者，道亦乐得之；同于德者，德亦乐得之；同于失者，失亦乐得之。信不足焉，有不信焉。

《道德经》第二十三章　王弼本

希言自然。故飘风不终朝，骤雨不终日。孰为此者？天地。天地尚不能久，而况于人乎？

故从事于道者，道者同于道，德者同于德，失者同于失。同于道者，道亦乐得之；同于德者，德亦乐得之；同于失者，失亦乐得之。信不足焉，有不信焉。

第二十四问： 我的企业先于其他企业研发制造出了高新产品，但在市场上不被认可，新产品拖累企业险些倒闭。这是为什么？

第二十四解 跟踪国际最前沿 新品上市遇极寒

诗曰：转型升级向高端，费尽心机求领先。
过犹不及伤自身，效益滑坡困境添。

辽宁有一个自动化设备生产企业，我曾多次调研，企业运营良好，效益一直很好，行业排名靠前。可是，这个企业老板突然给我打电话说，他的企业快要开不出工资了。

原来，这个企业是一个新技术企业，技术实力较强，产品投放时恰逢市场急需，企业得到了较丰厚的利润，企业和企业产品在市场上和行业内都享有较高信誉，企业老板多次获得区域内政府授予各种荣誉称号。企业获得的成绩催生了老板的欲望。当时，国外的机器人刚刚被引进到国内的大企业，老板想在国内领先生产机器人。他拿出了企业积累的全部资金，又向银行申请了巨额贷款，买了土地，盖了厂房，购进了先进的设备设施，又高薪聘请了多位专业技术人才，一切筹备妥当之后开始生产。机器人是造出来了，可是市场上无人问津，没有销路。企业出现了资金的危机，濒临倒闭。

我应邀来到他的企业，经过深入调研发现了问题所在，向老板提出了改进的意见和建议。

“企者不立，跨者不行”，企业不具备生产机器人的能力，却在短时间内转型升级为生产机器人，这好比踮起脚尖站立、跨步前行一样，站不稳，也行不远。“自见者不明，自是者不彰，自伐者无功，自矜者不长。”暂时的成功和荣誉使老板缺乏多角度观察问题的耐心和细心，助长了固执己见、自以为是、独断专行、孤芳自赏的错误思维模式和行为，做出了他自认为正确的决定。

研究开发机器人没有错，工业机器人是发展方向，但是，在当时社会上还不具备大规模应用机器人的条件，应用软件、操作系统都不配套，操作机器人的技术人员匮乏，市场需求低迷，况且由于缺乏技术和经验，匆忙之中生产的机器人还存在许多缺陷，不能满足应用。

“其在道也，曰余食赘行。物或恶之，故有道者不处。”要改进的是企业的发展策略，更要注意改掉和抛弃的是“余食赘行”，就是在暂时获得胜利荣誉时最容易产生的自见、自是、自伐、自矜，这是导致企业家犯错误的根本所在。

老板听了我的分析和建议后，理性分析了机器人市场的动态和信息，调整了企业发展方向，把主要精力放在当时市场需求旺盛的自动化生产线上。在企业稳定获取利润正常发展的状态下，拿出部分资金试验性地开发研究机器人，经过一步一个脚印地积蓄力量，多年后，这个企业成为生产机器人的强企之一。

《道德经》第二十四章　企业启示

企业做任何事情都不要脱离自身能力，要在能力范围内行事；一定要争取获得适合自己企业的储备，但也不能储备过多，要用有限精力获得必要的储备。

企业家一定要了解遵循企业发展规律的重要性，不能过分管理和作为，也不能不及。不及和过分二者的分界线，就看其是在企业发展规律之内，还是在企业发展规律之外。企业发展规律是一个立体的三维空间，既不能过高，也不能过低，既不能偏左，也不能偏右，既不能超前，也不能落后。例如，踮起脚尖站立，就不能站稳、站久，跨步前行不可能走得长远。

固执己见，缺乏多角度观察问题，就不能明白问题的真谛；自以为是，缺乏多种力量帮扶，就不能发挥好自身优势。独自开发创新，缺乏专业配套的辅助，就实现不了自身的功用；孤芳自赏，没有敏锐地顺应市场发展规律，企业就不会长久。

站在企业发展规律这个全局来看，企业的企者、跨者、自见者、自是者、自伐者、自矜者都是宛如余食赘形，是企业多余的包袱，都是企业发展规律以外的东西，应该抛弃。

《道德经》第二十四章　家传道德经参悟

“企者不立，跨者不行，自见者不明，自是者不彰，自伐者无功，自矜者不长。”踮起脚站立，站不稳、站不长久；超出自身正常步伐前行，走不长、走不远。固执己见，只从单一角度看问题不是明智的。正确坚持自己的主见，时刻根据客观实际修正补充自己的观点。

按照人们自己主观的理论和逻辑，去征伐获得物质或者理想状态的事，是不符合自然规律的，必然受到自然之道的修正和毁灭。所以，得不到良性循环的成功，自我陶醉、自我矜持，在自我标定的框架逻辑中，是离“道”甚远且不会长久的。

“其在道也，曰余食赘行。物或恶之，故有道者不处。”这些偏离“道”的都是多余的物质和行动，都是没用的废物，并且会带来凶事。所以，靠近“道”的人，不会使自己处在以上离“道”较远的情境之下。

诗曰：踮脚跨行不能长，骄傲矜持不明彰。
余食赘行皆远离，自知通达忌张狂。

《道德经》第二十四章　今通行本

企者不立；跨者不行；自见者不明；自是者不彰；自伐者无功；自矜者不长。

其在道也，曰：余食赘形。物或恶之，故有道者不处。

《道德经》第二十四章　王弼本

企者不立，跨者不行，自见者不明，自是者不彰，自伐者无功，自矜者不长。

其在道也，曰余食赘行。物或恶之，故有道者不处。

第二十五问：我的企业找到了市场的切入点，投入巨资开始生产市场上的畅销产品，为什么不但没有带来预期的利润，还造成了严重的亏损？

第二十五解　谨慎过分发展慢　错失良机占先难

诗曰：犹豫彷徨心不定，利好环境苦相等。
时运良机转瞬逝，千般感叹懊悔生。

浙江余姚有一位企业家朋友，他的企业是做连接件的，我曾去过他的企业调研。虽然他的产品利润空间不大，但他做事谨慎，企业经营还较稳定，在行业内有一席之地。

他曾对我说过，总是在市场上错失良机，每一次出现好的机遇总是被别的企业占先。他总是担心自己开发的新产品得不到市场认可，害怕转型升级路子走偏，因此放不开手脚。有好的项目和机遇也不敢投入，一旦时机过去了还会后悔。他总是在等、在观望、在祈盼，等政府的好政策、等市场的好环境、等成熟的新技术，总是害怕投入的失败。

我曾与他探讨过企业发展的问题，告诉他市场是混成的，里面时刻存在着企业发展的机遇，每一次成功都孕育着失败，每一次失败同样孕育着成功，主要在于看准机遇、抓住时机、提前预判、充分调研、周密规划、果断出击，要敢迈步，敢闯、敢试。

偶然的机会，我路过他的企业。他一脸愁云地对我说，我正要找你帮助查找原因呢。接着他向我诉说了事情的原委。

原来，他一直认为连接件产品小、利润小、市场空间小，很难有大的发展。他带领团队对市场进行了调研，发现当今市场铸塑件非常畅销，市场前景看好。他认为这个机遇不能再错过了。由于铸塑件生产需要专用的厂房、专用的设备和专业人员，他投入了大量资金，盖了新厂房、购置了专用设备、招聘了专业人员。他的铸塑件厂运行 3 年了，可是效益不仅没有增加，企业还连连亏损。

行业内其他的铸塑企业的产品都在热销，企业盈利丰厚，这让他百思不得其解。

我对他的铸塑件厂运营情况进行了全面深入的了解，发现他的产品订单非常少，而且三手、四手的订单居多；他的铸塑件利润极低，批量较小。我给他提出了意见和建议。

老子说："有物混成，先天地生，寂兮寥兮，独立不改，周行而不殆，可以为天地母。"企业要在企业发展规律中找到最适合自身企业特点、最适合自身企业发展的那一个规律，才能顺利地发展。其他铸塑企业订单多、产品批量大、企业利润高，主要是因为铸塑是一个特殊的行业，不同于机械加工是依靠图纸和工艺数据来加工制造，大多需要经验的积累、多年的磨砺，取得了丰富的经验才能保证产品的质量。运用经验，不断改进，满足拉动用户的需求，才达到了订单多、产品批量大、企业利润高的状态。

他新建的铸塑企业刚刚起步，学来的都是皮毛，聘用的专业人才缺乏行业经验。铸塑产品生产还有一个特点，就是需要团队配合操作，需要有这方面经验的操作人员。所以，这个行业不适合他。

最适合他企业特点的还是连接件，全力把连接件的市场份额扩大，将铸塑件厂赶紧卖掉。他的新建厂非常适合铸塑件产品的生产，卖给铸塑企业能卖个好价钱。

"域中有四大，而人居其一焉。人法地，地法天，天法道，道法自然。"国内连接件市场小，发展空间小。把产品做精、做优，做成名品，增加国内市场份额，同时进入国际市场，参加国际市场的大循环。

"大曰逝，逝曰远，远曰反。"让企业的产品在国际市场上进行良性循环。国际市场门槛高、标准高，一般企业难以达到，这是企业发展的最佳道路。要使产品与国际接轨，产品标准提高了，国内也会逐渐提高市场准入标准。这样，企业在国内市场也会增加份额。

老板听了我的建议，把铸塑厂卖给了需要扩大生产的铸塑企业，不但没有赔本，还有一定的盈余。他根据市场和企业实际，扩大了连接件的生产规模和品种。由于他有多年生产经验，发挥在材料锻压、模具设计、产品工艺上的优势，又从行业内聘请到了资深的专业人员，把产品做成名品，不但增加了市场份额，还打入了国际市场。

"人法地，地法天，天法道，道法自然。"世界万物都各行其道，都按照自身的规律发展。合乎这个规律就向前发展，离开了这个规律就要受到规律的惩罚而失败。

老板最终深有感触地说，这次终于抓住机遇了，原来机遇就在你身边，这次的成功就是找到了自身的特点和发展规律，在规律内实现了企业的大发展。

《道德经》第二十五章 企业启示

企业必须遵循“道”，“道”的特点是混成。要善于在纷繁、复杂、混乱、浑浊的各种环境中求得生存，练就功夫。市场环境下不要等，机会不会重来。

各种各样的规律交织在一起，互相拥有，互相作用，永不停止，看你走哪条路，遵循哪一个规律。企业摸索符合自身的规律需要一个过程，不要急，也不要失望，要善于在复杂情况下发展。

企业发展有共同规律，也有特殊规律。归根结底，这两个规律都是同一规律，只是我们从不同侧面认知而已。实际上，它们就是自然发展规律。这一规律在企业还没有出现前就已经存在。我们建立的企业，连同企业周边环境，都是这一规律所派生的。我们的企业和周边环境存在与否，都不影响这一规律在无边无际的空间中永恒存在和永不停息地运转。这一规律周而复始地运转，派生了万事万物。

我们不能准确地为它命名，只能勉强称它为企业发展规律，它永远按照自身的轨迹运行，没有一丝一毫的改变。

企业遵循发展规律运营，不能有所偏离，偏离就会被它纠正，违反就会被它淘汰。我们看不见它，也摸不着它，我们对它的认知永远不可能完全彻底，它永远存在于企业发展的各个阶段，是市场发展的总源头。我们所谓的创新，所谓的开拓，只不过是找到了它的万千路径之一。

企业发展规律永恒存在于宇宙中：存在于广阔无垠中，存在于细小微妙中，它运行的终极目标就是积累误差，淘汰企业。规律决定了企业运行模式，就是要减少企业在运行过程中违反企业发展规律的误差，延长被淘汰的时间。规律终究淘汰企业又生成企业。

万事万物都是遵循自然规律的，企业和人类都是万事万物的一部分，企业发展规律也同属于自然规律。所以，企业和企业管理者都要不断追求、认知、探索企业发展规律，将企业运营与认知规律的误差不断减小。

自然界可以表述为四大：道大、天大、地大、人大。企业管理者遵循企业发展规律的空间是广阔无垠的。企业遵循企业发展规律和市场发展规律，就是遵从自然规律。人类存在于地球发展规律，地球存在于宇宙发展规律，宇宙存在于“道”的发展规律，“道”就是自然规律。

《道德经》第二十五章　家传道德经参悟

“有物混成，先天地生，寂兮寥兮，独立不改，周行而不殆，可以为天地母。”“道”，是由一种人类无法想象的物混然而成。它先于天地及万物就存在了，它好像寂寞、安静，没有“道”以外的任何作为，永远地存在着，并把控万事万物沿着各自的“道”向前发展，“道”对万事万物的永远把控周而复始，从不停歇，“道”是一切万事万物的源头。

“吾不知其名，字之曰道；强为之名，曰大。”我们人类无法准确为其命名，勉强暂时给它取一个名字叫“道”，勉强把它称之为大，理解为大，包罗万象的大，把控一切的大。

“大曰逝，逝曰远，远曰反。”任何一个“道”，无论有多大，它都会周而复始地循环逝去，部分逝去的道渐渐地离我们远去，由这个“道”新的部分所代替，到达轮回的节点时逝去的、远去的“道”还会来回重演。

“故道大，天大，地大，人亦大。”所以，“道”大到会包含一切周而复始，天大到是“道”的循环载体，地大到是“道”的循环载体，人也大到是“道”的循环载体，一切兴旺发达的事物也是“道”的循环载体，天、地、人与“道”并行循环。

“域中有四大，而人居其一焉。”在“道”的范畴内，人类体会有四大，而兴旺发达的事物居其一，这就体现了人类始终向大道靠近。

“人法地，地法天，天法道，道法自然。”人类是地道所承载，组成人类的物质主要来源于地，地道主要由天道来承载，地的物质主要来源于天，天道是自然大道的组成部分，是由自然大道承载的，天道这个自然大道部分是同自然大道一同周而复始运转的。

有诗为证：寂寥混成天地先，万事万物孕其间。
周行无始亦无终，修正偏离归自然。

《道德经》第二十五章　今通行本

有物混成，先天地生。寂兮寥兮，独立而不改，周行而不殆，可以为天地母。

吾不知其名，强字之曰道，强为之名曰大。

大曰逝，逝曰远，远曰反。故道大，天大，地大，人亦大。域中有四大，而人居其一焉。人法地，地法天，天法道，道法自然。

《道德经》第二十五章　王弼本

有物混成，先天地生，寂兮寥兮，独立不改，周行而不殆，可以为天地母。

吾不知其名，字之曰道；强为之名，曰大。大曰逝，逝曰远，远曰反。

故道大，天大，地大，王亦大。域中有四大，而王居其一焉。人法地，地法天，天法道，道法自然。

【注释】寂 jì：安静。无声音。　寥 liáo：稀少，寥寥无几。静寂，空虚。

第二十六问： 我的企业把创新放在企业发展第一位，也生产出了许多新产品，为什么企业发展却受到阻碍，甚至濒临亏损？

第二十六解　倾尽资财为创新　以小博大失重根

诗曰：产品开发不专一，贪多求新急功利。
　　　市场无门丢客户，精疲力竭前功弃。

在江苏南京有一家生产结构件企业，我多次去过这家企业。这家企业已经在这个行业发展20多年，效益稳定，在运营和技术上有一定的积累，企业具备了较强的能力。在企业良好发展势头面前，老板准备全力创新，把企业转型升级到利润较高的行业。老板认为现在新能源行业和检测行业利润可观，产品在市场卖得火爆，是创新的好项目。于是，他与高管团队研究决定，投资这两个行业的电器件产品和检具产品，开启了企业的转型升级创新。

转型升级创新的结果是，产品在市场上不被认可，企业入不敷出，出现了生存危机。这时候他找到了我，让我帮他分析问题的原因，寻找解决办法。

经过调研，发现他的产品存在两大致命问题。一是产品没有信誉度。一直以来，这个行业原有企业的电器件产品和检具产品占据了市场上大部分份额，用户对产品和企业比较熟悉，形成了较高的信誉度。他的产品客户对新产品不熟悉。再一了解，他的企业原来是做结构件的，造成客户对新产品缺乏信任。二是他的企业生产的这两款产品，表面上和市场上的一样，可是在细节上有差距，而这些差距正是产品功用的关键，如产品的加工工艺、产品技术材料的升级迭代。这两个原因造成了他的产品在市场上无人问津。

老子说："重为轻根，静为躁君。是以君子终日行，不离辎重。虽有荣观，燕处超然。""重为轻根"，一个企业在运营中一定要找到你的重，这个重，就是你企业的运营动态方向。什么是轻，就是企业目前的技术、资金、管理、产品的实际状态。企业的运营动态方向要以企业实际状况为根。“静为躁君”，静是企业现有的，可见的、不可见的软件、硬件资源。躁，是你把资源看错了，没有看准确，看大了或看小了。静，决定把控企业的性质。

企业的“重”，是20多年来在金属加工方面积累的工艺技术、人才储备、设备设施、市场客户，这是你的“重”，企业运营动态方向不能离开你的重、离开你的根。

我问他，你现在做的这些新产品觉不觉得吃力，他说非常吃力。他的主要问题，是企业的重离开了企业的根。

我帮他分析，他多年做结构件，有固定熟悉的客户，有成熟的技术和人员队伍，这是他的强项。他要放弃强项，去做自己并不熟悉的项目。例如，为了做检测产品，花费许多资金购买了一些检测产品的专利，而这些产品专利功能在实际中用不上。例如，汽车产品的检具，一种新车型出现就要生产新的检具，需要技术升级。这些新技术还需要市场的检验。他所买到的专利技术许多都不适用。“是以圣人终日行，不离辎重。”在运营企业的每一天、每一时刻、每一个步骤、每一个行为都不能离开自己的“重”。企业在前行的过程中离开了辎重，后勤补给跟不上，技术、资金、生产能力、市场能力等的滞后将使企业发展严重受阻。

“虽有荣观，燕处超然。”在企业的运营中，熙熙攘攘的市场上新产品琳琅满目，利润诱惑比比皆是。小燕子在有许多鱼虾水塘的水面上一掠而过，只衔起了属于它的一点点。市场上好的产品和项目、好的时机和机遇再多，我们也要守住自己的“重”。在重和静的基础上，发挥企业强项，寻找适合自己的产品和市场，不能做不熟悉的项目。社会有明确的分工，不能受利益的诱惑，去做超出企业自身能力的事。

“以身轻天下”，要以自己企业自身发展为重，不为天下的利益所诱惑，练好自己的内功，做强自己的拳头产品。

后来，他采纳了我的建议，卖掉了生产新能源产品的装备，把主要精力放到结构件上，专注结构件生产，挖掘资源，开发技术，深耕细作，把结构件做精、做优。

经过一段时间的努力，他企业生产的结构件已经延伸到多个领域，结构件的转型升级和创新造就了企业的成功。

《道德经》第二十六章 企业启示

企业家要深刻了解自然发展规律、企业发展规律。优秀的企业都是从平常一点一滴积累起来的。优秀的企业如果失去循环积累，也会逐渐丧失优势。优秀的企业不是一蹴而就的，其可能轰然倒塌，也可能逐渐衰败。

企业发展时间越长，积累的各方面误差问题就会越多。与其烦躁、手忙脚乱、粗犷地分析解决这些问题，不如从另外一个角度仔细地、深入地分析和解决这些问题。必要时，可以将这些系统暂时停止运营，来分析和解决问题，即所谓“磨刀不误砍柴工”。

对自然发展规律和企业发展规律认识较深刻的企业家，在领导企业前行的时候制订任何战略计划、方案、方法的时候，都会全面考虑企业的历史形态、现在特点、未来方向，从不轻率行事。在领导企业运行的过程中虽然有各种偏差，但丝毫不会动摇遵循自然发展规律和企业发展规律的决心，从不增加偏离规律的欲望，防止影响企业正常发展方向、策略和速度。

企业不重视平时一点一滴的积累和决策，被偏离规律的欲望所左右，就会失去企业本来已经实现的良性循环。烦躁的、急进的企业，粗犷的管理和决策，不顾长期以来积累的偏差和问题，就会失去企业已经形成的优势。

《道德经》第二十六章 家传道德经参悟

“重为轻根，静为躁君。是以圣人终日行，不离辎重。虽有荣观，燕处超然，奈何万乘之主而以身轻天下?”厚重是轻率的根本，静定是躁动的主宰。因此君子终日行走，不离开载装行李的车辆，虽然有美食胜景吸引着他，却能安然处之。为什么大国的君主，还要轻率躁动以治天下呢？轻率就会失去根本；急躁就会丧失主导。

“道”的方向是由轻趋重，由小及大，无限循环。“道”的方向由躁及静，由乱至简。守“道”、明“道”之人的一切活动都是遵循“道”的方向。虽然沿“道”而行，会有很多“道”以外的荣观干扰，也都能够禁得起诱惑，泰然自若、始终不渝地坚守“道”。

能够拥有万乘车辆君主的身体的重要性要高于天下，要高于他所获得的疆域。

“轻则失根，躁则失君。”任何事物外表的象为轻，“道”为本，通过表象是了解不全“道”的。任何事物躁乱、繁杂，则离其本“道”较远。

诗曰：知止而定为有根，轻举躁动费精神。
持重主静长乐平，妄行贪欲伤己身。

《道德经》第二十六章　今通行本

重为轻根，静为躁君。是以君子终日行，不离辎重。虽有荣观，燕处超然，奈何万乘之主，而以身轻天下?

轻则失根，躁则失君。

《道德经》第二十六章　王弼本

重为轻根，静为躁君。是以圣人终日行，不离辎重。虽有荣观，燕处超然，奈何万乘之主而以身轻天下?

轻则失本，躁则失君。

第二十七问： 我的企业采用了几十年行之有效的大型集体企业管理方法，为什么改制为民营企业却出了大问题？

第二十七解　大集体病染民企　系统出错乱象起

诗曰：已然改制变主体，旧有管理仍沿袭。
运行受阻矛盾多，自与实际相脱离。

山西太原有一个由大型集体企业改制的民企，企业家原来是大型集体企业领导，那时候我们就是朋友。他在以民企老板的身份接管了这个企业后，仍然采用管理大型集体企业的思维来管理民企。他有一个最大的误区，就是认为大型集体企业用过的管理思维模式都是对的，以为使大型集体企业正常运转了几十年而不衰的管理方式，应该是成熟管用的管理方式。

企业由大型集体企业转成民企后，他认为，对于一些原来追随他的中层管理者，只要给他们高于原来的薪酬就还能追随他。可是，这些人在企业改制后却纷纷离职了。之前，企业产品不愁销路，可是，转制后产品出现了滞销。让他产生疑惑的是，转制民企后，自己说了算，给员工和管理者的工资比过去高了，但留不住中层管理人员，一些老员工也不安心工作，有离职的想法。

我应邀对他的企业进行了调研。企业最突出的问题有以下几点：一是技术发展跟不上时代的要求。由于领军人物纷纷离职，后来聘用的人需要从头开始，几十年的积累后继乏力，技术上出现断档。新聘任的年轻人都是从零开始，还要重新走以前走过的路。技术断层是企业最忌讳的，对企业伤害最大。

二是各项政策思维沿袭老习惯。由于以前的政策比较宏观，不切实际，员工考核指标不准确，不能奖励真正贡献大的，造成员工没有干劲，浮夸风盛行，往往能说不实干的人得到奖励，实干、苦干的人没有得到应有的奖励，反而把敢于直言的、提意见的员工开除了。

三是民企感染了大企业病。形式主义、官僚主义在民企被继续奉行，形式重于内容，不该汇报的内容也要汇报，不该有的层级也多有设立。运行企业产品层级多，生产技术形式层级较高，而真正运行产品的开发层级比较低。生产工厂设置了班长、工长、车间主任，还设了 5 个副厂长。工长权力大、挣钱多，但是起相反作用，大型集体企业的管理思维制约企业发展。

四是模仿大型集体企业，市场营销部门在地方设办事处，租写字间。销售部门各项规章制度烦琐，执行偏激，容易引起企业与客户的矛盾。

听了我的分析以后，他要针对一些具体问题进行一些小改小革。我建议，必须大改大革。企业主体改变了，员工再也不是大型集体企业身份了，必须按照现在的企业实际，对企业的所有管理规章制度彻底进行改革。为了帮助他摆脱目前企业的困境，我们一起用《道德经》的哲学思维来分析目前企业状况，寻求解决方案。

老子说："善行无辙迹；善言无瑕谪；善数不用筹策；善闭无关楗而不可开；善结无绳约而不可解。""善行无辙迹"，绿色环保的出行不会对环境造成破坏，不能遗留下损害的痕迹。大型集体企业的管理方式已经对改制后企业造成伤害，一些科学的、有效的、积极的效能得不到有效发挥。国企管理的车辙在改制的企业留下了深深的辙迹。"善言无瑕谪"，管理团队在行使管理权限的时候，语言要和谐，不要引起广泛的质疑和争论，不要对外发布不全面、不准确、不合时宜的公告及言论。我在调研中发现，员工的离职和企业管理层发布的公告有关。"善数不用筹策"，要使企业高管团队善于抓住企业已然暴露的问题，对这些问题剥丝抽茧逐一解决，包括复杂问题、深层问题、未来问题。要用平时的工作积累澄清不明朗的问题，要使矛盾的解决无争议或较小争议。"善闭无关楗而不可开"，要善于去除那些看似对企业运营有利，实则不利的因素，包括那些制约客户和员工与企业合作的规定和条款。如果企业的利益和客户的利益紧密相连，你在发展和赢利的同时能给客户带来效益，就无需用一些规定和条款把客户与你链在一起。不合作是客户的损失，合作是客户利益的最大化。"善结无绳约而不可解"，要善于联合，善于合作，善于营销。设置一些让客户感觉不到的、自然而然的、自觉自愿遵循的规矩、规则，客户感觉不到，就不会去主动解开它、脱离它，而自觉不自觉地与你的企业捆绑在一起。

"是以圣人常善救人，故无弃人；常善救物，故无弃物，是谓袭明。"在"善行、善言、善数、善闭、善结"这个方向上不断积累、提高、循环，就是救人、救物。在此基础上一直传承下去，就是袭明。

"故善人者，不善人之师；不善人者，善人之资。"在以上方面做得好的企业，是在这些方面做不好企业的老师，是他们学习和借鉴的榜样。在以上方面做不好的企业，是在这些方面做得好的企业需要注意的典型。

“不贵其师，不爱其资，虽智大迷，是谓要妙。”在企业管理中不能迷信国有企业的管理模式，也不要轻视民营企业的管理方式。根据已经变化了的企业性质和社会、市场、科技、人文环境，来重新审视和确立企业的发展策略和管理模式，这就是企业改革的要妙。

经过与老板和企业高层的深入交流和探讨，他们同意我的分析和建议。以“善行、善言、善数、善闭、善结”为方向，对国有企业原有的运营机制进行了彻底的改造。经过一段时间，企业开始显露生机和活力，后来企业进入了行业先进行列。

《道德经》第二十七章　企业启示

“善行无辙迹”告诉企业家，企业的行为不能对周边的环境产生伤害，就像车轮碾压地面留下辙迹一样。像有的企业的行为，如三聚氰胺、苏丹红等给社会带来伤害。“善言无瑕谪”，将你的企业的理念、策略、制度等讲给员工，员工能欣然接受，没有引起员工不愉快和质疑的地方。“善数不用筹策”，这个市场到底能接纳你企业多少产品，这个数字自然而然地产生在你的心里。“善结无绳约而不可解”，企业员工不需要用条条框框去限制，他们会因为你的制度设计合情合理而愉快地接受，自觉地遵守。做到了这些，就向企业发展规律靠近了一步。

企业自身的管理、作为、创新不能跨度太大，超越企业正常发展速度；对原有的企业的基础管理和各个运行系统也不能改动过大；不能对企业自身、合作伙伴和周边生态环境有所毁坏。

企业的管理措施不是用来否定、指责、挑剔员工行为的错误和不足的，而是要转化这些错误和不足并加以利用。此前一切的不足和错误往往是双方时机、认知、条件、运营因素不匹配而已。同时，企业管理也不能使员工抵触、厌烦。

企业应该在现有的管理、产品基础上，顺应企业发展规律，制订谋划未来的发展策略和目标。制订谋划未来的发展策略和目标，都是在顺应自然、不妨碍正常的企业运营前提下进行的，不能人为地、不切实际地形式化设立过多没有实际意义的名目，干扰企业正常运营管理。

对管理的界定，对员工职责的界定，要从原则上、根本上让企业管理者和员工理解界定深处的含义，不必背诵条文对照，这样的管理和职责界定才会得到遵守。对企业上下游关联企业和个人，让对方深刻了解关联的深层次含义，而不仅仅是靠合同约定信誉条款来强制制约，这样的关系才更加紧密和坚固。使双方签订的违约条款派不上用场，才是最好的管理。

企业家对企业经营环境内一切资源都能加以借鉴和利用，从没有抱怨合作不利的现象。善于遵循企业发展规律的企业家，能够及时转型升级和创新利用企业产品，避免达到被淘汰的程度。顺应企业发展规律的企业家，能够带动一些落后企业，使他们也能很好地顺应企业发展规律，也能变成企业的合作伙伴。这个问题解决了，企业家就能够提高到一个更高的层次，这就是企业保持基业长青的关键所在。

《道德经》第二十七章　家传道德经参悟

“善行无辙迹，善言无瑕谪，善数不用筹策，善闭无关楗而不可开，善结无绳约而不可解。”顺应大道的行是可良性循环的行，不对行过的道路和环境造成伤害，顺道而表述的言语不与他人发生悖论和争执。在“道”以内善于计算，不过分应用其他计算器具和其他人一起谋定和策划。善于关闭，不用真正的锁具去锁住。善于捆绑但不用绳子捆绑，而是从心理上限制，让其自然而然地顺从。

“是以圣人常善救人，故无弃人；常善救物，故无弃物，是谓袭明。”圣明贤德的人，他的常道是善于利用他人而没有利用不了的人；圣明贤德的人善于用物，没有他利用不了的物；这就叫作承袭明白、顺“道”而为。顺“道”而为体现在用人上，就是根据这个人此时此刻的特点找到顺应他的道，沿此道用好这个人，无弃人、无弃物就是这个道理。

“故善人者，不善人之师；不善人者，善人之资。”所以，按道而行能够做到良性循环的人，他是不按道而行之人的榜样；不按道而行的人，是行道之人引以为戒的资讯。

“不贵其师，不爱其资，虽智大迷，是谓要妙。”“不善人”“善人”在一定程度上领会就可以了，不能完全照抄照搬，因为每个事例不同，具体事例的主体客观环境条件各不相同，在某种程度上理解便可，不可以绝对化。如果绝对严格地学习借鉴不善者，虽然可谓达到智慧的程度了，但这样做会陷入大的迷茫。

这就是如何寻找到适合自身的“道”，如何在“道”以内为的重要方法。

有诗为证：善行无痕隐踪迹，善言入心耳自闭。
救人救物真君子，奥妙袭明解大迷。

《道德经》第二十七章　今通行本

善行无辙迹；善言无瑕谪；善数不用筹策；善闭无关楗而不可开；善结无绳约而不可解。

是以圣人常善救人，故无弃人；常善救物，故无弃物，是谓袭明。

故善人者，不善人之师；不善人者，善人之资。

不贵其师，不爱其资，虽智大迷，是谓要妙。

《道德经》第二十七章　王弼本

善行无辙迹，善言无瑕谪，善数不用筹策，善闭无关楗而不可开，善结无绳约而不可解。

是以圣人常善救人，故无弃人；常善救物，故无弃物，是谓袭明。

故善人者，不善人之师；不善人者，善人之资。

不贵其师，不爱其资，虽智大迷，是谓要妙。

【注释】瑕 xiá：指玉上面的斑点，引申义为空虚、空子，比喻人或事物显露出来的缺陷、缺点或小毛病。　谪 zhé：针对罪犯所作的判词 。《说文》：谪，罚也。　楗 jiàn：竖插在门闩上使闩拨不开的木棍。　袭 xí：本义表示死者穿的衣襟在左边的内衣，后引申为重叠、重复、承袭等义。

第二十八问： 为什么企业向市场投放新研制生产的大批量产品时，受到了市场的冷遇？

第二十八解 新品投放举全力 市场碰壁失全局

诗曰：研发创新缺周密，投入资财产出急。
　　　切入市场点位偏，不留余地此失彼。

广东惠州有一位我熟悉的企业家，开始做传统加工业，由于市场竞争激烈，产品利润微薄。他受市场上三款利润较丰厚产品的诱惑，调整了企业生产战略，停止了传统产品生产，把全部资金和人力转向了这三款技术复杂、先进的产品。他购置了昂贵的专用生产线，对产品略做改进后开始大批量生产。但是当他把产品投放市场的时候遇到了严重的滞销。他急忙把我找去商量对策。

我在调研中发现，市场上同类产品较多，不认可他的品牌；产品质量没有得到有效的控制，产品有瑕疵；市场售后服务体系不健全；产品技术开发体系薄弱。

老子说："知其雄，守其雌，为天下豀。为天下豀，常德不离，复归于婴儿。"一个企业要知道雄强，还要知道守柔弱，只有这样才能像溪水一样，永远连绵不绝。企业不能离开企业的实际，不能超越自己的能力去做力所不及的事情，要像婴孩一样不受任何欲望的驱使和干扰，企业每一个决策、每一个运营步骤都不能离开企业发展的恒常规律。企业所犯的错误是，一味追求企业的雄强了，急于开发新产品，急于占领市场，但没有守住企业的雌柔。企业运行状态是具有一定惯性的，需要雌柔来掌舵，把握住前进方向不能有大的偏离，要与周围的环境形成生态平衡的、互为条件的、新陈代谢的互动。不失时机地抓住机遇快速发展是对的，但同时要守住雌柔，切忌背水一战、孤注一掷，避免超出自身规律以外的强为和过分的欲望。

"知其白，守其黑，为天下式。为天下式，常德不忒，复归于无极。""常德不离”，就是不能出现大的错误；“常德不忒”，也要时常注意不要犯小的过失。“知其白，守其黑”，守阳知阴，追求适当的阴阳平衡，可能阳多一些，也可能阴多一些。你的传统产品是你的阳，转型生产的新产品是你的阴，你要在守住阳的基础上，同时发展阴，才能使企业趋于阴阳平衡，企业才能健康发展。

“知其荣，守其辱，为天下谷。为天下谷，常德乃足，复归于朴。”荣和辱，都不是企业生存的必备条件，要慎重对待，要知道荣的取胜经验，还要不忘辱的失败教训。像天下的谷物一样，不断吸取阳光雨露使自己充实盈满。还要像天下的山谷一样，吸纳百川，积蓄能量，在需要的时候，哺育万物，复归于自然。

“朴散则为器，圣人用之，则为官长，故大制不割。”一定要按照自然规律运营企业、管理企业，使企业与社会融为一体，被人们认可，被社会和市场认可。不要人为地强化超出自然规律的欲望，避免做出违背自然规律的事情，企业才能达到阴阳平衡、长盛不衰。

我向他提出建议。第一，“复归于朴”，企业家对企业整体发展要有全面的、长期的、整体的、系统的规划，在此基础上，掌握市场上产品未来的、当今的发展方向，找到产品发展规律，适时找到新产品投入市场的切入点。找准切入点很重要，适时，就是过早不行，市场还没有需求；过晚也不行，别的企业已经占领先机。

第二，“知其雄，守其雌”，在保证原有产品正常运转的前提下，平稳转型升级才能使企业立于不败之地。基于企业现状，应大力削减新产品产量，对已经投放市场的产品质量反馈信息要深入分析，对症下药，制订可行整改方案。

第三，“知其白，守其黑”，在新产品成熟之前，保持一定规模原产品的生产。

第四，“朴散则为器”，建立开发新产品市场营销渠道，建设稳固的产品售后服务体系，深入研究市场需求和新产品用户关心的重要问题，与用户建立良好的互信、互利、互惠的伙伴关系。

这个企业采纳了我的建议，经受住了新产品初期亏损的考验。经过两年脚踏实地的艰苦拼搏，终于使新产品和老产品在市场上旺销，企业显现了发展的活力。

《道德经》第二十八章　企业启示

一个企业在不断寻求企业发展规律时要注意以下四点：

第一，要努力寻找到企业未来发展方向。

第二，要总结现在和以前企业发展过程中，靠近企业发展规律和方向的做法。

第三，要在充分了解以上两点的基础上，努力维护现今的企业发展。要使现今的、正在进行的企业发展顺应市场、科学技术、企业人力资源之自然，不强求、不落后、不消极，积极有度地向前发展。

第四，企业发展不是一朝一夕的，是一个长期良性循环的，全方位适合自身发展的全过程、社会发展全过程、市场发展全过程、科学技术发展全过程，不能割裂、片面地认知和发展。

企业家要洞悉企业一般的发展规律和企业的特殊发展规律，知道在这些规律范围内，企业今后相当一段时间内的发展方向、发展结果是什么。在保持正常的发展、适度的发展前提下，试探性地创新、作为和引领，这样才会使自己的企业实现良性循环，像涓涓溪流永不中断、永不干涸，越过高山和峡谷，克服重重困难，不屈不挠，勇往直前。企业要时刻遵守水向低处柔软随行的规律，顺应由高向低引力势能的趋势，归流于江河湖海。

企业的发展要追求向溪水一样常态普通、循环往复，保有不离自身的常道，保守不离自身企业发展规律，包括普遍发展规律和特殊发展规律，去掉规律以外过多的欲望、虚荣和表面形式。

企业要知道任何行为都有有利的一面和不利的一面。把握住这一点，作为时要大胆沿着规律去作为、去创新，时刻遵循规律运营，正确对待和冷静处理在运营中出现的不利因素。

企业一切行动和作为都要遵守企业发展规律，按客观规律发展基本模式，与上游企业和下游企业双赢、多赢，不追求规律以外的过多盈利。

企业家要有追求正常荣誉的勇气而不是规律以外的欲望，要有承受挫折和低谷的能力。这样才能做到无故加之而不庸、处然临之而不惊。企业家要有像山谷一样的广阔胸怀，能够装下众多的荣誉和失败，这就是企业的常态，企业能够保持自身的普通常态就足够了。企业家一定要从世俗追求规律以外的名利怪圈中挣脱出来，使自己的思维复归于朴素的企业发展规律。

要使这种符合企业发展规律的朴素思维扩散开来，为更多的企业家所接受。这样，这些符合企业发展规律的朴素思维模式就会固定下来，一代一代传承发扬光大，企业随之发展壮大。

所以，企业要遵循符合企业发展规律的朴素思维模式，从长远、全面、更广、更深的层次着手，坚守企业始终，坚守企业发展规律，不割裂、不阻断。

《道德经》第二十八章 家传道德经参悟

“知其雄，守其雌，为天下谿。为天下谿，常德不离，复归于婴儿。”大道当中的阴阳是互动互补的，雄为阳，雌为阴，在知晓阳、用好阳的同时，还要坚守阴，不能缺失。随阳调阴，随阴调阳。阴阳永远不能平衡，但会永远趋近平衡，知道这些就不会犯大的过错。顺应此道者，如同山间的溪流，虽有波折迂回，但阴阳平衡的方向不变。像山间的溪流一样，顺其本道，坚守保持在“道”以内去得，去除多余的欲望，如同婴儿那样简单纯真。

“知其白，守其黑，为天下式。”人类是用感官认知这个世界的，阴阳是实质，白黑是表象，掌握好白黑的平衡就是阴阳的平衡，这是人类正确顺道而为的方式之一。

“为天下式，常德不忒，复归于无极。”人类按照顺道而为的方式，就会获得“道”以内所应得到的，就会形成自我自然循环的方式，复归于自然的常道。

“知其荣，守其辱，为天下谷。为天下谷，常德乃足，复归于朴。”另一种人世间阴阳表现为荣辱，荣为阳，辱为阴，相互作用，相互转化，趋于平衡。知行此道者，就会获得像山谷一样宽阔的胸怀，不被荣辱所累。获得山谷一样宽阔的胸怀，就会获得足够的“道”内所得，满足人类初始欲望。

“朴散则为器，圣人用之，则为官长，故大制不割。”利用事物最初的本质属性，可以制作成各种用途和不同属性的器皿。圣贤之人善于运用这种制作器皿的技巧，得心应手地管理、处理日常的事物。所以，人类一定要顺应大道，时刻、永远顺应大道，不允许中间有任何阻断，不能对大道有任何割裂。

有诗为证：谦下如渊德常在，返璞归真如婴孩。
知行同一天下式，古今循环往不殆。

《道德经》第二十八章 今通行本

知其雄，守其雌，为天下谿。为天下谿，常德不离，复归于婴儿。

知其白，守其黑，为天下式。为天下式，常德不忒，复归于无极。知其荣，守其辱，为天下谷。为天下谷，常德乃足，复归于朴。朴散则为器，圣人用之，则为官长，故大制不割。

《道德经》第二十八章　王弼本

知其雄，守其雌，为天下谿。为天下谿，常德不离，复归于婴儿。

知其白，守其黑，为天下式。为天下式，常德不忒，复归于无极。知其荣，守其辱，为天下谷。为天下谷，常德乃足，复归于朴。朴散则为器，圣人用之则为官长，故大制不割。

【注释】谿（溪）xī：见于战国简牍文字，古字形从水奚声，本义一般认为是山间的小河沟。后泛指较小的河流。《说文解字》：溪本义指山谷。《尔雅》：指流入大河的小河。谿后来作溪。　忒 tè：差误。《说文》：忒，更也。《广雅》：忒，差也。

第二十九问：我的企业聘请了全新的团队，投巨资建立了新厂房，购置了新设备，研制了新产品，为什么企业全面转型升级还是没能成功？

第二十九解 全面升级抢市场 发展受阻多创伤

诗曰：垂直转型投巨资，对标名企新政施。
系统失调生混乱，产品滞销祸在己。

成都有一位企业家朋友，他的企业原来在大山里，是一个发展多年、具有一定规模和市场份额的企业。他把企业从大山里搬到了成都，认为这是企业大发展的机遇，要利用这个机遇使企业全面转型升级，成为一个高新企业。

他首先与社会咨询公司合作，由咨询公司协助外聘一个企业管理团队。然后，以一个行业中知名的一流企业为目标，在企业智能化、科研开发、科技技术、产品质量保障、营销售后服务、管理利用供应链、企业管理系统建设上全面对标。

可是，企业在对标后运行的一年多时间里问题不断，直至亏损严重，面临倒闭。老板急忙找我咨询对策。

我经过调研，帮助他查找、分析了原因，并提出改进的建议。

“对标管理”由西方企业于1979年首创，是现代西方发达国家企业管理活动中支持企业不断改进和获得竞争优势的重要管理方式之一，其与“企业再造”“战略联盟”并称为企业管理三大方法。企业采用“对标管理”没有错，但是采用“对标管理”的方向和目的错了。企业对标是以行业中优秀企业为标准，对比找出自己不足的地方，进行改善，获取进步。可是他的企业错用了此方法，不是对照目标企业找差距，而是希望参照目标企业，全面仿造出一个新企业。

老子说：“将欲取天下而为之，吾见其不得已。”他要利用搬出大山和企业转型升级的机遇，采用对标的办法使企业一跃成为高新企业，这是难以成功的。事物的发展都有一个渐进的过程，不能一蹴而就。企业转型升级不能垂直、立体、全面进行，要循序渐进，这是一个全新的、复杂的过程，要使企业逐步适应这个过程。企业对标没有结合企业的特点和实际，“吾见其不得已”（不能结合自身的特点做好自己），任何超出企业客观实际和特点的作为，都不能得到预期的结果。

“天下神器，不可为也，不可执也。为者败之，执者失之。”天下无论什么样的神器，只要不顾客观规律、客观实际、客观环境，在“道”以外去作为必然失败。智能化对标给企业造成了重大损失。智能化的基础是自动化，自动化是针对企业大批量生产的，首先要有大批量产品，在大批量生产过程中，自动化对降低企业人工成本、提高生产率、保证产品质量有很大的帮助。但是，他的企业产品产量不大，近期市场没有大的需求，客户也还需要一定的积累。企业刚刚从山区搬出来，就盲目在对标一流大企业上智能化，这种智能化多半功能要闲置许多年，增加了企业的维修、维护成本，造成了较大的浪费。企业投入巨额资金购进的组合机床浪费更大。企业产品品种单一且工艺简单，非标准专业设备完全能满足需要。还有企业在技术上的对标，他的企业得到了一些先进技术，但供应链的企业没有达到标准，他的配套合作企业没有达到标准，企业领先了上下游企业，同时也与上下游企业产生了缝隙，给产业链衔接带来了一定的麻烦。所以，这样的对标无论如何执行都会失败。

“是以圣人无为，故无败；无执，故无失。夫物或行或随；或嘘或吹；或强或羸；或挫或隳。”为什么有的企业对标就成功了呢？主要是这些企业能够遵循企业发展的客观规律，结合企业实际，不盲从。我们对标得来的信息不一定对，也不一定适合自己。要结合我们的特点，有时我们的特点和对标企业差别细微，一定要仔细研判，“差之毫厘，谬之千里”。

我建议他要正确应用对标方法，结合自身实际对标，不能停留在表面；深入研究对标企业的经验；深入研究对标企业可循环的发展理念和机制。对标要结合自身企业市场环境、技术特点、员工状态、工艺水平、产品特色、地方风俗等特点。“是以圣人去甚，去奢，去泰。”去甚，去除掉过分多余的部分。一是去掉对标得来信息多余的部分，一是通过对标查出企业多余的部分。去奢，去除资金资源浪费的部分。去泰，去除对标得来的错误数据，去除用错误数据甄别自己的做法。

后来，企业老板改正了错误的对标做法，卖掉了智能化设备系统，把联合组合机床租了出去，恢复了原产品的生产和生产秩序，重新调整了管理团队，修改了规章制度，减少了资金投入，找准市场需求与企业的切入点，抓住机遇适时投放了新产品，适时地推进企业转型升级。

《道德经》第二十九章　企业启示

一些企业想要强取市场的霸主地位，垄断市场，他们调动了企业的全部能量，在市场开发、产品质量、客户公关、售后服务等方面都做了积极的努力。但是，这些努力未必能达到目的，不是企业不够强大，也不是产品不受欢迎。市场与天下万事万物一样，都是遵循客观规律而发展的，这一规律就是包容一切遵循企业发展规律而运营的企业。任何企业都不能违反这一规律而作为，在这一规律之外作为的企业必然失败，违反这一规律的企业就会失去生命力。任何企业都要遵循企业发展规律，要么引领行业发展，要么随同行业发展；要么做出惊天动地的事业，要么在朝不保夕的艰苦环境中挣扎。最终总会有一些企业获得成功。成功的企业之所以成功，是因为他们能够遵循企业发展规律，克制了违反自然规律、企业规律的过分作为，避免了骄傲过度、奢侈浪费等错误思维的导向，企业适应了市场，形成了良性循环。

《道德经》第二十九章　家传道德经参悟

“将欲取天下而为之，吾见其不得已。”人类要取得天地的容纳、包容就必须遵循人类的常道，在“道”以内求所得，我们看到的、获得的，以及在“道”以内所得到的，都不是自己“道”以外欲望所得。

“天下神器，不可为也。为者败之，执者失之。”天下一切事物都在“道”中，如神一样发展，永远不可以在“道”以外作为。在“道”以外作为必然失败。在“道”以外作为，不顺应“道”适时改变，必然会失去“道”以内的所得。

“是以圣人无为，故无败；无执，故无失。”所以，圣人不在“道”以外为，所以没有失败；不固执己见，不把持已经得到的，所以就没有什么可以失去的。

“故物或行或随，或嘘或吹，或强或羸，或挫或隳。”任何事物都是时刻跟行、随从“道”以内的所为，在“道”以内所得的过程中，难免经历唏嘘波折，不会一帆风顺。按“道”所行间或可以感受到强力引领，间或感受到“道”的羸弱力薄，这都是人的感觉，“道”的力度从不改变。在“道”以内求所得的过程中，感觉到挫折或者不见成果，这些都是在“道”以内有所为的偏差造成的。

“是以圣人去甚，去奢，去泰。”圣贤之人能在“道”以内为的过程中去除不及、多余、泰然自若的部分，自然而行。

有诗为证：轻举妄动欲强为，丢失根本惹是非。
阴阳有度乾坤定，万物往复永相随。

《道德经》第二十九章　今通行本

将欲取天下而为之，吾见其不得已。天下神器，不可为也，不可执也。为者败之，执者失之。是以圣人无为，故无败；无执，故无失。

夫物或行或随；或嘘或吹；或强或羸；或挫或隳。是以圣人去甚，去奢，去泰。

《道德经》第二十九章　王弼本

将欲取天下而为之，吾见其不得已。天下神器，不可为也。为者败之，执者失之。

故物或行或随，或嘘或吹，或强或羸，或挫或隳。是以圣人去甚，去奢，去泰。

【注释】羸 léi：瘦弱，疲困，贫弱，低劣，缠绕，困住。　隳 huī：指毁坏城墙或山头。

第三十问：为什么我的企业积极主动地参与市场竞争，在取得竞争胜利之后反而衰败了呢?

第三十解

执着笃信为竞争　目标错位后劲穷

诗曰：地处偏僻实力强，一路拼搏抢市场。
　　　偏离初心弃善果，胜出过后两相伤。

山东荣成有一位企业家朋友十分争强好胜，他的企业虽然地处偏僻，但他的企业发展却势头强劲。他把竞争确定为企业的目标，提出了“做最强的企业、生产最具竞争力的产品”的企业口号。他的企业员工基本都是当地人，也都具有竞争意识，竞争成了企业文化的特征。

他的企业连续不断地创造了市场竞争的佳绩后，开始逐渐走下坡路，企业出现了衰退的迹象。这时，他邀请我去帮助他查找原因。

我帮他分析出现问题的原因。

首先，企业竞争的出发点错了，为了竞争而竞争，把企业主要精力都集中在打败对手企业、打败对手产品上。

老子说：“以道佐人主者，不以兵强天下。师之所处，荆棘生焉。大军之后，必有凶年。”这个道理也适用于我们做企业。做企业也不能单单靠竞争去争夺市场，这同打仗一样，“杀敌一千，自损八百”。如果企业都是无序的竞争，竞争过后的市场定是一片狼藉。

他的企业在单纯竞争理念指导下产生了一系列问题。

一是老板错误认为，把产品降到最低价格，就是最有效地打击竞争对手的方法。于是，他的企业在原有基础上扩大生产规模，企业陷进了“内卷化”的误区。在中国经济发展与社会变迁的研究中，把通过在有限的土地上投入大量的劳动力来获得总产量增长的方式，即边际效益递减的方式，称为没有发展的增长，即“内卷化”。不断地重复简单再生产，不能提高单位人均产值，更无法转化为更高一级的生产模式。他的企业增加了产品产量，可是由于市场的发展、科技的进步、客户要求的提高，没有进步的产品用户大幅减少，产品积压严重。

二是企业在产品的宣传上犯了大忌。对产品的宣传夸大了产品的功能和质量，同时又贬低同行业企业产品。企业这些做法引起了企业间矛盾和客户的不满，有的企业把他告上法庭，客户对产品的不实宣传也进行了维权投诉。这给企业形象造成了损害，还浪费了大量精力处理不应有的争端。

三是为了抢先把产品推向市场，他的产品采用了一些竞争对手的专利，结果被竞争对手控告侵权。

四是他的产品与竞争对手的产品雷同，在客户中都有使用。售后服务人员在处理客户反馈时，只要不是自己企业生产的产品，一律不做处理。有一些急需解决的问题没有得到及时的处理，影响了客户准时使用，造成客户不满。而竞争对手只要遇到问题反馈，不论哪个企业生产的，都能及时给予解决。

五是去竞争对手企业里挖人。发现竞争对手企业有好的营销人员、设计人员、技术人员，企业的人事部门就想办法挖来，引起了竞争对手的反感，行业内认为他的企业素质低。

六是营销部门为了得到订单恶意降价。拿到订单后，再以各种形式和理由涨价，在客户中和行业内造成很坏的影响。

“以道佐人主者，不以兵强天下。”企业家运营企业一定要遵循自然发展规律，与企业周边生态环境和谐发展，不能在规律以外去强取豪夺、破坏生态平衡。符合自然规律就能得到良好的发展，违背了自然规律必将遭到惩罚和淘汰。

“师之所处，荆棘生焉。大军之后，必有凶年。”不正当的竞争行为必然造成恶果，企业相互攻击、拆台，损耗企业的精力、财力、物力，恶意的降价、涨价造成市场混乱。

“善有果而已，不敢以取强。果而勿矜，果而勿伐，果而勿骄，果而不得已，果而勿强。”企业最好的回报，就是采用符合自身发展的指导思想和行为，取得企业可持续发展的成果。所有的成果都不能强取，也不是强取所能得到的，强取的成果不能使企业强大。

“物壮则老，是谓不道，不道早已。”企业发展到一定程度，必然带来许多积累误差。这些积累误差会使企业各个系统不同程度地衰老，这是偏离企业发展规律的行为积累形成的。“不道早已”，就是说我们的企业家一定要警惕这些不符合企业发展规律的因素，避免企业早衰。

企业前一段时间发展得好，是善的结果，善有果而已。有了这个果，就要进一步找到让果成长的边际台阶。目标定位在人们改善生活的需要上，不能偏离人们的需要，去做无谓的竞争。

后来，他的企业改变了偏执的做法，重提“做客户最喜欢的企业、做客户最喜欢的产品”的企业理念，售后服务也一改以前的服务方式，只要客户拿来有问题的产品，不管是哪个企业生产的，一律负责到底。几年之后，这个企业有了较大的发展，市场扩展到了南方地域。

《道德经》第三十章　企业启示

企业的成功是遵循自然发展规律、科技发展规律、市场发展规律、企业发展规律而运营的结果，离开和违背这些规律的所谓创新和开拓只能获取暂时的成果。要使企业长久发展必须遵循客观规律，在这些规律内去定位企业发展方向，去开拓市场。

强行在规律之外去作为，争强好胜，以过度消耗自身精力、破坏周边生态环境为代价去强取市场份额，势必造成企业内力的过度消耗、企业各个系统的疲惫、企业寿命的减损、企业周边生态环境的毁坏。

市场和社会都会有突然发生的变化，企业为了适应这些变化会采取一些行为来应急。企业的任何一个应急行为，达到了目的就要适可而止。如果不适可而止，虽然目的和出发点是为企业好，但也会给企业造成很大伤害。企业不能在这些规律以外去强行争取强大，企业在应急管理达到预期效果之后，不要再继续坚持此种作为，因为此时的环境条件都发生了变化，不能照抄照搬该种作为去解决其他问题，不能在取得效果之后就骄傲，轻视接下来产生的其他问题。企业家要知道，要防止企业内卷式发展，简单的重复扩大再生产，耗费资源大量生产过时的产品，表面看企业强大了，实际上企业已经远离规律，终将走向衰败。

《道德经》第三十章　家传道德经参悟

“以道佐人主者，不以兵强天下。其事好远。师之所处，荆棘生焉。大军之后，必有凶年。”在“道”以内，用守“道”的方法辅佐君主的人，不在“道”以外用兵，威胁逞强于天下。喜好用兵威胁逞强于天下之人，远离大道。军队交战的地域，一片狼藉，杂草丛生；交战之后，百姓流离失所、苦不堪言。

“善有果而已，不敢以取强。果而勿矜，果而勿伐，果而勿骄，果而不得已，果而勿强。”顺应大道获取的所得已经可以满足，不能再去强行夺取“道”外的所得。即使是“道”内所得，也不会长久保有。不能把“道”内所得当作讨伐征战的资本，也不能以此骄肆。即使是“道”内所得，也不会长久归属于你，不能以“道”内所得作为资本去逞强。

“物壮则老，是谓不道，不道早已。”任何事物在壮大之时就迎来了衰老，这就是古人所说的永远不变的常道。永远不变的“道”，在你出生之前就决定了你出生后所要经历的“道”。

有诗为证：强兵天下有凶年，祸患丛生苦不言。
功成骄胜物壮老，自损己身前途险。

《道德经》第三十章　今通行本

以道佐人主者，不以兵强天下。其事好还。师之所处，荆棘生焉。大军之后，必有凶年。

善有果而已，不敢以取强。果而勿矜，果而勿伐，果而勿骄，果而不得已，果而勿强。物壮则老，是谓不道，不道早已。

《道德经》第三十章　王弼本

以道佐人主者，不以兵强天下。其事好远。师之所处，荆棘生焉。大军之后，必有凶年。

善有果而已，不敢以取强。果而勿矜，果而勿伐，果而勿骄，果而不得已，果而勿强。物壮则老，是谓不道，不道早已。

【注释】矜 jīn：怜悯；怜惜。自大；自夸。拘束；慎重。自尊；庄重。

第三十一问： 我的企业与别的企业相互投诉，为什么无论哪一方获胜，最终双方企业都会受到损伤？

第三十一解　原告被告同劳神　相互受损伤彼心

诗曰：应诉获胜美而骄，起诉失败气难消。
耗资费时精力疲，彼此相伤无回报。

一次考察时，宁波的一位企业家朋友向我讲述了一个使他非常头痛的问题。

原来，最近一个时期，他的企业陷入了一个投诉和被投诉的怪圈。他的企业多次遭到其他企业的投诉。一次是控告他的企业侵犯了起诉方的专利权，最后，以证据不足，他的企业获胜。另一次，是控告他的企业产品质量问题给客户造成重大损失。因为这个客户同时采用了几家供货企业的产品，不能确切证明就是他的企业产品发生质量问题，这次，他的企业又获胜。可是，时隔一年，又有其他企业控告他侵权和产品质量问题给起诉方造成了经济损失。这一次，他的企业败诉，赔偿了对方巨额资金，给企业带来重大损失。这时候，有员工发现，其他企业产品也有使用他的企业技术专利的嫌疑。于是，他组织力量，把这个疑似使用他的企业技术专利的企业告上法庭。但是，由于该企业在使用这项专利时，对专利有一些改进，所以法院没有判定这个企业侵权，他的企业败诉。

经过一段时间的调查了解，我分析了问题的原因，并给老板提出了意见和建议。

老子说："夫佳兵者，不祥之器，物或恶之，故有道者不处。君子居则贵左，用兵则贵右。"起诉和被起诉都是不吉祥的，尽量不去涉及。遭到起诉时，对方证据不足，看似对你有利，你是佳兵，但你不能不理睬，你要研究为什么遭到起诉。有可能是诬告，那么人家为什么要诬告你，你是否给人以错觉，或者貌似侵犯了人家的利益？如果是讹诈，当然应该坚决予以回击。如果你"认为”没有侵犯，那么是否因为法律还没有界定得那么细？你要注意了。是不是你真的侵权了，你还不觉得？如果你确实是有意侵犯专利，就要举一反三，查找原因，积极采取预防措施，避免这类问题的出现。

第一，你起诉其他的企业，是不是对方真正侵犯了你的专利？你要首先考虑企业之间关系和以后的合作，权衡起诉的后果利弊。第二，你要考虑侵权对你的产品产生的影响大小。第三，详细咨询取证途径是否合法，证据是否充足。即使你有理，准备充分了，起诉也是不详之器。在起诉应诉的问题上，能不起诉就不起诉。

“物或恶之”，遭到起诉和起诉别人都是不吉祥的，这些事情都要由老板亲自组织实施，不能交给其他人办。一定要掌握应诉起诉的尺度，不能过激、过分，不能为了起诉而起诉，为了应诉而应诉。不能事事过分争辩，没有责任就可以。维权也不能过度，过度就会对自身带来危害。起诉、应诉好比古代用兵，只能给彼此带来损害，“杀敌一千，自损八百”。企业要把握好应诉、起诉的尺度，避免经常处在应诉、起诉的状态中。

“君子居则贵左，用兵则贵右。”企业在正常运营过程中，一方面要积极进取、努力开拓、不断改革创新；另一方面，当企业处在起诉、被起诉状态的时候，要以保持正常经营状态为主，积蓄力量，迎接非常挑战。

“兵者不祥之器，非君子之器。不得已而用之，恬淡为上。”只有当外界的非法行为对企业正常发展造成相当大损失的时候才能起诉。起诉不当，也会严重影响企业自身的前行。“恬淡为上”，尽量把这种行为控制在最低限度，使企业受到的伤害最小。话到嘴边留半句，日后好相见；山不转水转，过一段时间还会有企业间的合作。

即使起诉、应诉获胜，也会给胜诉企业带来伤害，占用了时间、分散了精力，影响了彼此关系。“胜而不美，而美之者，是乐杀人。夫乐杀人者，则不可以得志于天下矣。”不要把目标盯在胜诉上，胜诉也是“乐杀人”。通过胜诉调整运营方式，减少或杜绝企业间的误会因素，才能使企业经久不衰。

为了起诉而起诉，为了胜诉而起诉，就等于忘记了企业的初衷，造成矛盾难以弥合，就会减少企业合作的伙伴，不利企业长远发展。

一个处理应急事件的原则是，以企业正常之行为主，以与其他企业和解为主，要时刻不忘化干戈为玉帛的智慧。

我在调研中发现，一次，客户在起诉他的产品质量问题时，举证产品刚度不够发生断裂，造成的事故给对方带来很大的损失。他的售后人员认为问题不是他们的，用户同时由4家企业供货同一种零件，没有证据证明问题出在己方产品，对方败诉。这次投诉没有引起他的重视，认为他的材料没有问题。这件事以后，为了区别多供货渠道中的相同产品，各企业的产品都加标可追溯码。事隔一年以后，又有一个客户投诉了与上次相同的问题，这次因为有了可追溯码作为证据，他的企业败诉了，赔偿了巨额钱款。

还有一个竞争对手侵犯了他的企业专利权，他组织团队与竞争对手打了一场官司，对方企业应用的是他的专利技术，但在此基础上做了改进。他败诉了。

“胜而不美，而美之者，是乐杀人。夫乐杀人者，则不可以得志于天下矣。”无论是应诉、起诉，胜诉也要以此为借鉴，不要以胜利者自居，这种胜利不能给企业带来发展和成功。

“吉事尚左，凶事尚右。偏将军居左，上将军居右，言以丧礼处之。杀人之众，以悲哀泣之。战胜以丧礼处之。”无论胜诉还是败诉的企业，都要以企业的正常运营为出发点，以此来修正自己企业的策略和规划，避免以后同类事件的发生。即使发生了诉讼，也要和为贵，避免敌对情绪，以解决问题为主，就事论事，不论胜败，站在对方的立场上，各退一步，不要影响做长久的伙伴。

听了我的分析和建议后，老板对起诉和应诉有了新认知，主动与诉讼企业和解，建立了一系列的规章制度，预防诉讼的发生，正确处置已经发生的诉讼，企业回到了正常运营的轨道。

《道德经》第三十一章　企业启示

企业家一定要知道，临时借助有能力的组织和团队来管理企业，是破坏企业正常运营规律的源头。如果需要，类似措施应该是仅仅用于临时纠正企业由于某些系统偏离企业发展规律出现的失误，或者是帮助企业应对市场出现的突然变化的难题。

这些精英团队非常容易把企业引向崇尚形式或争强好胜的歧途，在帮助企业的同时，也对企业有不利作用。所以，懂得企业规律的企业家在用这些精英团队解决企业的急需后，应该立即停止，不要使企业受影响太久。

真正懂得企业规律的企业家，应该发挥实实在在给企业带来价值员工的潜力，把那些花哨的创新和管理放在次要的位置上。

强制性的管理不会给企业带来良性循环，真正懂得企业规律的企业家不会经常依靠它，只是在企业遇到意外冲击时应急使用，不能用到日常管理中。

当企业与其他企业竞争时，在某些方面强于其他企业，对于强于其他企业过多的部分一定要十分警惕，防止这个过多的部分给企业带来伤害。如果过多追求比其他企业在某些方面的强势，就等同于自取伤害。所有企业自身的过分管理和过分的作为都不会得到市场的认可，也不会实现自身的良性循环。

一个能够正确认知并遵循企业发展规律的企业，一定要分清每一个事物中的吉凶，任何过分的作为都会给企业带来伤害，保守企业正常生态才是根本。一个企业失去根本，不以生态发展为主要工作，而以锐意创新、崇尚营销为主要工作，就等同于在努力地操办自身的葬礼。

一个企业如果不切实际地一味追求跃进式的发展，就等同于加速自身的灭亡。在与其他企业竞争中遥遥领先的企业，往往都是最先灭亡的企业。

《道德经》第三十一章　家传道德经参悟

“夫佳兵者，不祥之器，物或恶之，故有道者不处。”一切用兵都会给人类群体带来不吉祥，兵器就是不详之器，兵器这个器物是凶恶的器物，是凶恶的载体，不应当发展。所以，顺道而为的人不会使自己处在用兵这个层次上。

“君子居则贵左，用兵则贵右。”君子正常依道生活，以正常的基本生活衣食住行为主、为贵，以用兵为辅、为次要。

“兵者，不祥之器，非君子之器。不得已而用之，恬淡为上。”用兵的人用的是不详之器，不是君子所用的器。不能为一己私利而用兵，用兵到刚刚好，解决了纷争，避免了危险，就要停止用兵。

“胜而不美，而美之者，是乐杀人。夫乐杀人者，则不可以得志于天下矣。”通过用兵得到的胜利和物质，是“道”以外所得，不是自然顺道之美，以此为美者，是以杀人为乐，离道甚远。所有以杀人为乐、离道甚远的行为，是不可以得到天下常道认可的。

“吉事尚左，凶事尚右。偏将军居左，上将军居右，言以丧礼处之。”要想实现吉祥，就要崇尚基本生活的常道，尚武就会带来凶险。认为遵守日常生活的常道不是重要人物，以注重用兵的人为重要人物，如此做法就会带来丧事。

“杀人之众，以悲哀泣之。战胜以丧礼处之。”在迫不得已用兵之后，对死伤很多人的结果要用悲哀哭泣的礼仪祭奠补救；即使获胜的一方，也要为死去的众人举行体面的葬礼，即使是敌人，也要给予体面葬礼。不是为了杀人而杀人，尊重生命，不乱杀无辜。

有诗为证：兵祸杀生君不处，殃及池鱼伤无辜。
不得用之需谨慎，张弛舒缓忌过度。

《道德经》第三十一章　今通行本

夫兵者，不祥之器，物或恶之，故有道者不处。君子居则贵左，用兵则贵右。

兵者不祥之器，非君子之器。不得已而用之，恬淡为上。胜而不美，而美之者，是乐杀人。夫乐杀人者，则不可以得志于天下矣。吉事尚左，凶事尚右。偏将军居左，上将军居右，言以丧礼处之。

杀人之众，以悲哀泣之。战胜以丧礼处之。

《道德经》第三十一章　王弼本

夫佳兵者，不祥之器，物或恶之，故有道者不处。君子居则贵左，用兵则贵右。

兵者，不祥之器，非君子之器。不得已而用之，恬淡为上。胜而不美，而美之者，是乐杀人。夫乐杀人者，则不可以得志于天下矣。吉事尚左，凶事尚右。偏将军居左，上将军居右，言以丧礼处之。

杀人之众，以悲哀泣之。战胜，以丧礼处之。

第三十二问：为什么我聘用的高端人才在别的企业功绩卓著，而我给他制定的不很高的目标他却不能完成？

第三十二解

目标不高规矩深　思维守旧缚高人

诗曰：高端人才受制约，行为权限量身做。
枷锁在身施展难，效益滑坡谁之过。

扬州有一位企业家朋友邀请我去他的企业，说有一个使他非常不解的问题要向我请教，我应邀来到了这个企业。

他的企业是做焊接设备的，一直发展比较顺利，市场前景看好。两年前，为了使企业再上一个台阶，他从行业内一个竞争对手企业挖来了一位市场营销方面的高端人才。这位高端人才来到企业后，他给这位高端人才设定了近期、中期、远期应该完成的目标。可是，两年过去了，本该一年完成的近期目标还没有完成，而且还使原有的市场份额丢失。老板很不理解，别的企业市场销售方面的领军人物，在我这里怎么不起作用呢？

经过深入调研，我发现了症结所在。

老子说："道常无名，朴虽小，天下莫能臣也。侯王若能守之，万物将自宾。"万事万物的自然规律（"道"）被人类知晓命名，但其实知道、知晓的地方非常非常少，（"道"）自然规律恒常存在于自然界的每一个角落，就像一个小水滴存在于大海之中一样，这就是"朴"。朴虽小，自然规律（"道"）是不分大小的，即使是小的自然规律，外力也从来不能改变它、减弱它或加快它。人类只能顺应它、借力于它。企业发展规律也是一样。企业最宝贵的财富是企业自身的成长素、成长因子、成长能力、成长势头，企业家要善于种植、发现、孕育、培养、发展它们，把一切有利于企业发展的外部的有利因素变成自己企业成长发展的动力、生命力，助力企业沿着适合企业的规律发展。

企业老板对外来人才的作用发挥操之过急，没有对外来人才进行培养，想用外来因素主导企业发展，违反了“朴虽小，天下莫能臣”的自然规律。一个人的能力再大也是不能左右企业发展的。

企业家要顺应规律，而不是创造规律，更不能人为设置违背这些规律的樊篱。

老板把这位市场营销高端人才聘为企业营销总监，并提出了他需要完成的目标，同时还向营销总监强调了企业原有的市场营销方面的若干规定。

问题就出在了这些僵化的规定上面。比如，具体规定对客户的走访时间，非常死板，无法有效应对日常问题。又如，企业规定中有严格的营销布点的审批条件和流程，其中有一项是要求当地销售额达到一定的指标后才能布点。可是，当地虽然暂时销售额还达不到指标要求，但根据预测，当地未来有较大的潜在客户群。因为销售额限制，错过了良好的布点机遇。

此外，企业设计、生产、销售、售后服务部门都是单设，而企业部门之间缺乏统一协调，市场信息不畅。如当客户需要反映问题时，一个相同的问题，需要分别去企业设计、生产、销售、售后服务部门去咨询，手续烦琐，客户意见很大。

“天地相合，以降甘露，民莫之令而自均。始制有名，名亦既有，夫亦将知止，知止可以不殆。譬道之在天下，犹川谷之于江海。”企业家要使自己的企业被市场需要，为市场创造价值并形成良性循环。人类的认知和经验是非常有限的，在应用的时候一定要适度，自觉遵守企业发展规律、自然发展规律，企业的设计、生产、营销、售后等活动都顺应规律了，就像川谷一样，让流动的水对自己的伤害最小，助力最大。

我建议企业，按照企业自身发展规律对规章制度进行修改。开始，企业老板对修改企业规章并不认可。他认为，企业一直是遵循着这些章程走过来的。后来，经过企业设计研发、生产、销售、售后服务部门人员和客户参加的深入研讨后，决定对规定做一些改进。

将售后服务定期走访改成根据实际需要适时走访；销售布点参考销售额，根据市场潜在客户可以提出报告，深入分析研究，不漏掉机遇；客户反馈的设计研发、生产、销售、售后服务的信息流，由售后服务部门统一接收反馈，由市场销售总监统一协调处理。

改进后的企业发展迅猛，经过几年的运营，在当地又兼并了同行业的两个小型工厂，发展成为行业内实力较强的企业。

《道德经》第三十二章　企业启示

企业家要充分认识到，自然发展规律、企业发展规律、社会发展规律、经济发展规律、市场发展规律、科学技术发展规律是没有严格界限的，任何把它们分裂开来的思维和概念都是错误和有害的。这些不同名称的规律只不过是人类认识客观规律的不同角度而已。这些规律都是以朴素、平和的状态存在的，任何人为的努力和作为都不能改变它一丝一毫。企业家如果能不折不扣地引导企业遵循这些规律，企业就能实现正常的新陈代谢，保持良性循环。反之，企业就将走向衰败。

这些规律时时刻刻作用在企业上，企业时时刻刻在循环这些规律，这些规律和企业良性互动，促进企业持续发展。

企业员工遵循个人发展规律与遵循企业发展规律相融合，规律不被不切实际的命令打破和干扰，企业、企业员工、企业产品就会各得其所。

如果企业家将这些规律分割开来，企业就会沿着这些被分割界定的规律支配，就会产生许多无用功，形成对企业发展的阻力。及时停止不切实际地分割、界定这些将规律的行为，企业就会少犯错误。

企业家一定要时刻认识到这些规律的重要性，在运营企业的过程中，时刻提防认知偏差和行为偏差给企业造成的损失。虽然我们在遵循这些规律运营企业的时候，一定会产生一些这样或那样的偏差和失误，但是，只要我们能坚持不懈地遵循这些规律，我们的认识、思维、行为就会越来越向这些规律靠近。

《道德经》第三十二章　家传道德经参悟

“道常无名，朴虽小，天下莫能臣也。侯王若能守之，万物将自宾。”常道永恒全方位存在，没有任何语言和文字可以描述和命名。天下任何事物恒常发展之道为该事物的“朴”，这个“朴”虽然人类无法看到、无法触及，但是任何阻挡其发展的人和物必将被它战胜，都会臣服屈从于“朴”。人的族群首领及每一个个体的人，如果能努力不断地认知“朴”，找到其界限，顺这个“朴”的常道而为并保持长久，在事物发展过程当中所遇到的挫折、阻碍和干扰必将被“朴”的常道所战胜，臣服、屈从于“朴”。

“天地相合，以降甘露，民莫之令而自均。”天为阳、地为阴是太和卦象，守一平衡之运动带来雨露滋润万物，百姓不受任何过分的、不切实际的规定束缚，自然均衡，与自然互动。

“始制有名，名亦既有，夫亦将知止，知止所以不殆。”人类在认知自然过程中，在盘古开天之时给万事万物命名。我们对先人的命名要认知其不完整性。知道其命名不完整性就不必机械遵从，就可以根据事物当下的特点，更加有效靠近当下事物的常道。

“譬道之在天下，犹川谷之于江海。”万事万物的发展之道千万条，能够根据当下事物的特点反复对比斟酌，方能靠近天下赋予的常道。在按此常道为之的过程中，要极其小心谨慎地如同犹（幼犬）一样警觉，沿着山间川谷溪流反复对比斟酌行进，逐渐靠近其通往江海之常道。

有诗为证：顺其自然勤守朴，阴阳谐和润万物。
知止不殆长相生，夷希恍惚化甘露。

《道德经》第三十二章　今通行本

道常无名，朴虽小，天下莫能臣。侯王若能守之，万物将自宾。

天地相合，以降甘露，民莫之令而自均。始制有名，名亦既有，夫亦将知止，知止可以不殆。譬道之在天下，犹川谷之于江海。

《道德经》第三十二章　王弼本

道常无名，朴虽小，天下莫能臣也。侯王若能守之，万物将自宾。

天地相合以降甘露，民莫之令而自均。始制有名，名亦既有，夫亦将知止，知止所以不殆。譬道之在天下，犹川谷之于江海。

第三十三问： 我原来管理企业事必躬亲，所有问题都一一过问并能一一化解。现在企业问题越来越多，使我应接不暇，企业几乎不能正常运营。我做错了什么？

第三十三解 事必躬亲管企业　贻害无穷伤本末

诗曰：掌握全局技能全，代行高管用权限。
化解部门多难题，埋下隐患多年现。

广东有一位企业家朋友来自江西，非常能吃苦。他原是一名技术人员，企业的研发、销售、生产他都比较精通。企业创业初期，他一个人干多部门的工作。企业发展到了一定的规模，成立了各个部门，这个时候他还是事必躬亲，常常来到各个部门，帮助管理者们搞规划、出主意，特别是当部门出现棘手问题时，一定是把他找去解决。有一次，他在售后服务部门帮助解决问题时，一个客户把他当成了售后服务人员，训了他一个多小时。每当部门出现问题时，他都能妥善解决。

现在企业具备一定规模了，他在努力筹划企业转型升级。企业有几个部门能力较弱，他就经常去这几个部门帮助开展工作。可是，这几个部门的工作停滞不前了，他去了也应付不了，企业运转失常，企业效益受到了严重影响。他情急之下把我找去，咨询原委。

老子说："知人者智，自知者明。胜人者有力，自胜者强。"作为一个智慧的企业家要"知人"。第一，要知道同行业企业现在的发展状况，发展的动因，发展的优势，以及其产品的特点、技术、工艺和管理；第二，要知道本行业正常的发展规律、发展状态，以及下一步应该达到的发展状态。作为一个聪明的企业家要"自知"。第一，要了解自身的特点优势；第二，要了解企业自身的特点优势。这个特点、优势，包括企业部门、企业系统、企业管理者、企业员工及企业产品和管理。"胜人者有力"，一个企业要使自己符合这个行业企业的普遍发展规律，实现企业良性循环。“自胜者强”，一个企业善于发现、发掘、培养自身的成长因子，就能把自己的特殊优势发挥出来。他的问题是，没有达到“智”和“明”，也就失去了“力”和“强”。

我指出了问题所在。企业出现问题，他发现了部门的薄弱环节，却没有采取相应的措施，使部门通过自身的努力去弥补薄弱环节，而是充当了灭火消防员，虽然问题暂时解决了，但是掩盖了问题的根源，部门自身深处的问题还在，积累的矛盾点和认识的缺失都没有得到彻底解决，留下了隐患，部门的管理能力必然下降。

“不失其所者久，死而不亡者寿。”企业能够按照自己企业特点、市场特点、社会特点实现良性循环，并能利用好这些资源，就会与一些志同道合的企业协同发展。良性循环不会失去企业原发的成长因子，避免削弱企业系统功能，阻止企业失去利用资源的因素，就可以防止企业各个系统功能逐渐衰亡。我建议他，发现问题的时候一定要督促部门去补救。我给他举了一个例子。一个老板在工厂门口发现了一块大石头，立刻找来主管环境的高管询问，高管当场要自己把石头搬走，老板说让他的下属来处理，今天出现的石头是管理系统出现了问题。这位高管没有理解老板的用意，只是找来下属把石头搬走了事。结果，没过多久，厂门口又出现了其他废弃的杂物，老板果断撤换了主管环境的高管。这以后，不仅厂门口再也没有出现杂物，厂区环境也有了大的改观。这个例子是说，老板不仅是要搬走这块石头，而是要通过这件事，让管理环境的系统运转起来，不但有了杂物能及时清理，重要的是形成管理机制，从根本上预防这种事情的发生。

通过交流，老板理解了我的建议。他说，这个例子我听说过，但是没有理解真正的含义，这回遇到了实际问题，我明白企业出现问题的原因了。

他就此改变了工作作风，放手部门的工作，成立了由多个高管和有关人员参加的企业管理促进委员会，定期召开例会，研究解决企业部门出现的问题，提升部门管理人员的业务水平。经过一年多的时间，企业管理大有改观。

《道德经》第三十三章　企业启示

一个企业家要深知做人的基本原则和企业运营的基本规律，并能努力坚守这些原则和规律，这是企业家应有的智慧。企业家一定要知道企业的实力和特点，并能结合企业特点，抓住机遇勇于创新，这才是企业家应有的聪明。智慧和聪明缺一不可。

企业家要使企业能够响应时代的需求，就要深入挖掘自身特点，不断积累和培养自身的潜能，增强企业开拓市场的能力。企业家还要使企业的各个部分都能够胜任这种需求，强化企业综合功能，这才是企业自身的强大。

企业家一定要知道企业成长的边界、产品的边界、利润的边界，这样才能使自身的发展目标符合实际，才能使企业得以良性循环发展。

企业家要使企业尽量保有完善的功能，才会使企业较好地长久发展，要努力控制削弱、破坏企业的因素，才能使企业得以长久良性循环，永不停歇地向前发展。

《道德经》第三十三章　家传道德经参悟

"知人者智，自知者明。"知道人类普遍性的常道才是有智慧的。作为一个人，要知道人类的正常生活规律和生活方式，符合人类生存的客观规律，不断地向人类生存的客观规律靠近。所以，做事先做人。中国有普遍的做人准则，如公、正、廉、直、朴、仁、义、礼、智、信、忠、孝、节、慈等。随着历史社会的进程，还会出现新的、适应当下社会对人的规范、准则和要求。这就是知人，知道当下（当下所处的时代、所处的地域、所处的社会）做人的起码规则。在此基础上，能够知道自身的特点，知道自己具体的、特有的生存环境、生活环境和社会环境，与这些环境和谐共存，这才是明智之举。

"胜人者有力，自胜者强。"要能够遵循人类普遍的"道"，才能获得生命力。使自己的生存方式与人类普遍的生存规律相符合，即能够胜任人。自己能够胜任自己，把自己十足的特点发挥出来。

"知足者富，强行者有志。"能够自我控制生存欲望的最低界限，不被"道"以外的欲望所累，即为富有。一个人一定要知道自身生存条件的极限，控制好、不超过、适时满足，即为富有。减少、杜绝超过生存条件所带来的伤害，能够顽强地顺"道"而行，对顺"道"而行志向坚定。人一定要在符合人类普遍生存规律的基础上，活出自身的特点，这样就会有许多志同道合的人与你互相帮助、共同前行。

"不失其所者久，死而不亡者寿。"不失去你应该所拥有的"道"、功能，你才能获得长久的存在。能够让你死的因素、让你死的"道"，不能使你消亡，你才能获得天寿。

有诗为证：知人自知明智常，自胜自足多富强。

不失其所行至远，守内固本得安康。

《道德经》第三十三章　今通行本

知人者智，自知者明。胜人者有力，自胜者强。知足者富，强行者有志。不失其所者久，死而不亡者寿。

《道德经》第三十三章　王弼本

知人者智，自知者明。胜人者有力，自胜者强。知足者富，强行者有志。不失其所者久，死而不亡者寿。

第三十四问：为什么我与下游企业形成企业联盟后，企业却屡屡遭受损失？

第三十四解

联盟行规把舵偏　企业受损效益减

诗曰：规矩协议有缺失，主导下游多限制。
制约发展失自主，需求生变身先死。

湖北十堰有一位企业家朋友，由于他的产品组成需要下游的许多配套产品，于是，他把自己的企业和下游十余家企业组成了企业联盟，制定了企业联盟的规章制度，以框架协议的形式向下游企业订货。协议中规定了产品质量要求、产品数量、产品供货时间等，还根据企业的发展给下游企业提出了研发的方向。开始，联盟运行还不错，给企业带来了许多便利。可是，后来问题不断出现，使他应接不暇，他赶紧把我找去。

经过调研，我指出了联盟的几个问题。

老子说："大道泛兮，其可左右，万物恃之而生而不辞，功成不名有，衣养万物而不为主。"万事万物都是遵循、按照其发展规律而生存、成长、发展的，功成是持续变化的，任何力量都无法把持、占有，自然规律促进万事万物生长发展，但从不规定、主宰、占有它们。

他犯的错误是，没有摆正自己的位置，一家独大，规定、主宰了下游企业的生存、发展。他为下游企业规定了他所不熟悉的研发方向，误导了下游企业。比如，他让一个下游企业研发生产一种触摸屏的产品，当这款触摸屏产品投产后，发现市场需要的是按键式产品，触摸屏产品没有被用户采用；由于协议签得过细，无法适应市场的变化。他对供货时间、数量、质量、价格都要求过细，限制了下游企业自主发展的空间。其中，一个企业原来发展良好，除了为他供货外，同时还为其他企业供货。可是，签订框架协议后，限制了这个企业为其他企业供货。结果他的企业出现需求变化，定下的产品不需要了，给这个企业造成巨大损失，这个企业因此而倒闭。

我给他提出了解决问题的建议。

“常无欲，可名于小；万物归焉而不为主，可名为大。以其终不自为大，故能成大。”第一，不为核心、不为主、不为大。把联盟打造成企业智能群，下游企业都有独立的发展空间、自主发展的权利、自由的发展方向，彼此提供技术支持，建立共享信息数据平台，必要时可以联手攻关。

第二，协议不能签得过细过死，要留有充分的余地，要深谋远虑、具有前瞻性，下游企业可以盘活市场，产品还可以供给其他整机厂。

第三，由硬性联盟变成柔性联盟、生态联盟。根据市场需求变化，适时调整联盟形式和内涵，使之适应客户需求，实现双赢、多赢。

他后来改正了以前的错误，充分发挥了企业联盟的作用，企业生产蒸蒸日上，产品销往了世界多个国家。

《道德经》第三十四章　企业启示

企业家要敬畏自然发展规律、科学技术规律、企业发展规律、市场规律、产品规律等，作用于企业的规律有千万条，这些规律无时无刻不在左右企业的每一个系统、每一个部分、每一个决策、每一个时段。企业每一个行为都离不开这些规律的作用，而这些规律从不规定企业具体遵循的原则。

企业暂时的成功不会保持过久，而企业家应该把企业每一个胜利都看作一个里程碑，不断地寻求新的方向，探索新路径。没有一剂良药能包治百病，要时刻遵循变化发展的规律，牢牢把握规律。

企业家要恒常坚守，不要去追求过多的虚荣和所谓的潮流和时髦，更不能被其左右。对一些新事物、新动向、新动态给予适当的关注就可以了。

企业家要知道企业发展规律无时无刻不在作用于企业，它是无声、无息、无像、无形、顺其自然的，只要企业切实根据自身发展规律，不禁止、主宰、把持、逞强地对待这些规律，才能切实享受到这些规律大势的益处。

企业家在探索、追求、遵循这些规律，不夸大或贬低企业发展规律的作用，才能真正遵循企业发展规律，切实应用好企业发展规律，使企业实现良性循环，不断向前发展。

《道德经》第三十四章　家传道德经参悟

“大道泛兮，其可左右，万物恃之而生而不辞，功成不名有，衣养万物而不为主。”“道”大，包罗万象；“道”近，永远在事物之中和旁边左右。

万物始终遵守“道”，从来没有脱离过，达到良性循环为功成。每一个事物都有自己不同的功成，每一个事物的功成不能命名，无法说明，没有一种命名和说明能够准确表达任何一种事物的功成。任何事物的生存和成长都离不开“道”的滋养，但任何一个“道”都不会强行主导、主持事物的发展。

“常无欲，可名于小。万物归焉而不为主，可名为大。”恒常没有“道”以外的欲望，你的欲望在“道”以内的，可以命名、说明一部分。任何万事万物的滋养都来自“道”，但这些滋养都是在“道”以内的，可以命名、说明为“小”；万事万物的运行发展都归于“道”，事物运转、运行都由“道”指引，我们将此命名为“大”。

“以其终不自为大，故能成其大。”这就是为什么圣人能在“道”以内获得最大道的滋养，以其永远不大到“道”以外，才能经常保持“道”以内的大。

“大道泛兮，其可左右，万物恃之而生而不辞，功成不名有，衣养万物而不为主。”自然规律极其广泛。自然规律时刻存在于万事万物之中，它左右万事万物的发展。万事万物都是遵循、按照其发展规律而发展，从来没有离开过，也没有偏离过，或者使其有微小的改变。万事万物生存和发展的任何一个状态都在其当时存在之后有所改变。功成是持续变化的，任何力量都无法把持、保持、占有。自然规律促使万事万物进行新陈代谢并得以维持，但从不主宰它，这是自然规律使然。

“常无欲，可名于小。万物归焉而不为主，可名为大。以其终不自为大，故能成其大。”万事万物的发展依托自然的发展规律，自然规律没有规律以外的欲望、要求，不对万事万物进行修正。不予修正可以理解为“小”。万事万物都自然而然按其规律向前发展，自然规律从不干涉万事万物的选择。万事万物自然而然地选择其发展规律，可以理解为“大”。自然规律从不主宰万事万物，但是它持续不断地创造、培养、发展万事万物，不自以为大而能成其大。

有诗为证：道恒往复左亦右，万物持之不为有。
小至细微大无际，功成不居还自由。

《道德经》第三十四章　今通行本

大道泛兮，其可左右，万物恃之以生而不辞，功成而不有，衣养万物而不为主。常无欲，可名于小；万物归焉而不为主，可名为大。以其终不自为大，故能成大。

《道德经》第三十四章　王弼本

大道泛兮，其可左右，万物恃之而生而不辞，功成不名有，衣养万物而不为主。常无欲，可名于小。万物归焉而不为主，可名为大。以其终不自为大，故能成其大。

第三十五问： 我在销售和企业管理人员的聘任上采用了许多技巧和妙招，不但没有起到预期效果，反而使企业销售和人事工作受到了挫折。这是为什么？

第三十五解 思维缜密施巧计 功亏一篑害自己

诗曰：新品投放藏隐秘，选拔高管设局迷。
互信缺乏两相伤，市场丢失人才离。

重庆有位企业家朋友非常精明，善于算计。他的企业创新能力强，总能先于其他企业设计生产出新产品。但是，由于他的巧智用错了地方，精于算计也败于算计。

老子说："执大象，天下往。往而不害，安平大。乐与饵，过客止。"在社会往来中，不要在交往过程中对他人、对环境、对事物有害，不要给别人设圈套。经常用诱惑达到目的，就再也没有人与他往来了。这位企业家朋友犯了这个大忌。

第一，企业新产品投放市场时，他总是要把新研制的产品最后投放，先分批次把中间过渡产品投放市场，试探一段时间后，才把最新的产品向市场投放。

第二，他对合作供应商非常苛刻，精于算计，总是把进货价格压到最低，给合作供应商只留很小的利润空间。在市场上发现这种产品暂时缺货断档时，他马上抬高产品价格，获取高额利润。

第三，他在选拔、聘任高管时，都要设计许多迷局来试探此人对企业和老板的忠诚度，找猎头公司或其他企业高管来试探要提拔的人员，经过多方试探才能任用。

我帮他分析了这样做的害处。当你分批次向市场投放过渡产品时，别的厂家在市场推出的产品优于你的过渡产品，使你的过渡产品没有市场。当你推出最新产品时，由于过渡产品已经失去了信誉度，使新产品在短期内不被客户认可。在此期间内，其他企业推出了新产品，你的新产品彻底失去了市场。

你对合作供应商苛刻，把进货价格压得过低，使合作供应商失去利润空间，他就会去寻找新的合作伙伴，使你失去合作的主动权。

你在选拔、聘任高管时层层设局，缺乏信任，使这些有能力的人心灰意冷，造成人才流失。

认识到这些问题后，他彻底改变了思维方式，不再把心思用于算计客户、算计合作企业、算计企业管理人员上，而是积极创新，努力研发生产新产品，考虑为社会造福，为客户需求服务，与合作伙伴互利互惠、合作双赢。经过一年多的时间，他的企业产品赢得了市场信誉，企业重回行业前列。

《道德经》第三十五章　企业启示之一

一个企业家一定要顺应自然、社会、行业、企业群、智能群的发展趋势，企业的格局要高，这样才可以在市场中得到良性循环发展。

在企业良性循环发展过程中，要避免对别人的伤害，同时也要避免别人对自身的伤害。这样才能保持长久的健康发展。

企业家为自己产品定位的时候，一定要提供当下最先进的，不能先推出低端产品，然后强迫或变相强迫用户购买迭代升级的产品。这样不但使消费体验变差，还会造成社会资源浪费。同时，其他企业所提供的当下较先进的产品会迅速地打败“乐与饵”的企业。

企业各个系统遵循企业发展规律向前发展，看似平淡无奇，但是长期坚持下去，必然会收到润物细无声的“功成”。

遵守真正的企业发展规律，企业不会显现出异常的迹象，不会听到员工和企业各层管理者的赞许，也不会有立竿见影的作用，恰如世间良药，去病如抽丝。

《道德经》第三十五章　企业启示之二

企业家一定要视野开阔，看到行业全局、社会全局。勇于改革、开拓、创新，不局限于一隅，只要适合自己就可以合作往来。不局限于本行业经验，学习各行各业的经验。遵循的原则是互惠互利、双赢多赢。只有这样做，才能有各行各业的企业愿意与你往来，还能获得信任和好评。企业的名声好坏决定潜在客户的多少，决定现有客户的忠诚度。而实际上，企业的名声好坏还决定企业利润的高低和企业的生存发展空间。

企业要始终秉持合作共赢、互利互惠的原则，与其他企业友好往来，要善于从企业的平常、平静的经营中，总结自身发展的特点和优势，不招摇、不过分，不断探索和发现适合企业发展的规律，永不停歇地顺应这个规律前行。

《道德经》第三十五章　家传道德经参悟之一

“执大象，天下往。往而不害，安平大。乐与饵，过客止。”人类要多了解一些物象，才可以在生存的道路上走得长远，才可以在人生的旅途中反复比较物象，矫正自己的行为，使之靠向大道。

人生要在与生存环境的互动中尽力顺应大道，避免偏离“道”，违反“道”就要受到“道”的伤害。只有这样才能最大限度地保有平安，保持正常生活不改变。

人们要顺应自然之道，摄取必要的事物，不要过分；人与人交往也要遵守自然之道，不能苛刻刻薄，如果以诱骗为乐，设计机关诱饵获利，不能利他或者互利，否则与之互动的人将会减少。

“道之出口，淡乎其无味，视之不足见，听之不足闻，用之不足既。”任何“道”在发生作用的时候都是悄然无声息的，使人难于察觉，我们看到的都不是事物的本真，都不是事物的全部。我们所听到的都不是事物的本真，也不是事物的全部。我们仅仅利用看到的、听到的，不足以正确地靠近“道”。

《道德经》第三十五章　家传道德经参悟之二

“执大象，天下往。”从人生的、自然的、社会的高度、宽度、广度、深度“四度”去看待万事万物，为“执大象”，“执大象”就能顺应、发现自然规律、社会规律、人类规律、企业规律、科技规律，没有从“四度”看，就是只是感观。天下往，有三层意思：一是占领、征服，把对方消除；二是互通有无；三是保持彼此信息沟通，主要是商机的沟通。

“往而不害，安平大。”在互相往来的时候本着互利的原则，不能见利忘义、不能损人利己，不能互相危害。不互相危害才能实现相对的安全，和平时间较长，稳定时间较长。

“乐与饵，过客止。”如果你经常以一种诱饵的方式欺骗对方，谋求更大的利益，并把它作为常态，就没有人愿意与你来往了。

“道之出口，淡乎其无味，视之不足见，听之不足闻，用之不足既。”我们发现“道”（自然规律）的一点点规律，由于它是自然规律，万事万物都遵循它并正常运行。当万事万物在“道”（自然规律）中正常运行的时候，在不违背它的时候，我们感觉不到它的味道、看不见它的形象、听不见它的声音；我们使用它的时候，取之不尽、用之不竭。

有诗为证：万事万物归顺来，和平安泰往无害。
止欲守静朴无华，不居功业古今在。

《道德经》第三十五章　今通行本

执大象，天下往。往而不害安平太。乐与饵，过客止。
道之出口，淡乎其无味，视之不足见，听之不足闻，用之不足既。

《道德经》第三十五章　王弼本

执大象，天下往。往而不害，安平大。乐与饵，过客止。
道之出口，淡乎其无味，视之不足见，听之不足闻，用之不足既。

第三十六问： 我的企业运营顺利，产品畅销，各个系统运转良好，我想保持企业的这种状态，不再向大规模发展，采取了许多维持措施。为什么企业没有按我的预期保持住状态，效益开始逐步下滑？

第三十六解 守住当前求平稳 经营衰退现亏损

诗曰：维持现状路偏离，停滞不前失活力。
老旧产品丢客户，创新停滞无效益。

沈阳有一位企业家朋友，他的企业是由集体企业转制为民企，经过多年的努力，企业发展势头良好。这位企业家已经七十多岁了，他准备传位给儿子，他儿子也是企业高管，具备管理能力和经验。与儿子交接后，他要扶上马送一程。

他们父子都存在相同的想法，认为企业目前的状况已经很理想了，不想再上一个台阶。于是，采取了一些稳定企业当前状态的措施，在研发、生产、销售、服务等方面都沿袭原来的做法，不求改进和创新。他们这种思想在企业中影响很深，使企业停止了向前发展的步伐，各个系统出现了衰退，企业效益连续下滑。他们父子把我找去后，我经过多天的调研，帮助他们分析了问题的原因，提出了解决问题的建议。

老子说："将欲歙之，必固张之；将欲弱之，必固强之；将欲废之，必固兴之。"自然规律反映在万事万物上的特性之一是在将要收敛的时候，一定是在张扬、扩张之后。在张扬、扩张之后，还要再收敛。一吸一张，循环往复，完成自身的新陈代谢，向前发展。他的企业过分保守，只有一味地收敛，没有适当的张扬、扩张，因此，停滞不前。

任何事物趋弱一定是发生在强盛之后。强和弱不断交替循环，这是规律。市场发生变化了，竞争对手多了，你想保持现状，就会被市场淘汰。

持续的兴旺过后，下一步必然出现衰退；持续衰退以后，经过努力再走向兴旺。他的企业一开始是持续兴旺，在出现衰退的苗头后，他没有张扬、没有强为，还停留在原地，致使企业出现了持续的衰退。这就需要花费大力气，全力改革创新，使企业适应市场变化。“将欲夺之，必固予之。是谓微明。”市场要淘汰你、夺取你的地位，之前已经给予你市场地位了，但是你没有把控好，产品缺乏创新，市场地位又被夺走了。

虽然这只是规律中小小的一点，但我们有幸发现了这一点，就要尊重规律，把握好歙、弱、废、夺的尺度，准确掌握张、强、兴、予的时机。

“鱼不可脱于渊”，企业和鱼不离水一样，不能脱离市场、社会和客户，不能脱离深层次的、逐渐的、永不停歇的、符合市场发展需求的、对社会有利的发展势头。企业永远不能脱离生存的激情，时刻不能泯灭、搁置、减弱向上发展的生命力。

“逆水行舟，不进则退。”社会在永不停歇地向前发展，市场需求时刻在变化，其他企业都在创新发展。企业发展到一定的阶段，表面看似一帆风顺，实则暗藏危机，如果你此时停下脚步，原有的状态就会被社会、市场、其他企业远远抛在后面。

“国之利器不可以示人”，企业对社会发展有利，这种势头不能停留在表面上，不是给别人看的，要把它融入企业理念、企业精神、每个子系统、每名高管、每名员工的头脑中。你的企业已经发展得很好了，这只是以前、只是当下，不代表将来。

我建议他们父子，改变静止的思维，把指导企业的思维转变到深层次满足社会的需要、市场发展需要、用户不断增长的需求上来。

后来，他们父子改变了原来的静止思维，稳步推进企业向前发展。企业聘请了三位产品开发人员，还聘请了一些客户当企业顾问，产品研发抓住反馈资讯，使新产品更加符合客户需求。企业效益平稳增长，顺利完成了企业领导权的交接。

《道德经》第三十六章　企业启示

企业家要知道，必然有超出企业发展规律以外的诱惑。经得住诱惑，就会良性循环和向前发展；经不住诱惑，就会被超出企业发展规律所带来的灾祸伤害。

企业发展规律是由弱小到强大、由强大到衰弱，循环往复。企业要时刻把握这一规律，努力使本企业在衰退时保持良性循环不至于灭亡，强大时保持良性循环不至于恣意妄为和招致灭亡的灾祸。

企业的产品是有一定周期的，这一周期实际上没有一定的界限。在产品未达到生命周期终点之前，就要努力探索开发新的迭代产品，依托客户需求创新，使产品平稳过渡到新的生命周期。

企业家要知道，市场规律是占有市场和失去市场不断循环的。技术的发展规律是先进技术和过时技术循环往复。对于市场的开拓和产品的迭代都要有长期战略规划，不能有一蹴而就的心理。

了解遵守以上企业发展规律是运营企业最基础的思维方法。企业的一切运营行为都要从这一基本思维方法开始，才可以实现企业的良性循环。失去了这一基本思维方法，一时的发展壮大都是不可持续的。

企业不可以离开企业发展规律，企业真正的竞争力是无形的，那就是企业正确、敏锐的思维。

《道德经》第三十六章　家传道德经参悟

“将欲歙之，必固张之；将欲弱之，必固强之；将欲废之，必固兴之；将欲夺之，必固予之。”万事万物在“道”（自然规律）中运行的时候，欲要收敛、关闭，必先要扩充、张开；欲要削弱、停歇，必先要加强、奋进；欲要废止、停滞，必先要张扬、开拓；欲要获取、得到，必先要给予、舍弃。“是谓微明。”这些显现在“道”（自然规律）中微小的道理，都是无穷无尽规律中的一条，我们能够认识到这一条，应遵循这一条，就是我们的智慧，就能做好我们的事情。“道”（自然规律）在任何微小之处都能彰显其作用，这些道理都是与“道”（自然规律）并行的微小部分。

“柔弱胜刚强。鱼不可脱于渊，国之利器不可以示人。”“柔弱”只要把持好“道”（自然规律），发挥自己的特点和长处，在“道”（自然规律）以内进取，就能战胜“刚强”，获得成功。

鱼离不开养育它的深渊，万事万物都离不开自身的生长生存环境，要适应环境、保护环境，才能可持续发展。国家、企业、个人必须保守重要秘密，这些秘密和强力不可以用于恐吓对方，也不可以作为自己的资本加以炫耀。

有诗为证：欲歙固张弱胜强，微明难辨真谛藏。
鱼不脱渊终抱一，国之利器为阴阳。

《道德经》第三十六章　今通行本

将欲歙之，必固张之；将欲弱之，必固强之；将欲废之，必固兴之；将欲夺之，必固与之。是谓微明。

柔弱胜刚强。鱼不可脱于渊，国之利器不可以示人。

《道德经》第三十六章　王弼本

将欲歙之，必固张之；将欲弱之，必固强之；将欲废之，必固兴之；将欲夺之，必固予之。是谓微明。

柔弱胜刚强。鱼不可脱于渊，国之利器不可以示人。

【注释】歙 xī：吸气或通过呼吸吸入。《说文》：缩鼻也。

第三十七问： 企业根据当前社会和市场发展形势，加强了营销力度，积极全面推进企业智能化，为什么企业的盈利指标却下降了呢？

第三十七解　紧跟潮流来创新　丢掉市场财力尽

诗曰：营销资金投入大，企业全面智能化。
　　　市场份额增长低，效益利润都下滑。

福州有一位企业家朋友，企业一直运营良好。有一次他突然向我抱怨说，为了跟上目前市场和企业发展潮流，企业投入大量人力、物力，加大营销力度，争取更大的市场份额。他开始推进企业的全面智能升级，聘请了专业公司帮助实施智能升级。在采取了这些措施后，企业各项指标不升反降，他向我咨询原因。

经过调研后我发现了问题所在。

老子说："道常无为而无不为，侯王若能守之，万物将自化。""道"（自然规律）是不会超出它的自身而作为的，在"道"（自然规律）以内，它无所不为，也就是满为。在"道"以内运行的事物都离不开它，都在遵循它。万事万物和人们要能够遵守它、不超出它，都能自然地正常循环、发展。老板的错误在于，他超出了企业正常运行的"道"（自然规律）和企业生产经营的实际，在"道"（自然规律）以外作为，因而遭遇了失败。

具体来说，第一，他的企业做传统产品，市场的销售主要靠产品的质量、价格和大客户，而他营销投入主要针对一些小客户。而这些小客户需要的产品是价格低廉、生产周期短、使用寿命不长的短、平、快产品，而他的产品经久耐用、成本高、适合配套大客户。所以，他针对小客户的营销投入没有收到预期效果。

第二，没有适时根据大客户需求去开发新产品。

第三，企业不适合全面的智能化升级，局部的升级就可以满足当前的生产需要，全面升级不但造成浪费，还使部分系统出现混乱，部门管理衔接出现阻碍。

“化而欲作，吾将镇之以无名之朴。无名之朴，夫亦将无欲。不欲以静，天下将自定。”事物发展到各个不同节点、不同层次的时候，就会产生与自然规律不相适应的欲望，有欲望就要有作为，不适当的作为就会使我们偏离正常的发展规律。纠正这些不适当的欲望，减少过多的欲望是关键。去掉这些欲望，事物才能正常得以发展。

我给他的建议是：

第一，停止市场营销方面多余的投入，撤出多余的人员，有针对性地对现有营销人员进行培训，提高他们针对大客户的营销技能，市场定位在大企业、大客户、老客户。

第二，重新规划企业的部分智能化，循序渐进地实现企业智能化。

第三，加大企业新产品的开发力度，投入适当的资金和人力。

采纳了我的建议后，过了大约一年的时间，他告诉我，他的企业恢复了正常运营。

《道德经》第三十七章　企业启示

作为企业家一定要遵守企业发展规律，要使遵守企业发展规律成为常态，不违反企业发展规律，就不会受到企业发展规律的反噬。

在企业发展规律以内，领导企业充分作为。

企业家如果遵守企业发展规律，企业各个部分和系统都会自然而然沿着企业发展规律良性循环向前发展。

即使在良性循环中也会经历许多波折和艰难险阻，企业只有坚定不移地沿着企业良性循环规律向前发展，才会战胜这些曲折和艰难。

企业根本的良性循环的发展规律，就是不追求过多的欲望。没有过多的、良性循环以外的欲望追求，良性循环一段时间后，企业就会在市场中找到自己的位置，产品会受到消费者认可，企业就能够实现稳定的良性循环。

《道德经》第三十七章　家传道德经参悟

“道常无为而无不为”，“道”（自然规律）恒常要求人们不要在“道”以外作为，在“道”以内可以无所不为。“道”(自然规律）不会超越它的规律而为，不会在它的规律以外而为。同时，每一个自然规律以内不会存在一丝一毫的空当，会满为。

“侯王若能守之，万物将自化。”一个人、一个部门、一个族群如能遵守和顺应这一规律，万事万物将自然循环发展。

“化而欲作，吾将镇之以无名之朴。无名之朴，夫亦将无欲。”人类要用最根本的需求之欲望，消除多余的欲望。我们还没有认知的、命名的根本规律是我们不断追求的对象，我们要不断认知它，用它来修正偏离“道”以外的作为。

还有许多人类没有认知的客观规律，人类无法正确为它命名。没有发现，就没有欲望。

“不欲以静，天下将自定。”人类没有多余的欲望，天下就将自然而然循环往复。万事万物各守其道，各归其位，自然发展。

有诗为证：万物自化顺自然，无名之朴镇欲念。
守静无为无不为，天下安宁恒常年。

《道德经》第三十七章　今通行本

道常无为而无不为，侯王若能守之，万物将自化。

化而欲作，吾将镇之以无名之朴。镇之以无名之朴，夫将不欲。不欲以静，天下将自正。

《道德经》第三十七章　王弼本

道常无为而无不为，侯王若能守之，万物将自化。

化而欲作，吾将镇之以无名之朴。无名之朴，夫亦将无欲。不欲以静，天下将自定。

第三十八问：我的企业同时采用了传统管理方法和新潮管理方法，为什么企业效益却连续下滑、运营不畅？

第三十八解 新选班子随潮流 新旧思维争不休

诗曰：六成老人四成新，混合管理失其真。
系统错乱下盲从，企业失衡伤本身。

江苏南通有一位企业家朋友，做企业比较早，而且善于抓住市场机遇，本人管理能力和技术能力都很强，企业一直在发展，规模逐步扩大。最近，他突然打电话向我求援，说企业出了问题。

原来，这位企业家朋友已经70多岁了，趁着身体还很健康，他把企业提前交给从国外归来的儿子打理，自己在一旁能扶持，希望儿子能顺利接管企业。

儿子接管企业后，对企业进行了全面的改革。重新组建了领导班子，原高管占60%，新聘任高学历年轻人占40%，一拨有丰富的企业管理经验，一拨有时代的新思维和开拓创新能力。两种不同的思维和管理方式同时影响企业，左右企业的运营，造成了基层无所适从，员工思想行为混乱，企业效益开始下滑。

在他们父子束手无策的情况下，我帮他们分析和寻找对策。

老子说："上德不德，是以有德。"企业多年发展的基础是上德，是经过多年实践的，不管企业如何改革创新都不能失去上德这个基础，要以此为根基去发展。在调研中我发现，精英团队的改革动摇了基础，所以产生了企业管理思维的混乱。

"下德不失德，是以无德。"领导团队的两个派别分别提出了许多方针、政策、方式、方法、思维取向等，企业运行空间有限，这些超出了企业运行空间的就是下德。如果不把一些多余的、不适合企业发展的下德去除，就是无德，就没有适合企业发展的好途径。

"道之华而愚之始"。离开企业的根本，脱离企业的基础，再华丽、唬人的所谓的新模式、新方法都应该去除，使用了这些新模式、新方法就是愚之始，是企业失败的开始。

总结以上的思维，就是要在企业发展基础之上去创新、去改变，不能照顾老面子，也不能盲目拔高改造，新和旧彼此取长补短，形成一个统一完善的管理思维模式。

改变后的团队在工作上有了起色。

原来，领导团队新成员提出一项加强营销力度的计划，要在有影响的电视节目投放广告，以此提升企业知名度和产品的影响力。领导团队老成员认为没有必要，因为企业做的是小众产品，是为固定产品配套的，没有必要在电视上做广告。

经过思维模式的转变，领导团队达成了一致意见，把电视广告宣传改成企业新产品推介会。在推介会之前，走访老客户征求对产品的意见建议，走访潜在的客户了解需求。根据反馈意见推出新产品，召开新产品推介会。

推介会取得了成功，促进了同行业内部的合作，大用户增加了订单，又开发了许多新客户。最终，企业新领导团队成为企业成长发展的核心力量。

《道德经》第三十八章　企业启示

能够良性循环的、在企业发展规律以内的长久盈利，才是企业发展的根本。在保守根本的同时，要特别注意摒弃那些不利于企业长久盈利的作为。例如，急功近利的获得、在企业发展规律以外的获得、耗尽自身精力的获得、强弩之末的获得、周边环境不认可的获得、巧取豪夺的获得等。以上这些获得不但不利于企业良性循环，反而有碍甚至破坏企业的良性循环。

上等的获得，是在企业发展规律以内的获得，是真正的、长久的、没有后顾之忧的获得。下等的获得，是在企业发展规律以外的获得，急功近利的获得不是长久的获得，是产生后顾之忧的获得，是使企业遭到祸患的获得。

企业上等的得到，是在企业发展规律以外不作为，所有的盈利都是在企业发展规律以内作为的获得。

上等的“仁”，是在企业发展规律以内作为而获得和形成良性循环的利润，它的大部分利润是取自于企业良性循环，而不是在企业发展规律以外获得。

上等的“义”，是在企业发展规律以内作为，利润要低于“仁”的层次，它的大多数利润是通过在企业发展规律以内的作为而获得的。

上等的"礼"，是在企业发展规律以内作为，这种作为无论多么努力都收效甚微，主要是"礼"的层次在作为时存在一些弊端，如盲目追求形式，内卷式地扩大企业规模，过度的绩效考核评估等。

企业坚守不住企业发展规律，就降格到了坚守"得"的层次；坚守不住"得"的层次，就到了坚守"仁"的层次；坚守不住"仁"的层次，就到了坚守"义"的层次；企业坚守不住"义"的层次，就到了坚守"礼"的层次。企业到了"礼"的层次，"得、仁、义"的成分就很少了，到了这一步企业就开始衰败了。

从古至今，有见识的人认为，过多追求形式华丽是祸乱的开始。这就是成功的企业努力坚守厚实的内在，而不追求暂时表面的光鲜亮丽。企业家要在理念上去除追求虚幻表面的冲动，坚守厚实、质朴。

《道德经》第三十八章　家传道德经参悟之一

"上德不德，是以有德；下德不失德，是以无德。"上等的得到，是不在"道"以外得，是真正的得到，不该得则不得。下等的得到，是道以内得，道以外也得。舍不得"道"以外的得到，最终"道"内"道"外都得不到。

"上德无为而无以为，下德为之而有以为。上仁为之而无以为，上义为之而有以为。上礼为之而莫之应，则攘臂而扔之。"上等的得到，不是在"道"外为所得到的，不是靠有意而为得到的，而是顺其自然得到的。上等的仁，是在"道"以内的为，而不是在"道"以外的为。上等的义，是靠"道"以外的为；上等的礼，是"道"以内为，"道"以外也为，这种"为"，是遵从主观而不遵从客观的"道"，不符合"道"，应该尽早抛弃。

"故失道而后德，失德而后仁，失仁而后义，失义而后礼。夫礼者，忠信之薄而乱之首。"所以，"道"是客观规律，是自然。人类按客观规律行事总会有一些偏差，但是，离客观规律较近，努力按客观规律去得为德。距离"按客观规律去得"，较近的为仁，次之为义，然后是礼。礼，缺乏忠信，是动乱的祸首。

"前识者，道之华而愚之始。"前人按照经验认识"道"，自认为"道"具有华丽的外表，自己根据经验定义"道"。其实，由于人类认知的局限性，这种认知是愚昧的开始。

"是以大丈夫处其厚，不居其薄；处其实，不居其华。故去彼取此。"因此，认知“道”较多的人，使自己处在符合自然规律的大道上，而不去主观设定自己的行动路线；使自己处在实际感官的层面，不是自己处在虚妄的状态。所以我们人类要去除主观设定的仁、义、礼，保有遵从在“道”以内的“得”(德)。

《道德经》第三十八章 家传道德经参悟之二

“上德不德”。“德”，在古代是得到的“得”。后来人们称为“德”，就是把在“道”以内的“得”称为“德”。上等的得到，是“道”以内的得，“道”以外不得，不得“道”以外的，有所得、有所不得，不能全得，也不能满得。

例如，为农作物施肥，必须掌握适度，施肥多了就会使农作物死掉，因为不符合农作物生长的“道”。“道”以外不得，才能真正得到。

“下德不失德，是以无德。”只要能够得到的，都不失去、都努力得到，最后的结果是承载转化不了这种得到。

“上德无为而无以为，下德无为而有以为。”上等的得到都是在“道”以内顺其自然地作为而得到的，上等的得到不需要通过“道”以外的作为而得到。下等的得到，是需要在“道”以外作为的，不在“道”以外作为就得不到。

“上仁为之而无以为”。“仁”是儒家最基本的社会伦理范畴，礼、义、廉、耻、孝、悌、忠、信，都围绕“仁”展开。“仁”的本意是亲和的意思，指人和人之间互相亲爱。孔子明确提出：仁者，爱人。孟子则对“仁”做了进一步阐述，认为“仁”是人的本性，是人与禽兽的本质区别。孟子说：“恻隐之心，人皆有之。”这样上等的“仁”，只需要在“道”以内的作为持续下来，在“道”以内的作为相当于推动它一下，它就开始了自身循环，不用再去为、再去继续推动它了。就像孔子提出的“仁”，不用借助作为，已经无休无止地在人类社会循环了。

“上义为之而有以为”。上等的“义”(不符合自然规律)是需要在“道”以外为的，想要持续下去就需要继续推动它。例如，我们临时规定的一项措施(不符合自然规律的)，在一开始需要贯彻、讲解，沿袭下来还要不断贯彻、讲解，因为它是不符合自然规律的，不能自然循环，需要不断地贯彻、讲解，甚至需要强制执行。

“上礼为之而莫之应，则攘臂而扔之。”违反自然规律的礼仪，即使你多么尊崇它，它对你的尊崇也不会回应，应该赶快扔掉。“礼”本义是古时举行仪礼，祭神求福。中国历史上流传着河神娶妻的典故，人们信仰河神，把河神称为河伯，每年都要为河伯娶一个年轻漂亮的姑娘。这种“礼”不符合自然规律，破坏人们的生产生活，虽然盛行一时，最终还是被觉悟的人们丢弃。

“故失道而后德，失德而后仁，失仁而后义，失义而后礼。”所以，人类社会丢掉了“道”（自然规律）就尊崇了德，丢掉了德就尊崇了仁，丢掉了仁就尊崇了义，丢掉了义就尊崇了礼。

“夫礼者，忠信之薄，而乱之首。”“礼”不能够使人们对它忠、信，人们对它的忠、信在逐渐减少。由于它违反“道”，违反自然规律，“道”和自然规律必然对它偏离的部分进行修正。主张礼的人和维护自然规律的人发生冲突，这就是祸乱的开端。

“前识者，道之华，而愚之始。”人类对未来的推测有很大局限性，我们在实际工作和生活中一定要深知这一点，并时时地、不断地给予修正。如果不这样做，就会“差之毫厘，谬之千里”。外表华丽好像很合理，实际离“道”甚远，笃信它就是愚昧的开始。

“是以大丈夫处其厚，不居其薄；处其实，不居其华。故去彼取此。”“大”就是大道，“丈”就是男人，“夫”就是女人。大丈夫指人们。迎合自然规律的人们，使自己处在深厚“道”的基础上，不居于不符合自然规律礼薄的基础上，总是使自己处在及时修正认知的状态，而不使自己处在华丽的、未及时修正认知的状态，所以，我们要坚守“道”，去除一切不符合自然规律的作为。

有诗为证：道内作为得为德，厚德载物天下和。
忠信之薄乱之首，去其虚华人自乐。

《道德经》第三十八章　今通行本

上德不德，是以有德；下德不失德，是以无德。

上德无为而无以为，下德无为而有以为。上仁为之而无以为，上义为之而有以为。上礼为之而莫之应，则攘臂而扔之。

故失道而后德，失德而后仁，失仁而后义，失义而后礼。夫礼者，忠信之薄，而乱之首。前识者，道之华，而愚之始。

是以大丈夫处其厚，不居其薄；处其实，不居其华。故去彼取此。

《道德经》第三十八章　王弼本

上德不德，是以有德；下德不失德，是以无德。

上德无为而无以为，下德为之而有以为。上仁为之而无以为，上义为之而有以为。上礼为之而莫之应，则攘臂而扔之。

故失道而后德，失德而后仁，失仁而后义，失义而后礼。夫礼者，忠信之薄而乱之首。前识者，道之华而愚之始。

是以大丈夫处其厚，不居其薄；处其实，不居其华。故去彼取此。

第三十九问：我的企业采用了高科技企业最先进的哑铃运营模式，为什么却出现了企业举步维艰的状况？

第三十九解　高新企业学外企　丢掉实质换新衣

诗曰：哑铃模式取真经，量身打造严执行。
系统割裂出缝隙，学来表象难运营。

《道德经》第三十九章提出了“道”的运行核心，这就是“得一”。得一，是说阴阳总是趋向于一，趋向平衡。这种平衡是有机的，不是大、小、多、少、轻、重、前、后的表面的平衡，而是有机的、深层次的平衡。老子说：“天得一以清，地得一以宁，神得一以灵，谷得一以盈，万物得一以生，侯王得一以为天下贞，其致之。”

合肥有一个高科技企业老板，他在企业运营中就失去了“一”，使企业系统运行不畅。我接到了老板的邀请，来到这个企业进行调研。

他的企业以高科技产品为主，向国外高科技企业学习了许多经验，完全采用国外一些高科技企业的哑铃型运营模式。

企业通常由三部分功能组成，产品开发设计、产品生产、产品营销与售后服务。这位老板的所谓哑铃型运营模式，就是把企业的主要注意力集中在产品开发设计和产品营销与售后服务上，弱化中间的产品生产，只留一小部分装配功能，主要生产全部外委。这就形成了两头大、中间小的哑铃形状。

企业主要问题出现在中间的生产环节上，但这些问题大多反应在市场上。一是无法保证及时供货；二是无法保证产品质量；三是无法保证售后服务；四是客户对产品质量提出的问题不能及时反馈给产品开发设计部门；五是产品开发设计部门也不能及时与生产部门沟通。

在调研中我了解到，他的企业曾出现过这样的问题。在一次承接了一批重要装备时，设计没有问题，生产中出现了装配误差，生产过程中关键工艺没有控制好，造成了产品质量问题，反映在装备使用上出现了积累误差。由于各系统运行不畅，互相没有建立畅通的沟通渠道，致使装备花费较长时间才能正常运转，给双方都造成了较大损失。

哑铃模式可以学习借鉴，生产环节也可以外委，但是产品设计、生产、销售是一个“一”，是一个有机循环的整体，虽然“两头大、中间小”，但这个中间小不是放松，更不能不管。学习哑铃模式不是学它的表面，而是需要各个系统、环节和部门进行深层次的匹配，形成一个良性循环。我建议他在哑铃模式中增加一些功能。

一是企业研发设计部门要有对协作厂家的工艺指导权和质量监督权。

二是企业的营销与售后服务部门要与研发设计部门和协作生产厂形成产品质量控制闭环，及时将售后发现的问题反馈到企业产品研发设计部门和协作生产厂。

按照我的建议，他调整了哑铃运营模式，赋予了企业研发设计部门和产品营销与售后服务部门更具体的职能，经过一段时间运作后，企业有了更好的发展。

《道德经》第三十九章　企业启示

企业家一定要知道，企业各个系统、各个部分、各个方面的存在和发展都是趋向阴阳平衡的。例如，企业的产品、技术、管理、运营等，企业家一定要积极努力促成其阴阳平衡的趋势。还要知道，这个平衡不是一劳永逸的，它是一个动态的平衡。比如，今天企业在市场上受欢迎的产品，明天就有可能因不受欢迎而滞销。要想使产品长期受欢迎，就必须找到客户未来对这个产品的需求点，适时生产并被客户认可。

企业家要懂得，企业各个系统、部分和方面中的阴阳同等重要，阴阳具有互相转化、永远趋近于平衡的客观规律，要用心研究适应本企业阴阳转化的界限，孤阴不生，独阳不长。企业的各个系统、部分和方面都达到了阴阳动态平衡，企业就实现了良性循环。

偏重于阳，企业就会急功近利，在企业发展规律以外过度作为。偏重于阴，企业就会缩手缩脚，对市场的需求不敏感，缺乏主动把握时机的开拓进取精神。无论偏重于阳，还是偏重于阴，都会使企业遭到淘汰。所以，企业发展必须做到阴阳趋向平衡、动态守一。

企业家一定要时刻警醒自己，企业还有许多方面与企业发展规律相差很远，要时刻检讨自己做得不到位和偏离企业发展规律的地方。要时刻提醒自己，把企业的利润拿出一部分，作为奖励回馈给为企业取得利润的员工。虽然利润多数为企业家所有，但是，员工的创造如果不能得到应有的回报，长此下去就会影响员工的积极性，削弱企业可持续发展的动力。

企业家要有远见，每个企业都有盈利和亏损的时候，不能因现状而满足，不能因为暂时的胜出而沾沾自喜。要时刻注意不要欲望过强，不要超越企业自身的能力去争取过多的荣誉。欲望过强，最终会失去所有的荣誉而一无所获。

玉就是玉、石就是石，玉有玉的精美，石有石的坚硬。它们在自己应该在的地方发挥着各自的、其他物品不能替代的作用，好比建筑需要坚硬的石头，装饰需要精美的玉。一个企业要达到阴阳平衡、主次平衡，就要玉和石兼而有之。只要是从企业自身发展规律总结出来的管理方式，即使看上去有些“土”，但也不能丢弃，它在治理企业时也有独到的作用。有些经过美化包装的企业理念、文化也有其功效，该美化自己的时候也得美化。美化能赏心悦目，原生态能修身养性，两者都是企业发展不可或缺的。

《道德经》第三十九章　家传道德经参悟

“昔之得一者，天得一以清，地得一以宁，神得一以灵，谷得一以盈，万物得一以生，侯王得一以为天下贞，其致之。”人类很早的时候就知道，万事万物趋向于阴阳平衡，阴阳永远不能达到百分之百的平衡，但永远趋向于平衡，有时远，有时近，距离平衡近的时候称为“得一”。天，趋向与阴阳平衡较近的时候，就能得以保持清明，无数次浑浊，无数次澄清；地，趋向于阴阳平衡，距离平衡较近就得以安宁，无数次躁动，无数次安宁；神灵，人们信仰中的图腾，能够始终趋向于阴阳平衡，距离平衡越接近，就能够使人们始终相信它的灵验；五谷，能够保持趋向于阴阳平衡的趋势，就能年复一年地生根、发芽、成长、结果，保持永远，果实就盈满；人类所感受到的万事万物都有生的趋势，有了这种生的趋势才能生生不息；族群首领只有深知阴阳趋近平衡的规律，才能顺应自然，在规律以内、在“道”以内作为，其族群人员和社会就能正常、和谐、自然发展。

“天无以清将恐裂，地无以宁将恐发，神无以灵将恐歇，谷无以盈将恐竭，万物无以生将恐灭，侯王无以贵高将恐蹶。”“趋势”，在企业里就是成长力，在人身上就叫精气神。由于万事万物具有不断趋近阴阳平衡的趋势，所以万事万物会达到不同的状态。天，不趋近阴阳平衡，就会使人们惊恐天会撕裂；地，不趋近阴阳平衡，就会使人们惊恐地会塌陷；神，不趋近阴阳平衡，就会使人们惊恐神会不灵验；稻谷作物，不趋近阴阳平衡，就会使人们惊恐盈满的果实会枯竭；族群首领如果不以趋近阴阳平衡为最高准则，距离阴阳平衡较远的时候，就会使人们惊恐不安，一蹶不振。

“故贵以贱为本，高以下为基。是以侯王自谓孤、寡、不穀。”所以，所有的高贵都是由低贱按照发展的趋势逐步发展而来；所有的高都是以下为基础。这就是人类的族群首领永不自满，总是深深地理解保持阴阳平衡趋势的重要性，要时刻提醒自己，阳多了就补充阴，阴多了就补充阳，始终保持这种阴阳平衡的趋势。所有的侯、王称谓自己为孤、寡、不穀来警醒自己，从古至今一直是这样。

“此非以贱为本邪？非乎？”这就是以上说的，不是所有的贱都能成为贵，而是在贱的基础上有发展趋势的才能成长为贵，只有贱的基础而没有发展趋势是不行的。这样就可以看出，部族首领都愿意守住阴阳平衡发展趋势这个根本。

“故致数誉无誉。不欲琭琭如玉，珞珞如石。”所以，任何荣誉都不能被永久保有，没有最高的荣誉，人类也追求不到最高的荣誉。比如，玉石有晶莹剔透、纯洁无瑕的优点，但不能同时兼顾顽石坚硬的特质。同样，顽石坚硬无比，但它不能兼具玉石的晶莹剔透、纯洁无瑕的美丽。

有诗为证：得一天地万物宁，恒守常道世间清。
以贱为本是真谛，玉利石用自分明。

《道德经》第三十九章　今通行本

昔之得一者：天得一以清；地得一以宁；神得一以灵；谷得一以盈；万物得一以生；侯王得一以为天下正。其致之也，谓天无以清，将恐裂；地无以宁，将恐废；神无以灵，将恐歇；谷无以盈，将恐竭；万物无以生，将恐灭，侯王无以正，将恐蹶。

故贵以贱为本，高以下为基。是以侯王自谓孤、寡、不穀。此非以贱为本邪？非乎？故致誉无誉。是故不欲琭琭如玉，珞珞如石。

【注释】蹶 jué：跌倒。比喻失败或受挫折。　琭 lù：指（玉）有光泽的样子。珞 luò：本义形容石头坚硬。

《道德经》第三十九章　王弼本

昔之得一者，天得一以清，地得一以宁，神得一以灵，谷得一以盈，万物得一以生，侯王得一以为天下贞，其致之。

天无以清将恐裂，地无以宁将恐发，神无以灵将恐歇，谷无以盈将恐竭，万物无以生将恐灭，侯王无以贵高将恐蹶。

故贵以贱为本，高以下为基。是以侯王自谓孤、寡、不榖，此非以贱为本邪？非乎？故致数誉无誉。不欲琭琭如玉，珞珞如石。

第四十问： 我的企业在市场饱和状态下开拓新客户举步维艰，如何扭转这种局面?

第四十解 发展鼎盛再向前　市场开拓现疑难

诗曰：行业市场趋饱和，目标客户难割舍。
联营紧密成伙伴，改弦更张无计策。

深圳有一位企业家朋友，他的企业实力较强，产品信誉度、产品质量、售后服务市场满意度都较高，全国各地都有他的固定客户。早些时候，他希望开发一个目标客户，这个目标客户有常年合作的供应商，而且目标客户的老板和供应商之间还是亲属关系，合作关系一直很好。这个客户发展非常好，如果争取过来，意味着很大一块市场，但客户开发难度很大。是否向这个客户投入精力，他让我帮他出出主意。

老子说："反者道之动，弱者道之用。天下万物生于有、有生于无。"目标客户的供应链不可能是铁板一块，现在的紧密就是松动的开始。他的供应链维护得好，也不可能保持永久不变，这是天下万物生于有、有生于无的规律使然。

你的产品与竞争对手的产品不相上下是不够的，要比对手的产品强一点点，这是小拇指策略，往往取胜的关键就在这一点点上。

你要对目标客户持续跟进，逐渐增进你的产品优势，你的增强了，他的自然就弱了。天下万物生于有，产品先看有没有，你有了，你的企业自身是良性循环的，你的产品设计开发、生产制造、销售售后服务都是强的，在目标客户的供应链上暂时没有你，慢慢就会有了。

这位企业家很聪明，他明白了我的意思，加大了对产品改进的投入，指示设计开发部门、生产部门、销售售后服务部门联合组成攻关队伍，全程跟踪目标客户，了解需求，免费设计产品，免费试用。经过一年多的反复跟进、反复试用、反复改进，其产品终于加入了目标客户的供应链。

深圳还有一位企业家朋友，他在举棋不定的时候向我咨询了一个类似的问题，我也是用老子《道德经》第四十章帮助他解决了疑难。

他的企业是为主机厂家生产配套产品的，在深圳、武汉各有一个生产厂。他得到一个信息，主机厂在北方的一个大城市要大力发展他所配套的主机产品，在当地建设了一个大规模的现代化生产基地，而且还有一些相应的优惠政策。他打算在那里建设他的第三个工厂。经过考察后，他有三个疑虑，找我帮助参谋一下：一是他担心北方这个城市要大力发展与他企业产品配套的产业，是否能发展起来；二是在那里建厂，企业能不能加入供应体系；三是能不能竞争过当地的企业，毕竟人生地不熟，缺乏天时、地利、人和的条件。不利因素多，困难大，风险也大，但是这个大规模的现代化生产基地同时又有很大的诱惑力，是一个难得的发展契机。这令他难以决策。我经过调研，向他提出了建议。

老子说："反者道之动，弱者道之用。"北方这个地方大力发展这种产品，能不能发展起来还是个未知数。但是，这个产品在南方已经发展得很好了，自然规律总是偏重"弱"的发展，在南方发展好了，在北方重点发展就有一定可行性。这符合"反者道之动，弱者道之用"的事物发展规律，符合行业政策规律，具备发展起来的必要条件。任何事物的发展都具有两面性，在这里建厂，虽然具有发展条件，但也可能发展不起来。"天下万物生于有，有生于无。"这可以作为企业家创业、二次创业与在新地点建厂的哲学依据。你已经在深圳和武汉建厂了，证明了你的"有"，你有生产这一产品的条件、能力和经验，虽然这个地方没有你的厂，"有"可以从"无"中产生，因为你有条件，就能从暂时的"无"过渡到将来的"有"。

关于第二个问题，有句俗话说得好——"事在人为。"你暂时不在供应体系中，通过人为努力，创造进入供应体系条件，条件充足了，自然就进入了供应体系，你的竞争对手也可能被供应体系淘汰。任何事物都不是一成不变的，你也可能进入，也可能离开，具备进入供应体系的条件，还要适时维护供应体系，顺应供应体系的规律。要把握进入供应体系的基础，"有"从"弱"开始，逐渐做强做大，要有足够的耐力、能力；要深入了解、掌握、把握、利用适应自身的当地资源，包括企业管理特殊性要求、产品特点、人力资源特点、原材料来源渠道、结算方式特点、当地社会习惯特点、气候特点相适应，这些都符合了，自身的"有"就自然而然地产生了。

至于第三个问题，能不能竞争过当地企业，只能说有可能竞争过，也有可能竞争不过。反者道之动，你要参与竞争，就要充分发挥产品优良的长处：产品使用寿命长、成本低、供货及时，供应团队团结，企业管理科学，施策准确，用“反”去除“弱”。需要注意的是，首先谋求生存下来，然后小批量供货，或者向二级供应商供货；稳定后逐渐加大批量，直接向主机厂供货。

老板认为我的建议有道理，又与他的高管团队认真分析研究后，适时在北方工业集群地投资建厂，现在已经产生了较高的收益。

《道德经》第四十章　企业启示

企业的任何技术、管理、产品从开始产生，就时刻走向衰减直到被淘汰，衰减是企业发展规律使然。每一个微小的运营作为，终将有一个对应的结果，要在适合企业发展规律范畴内大胆作为，既不要盲目自大，也不要急功近利。

《道德经》第四十章　家传道德经参悟

“反者道之动，弱者道之用。”“反”，是“道”的运行特性，这种特性使“道”永远在变动。“道”向事物相反的方向运动，使新成为旧、多变为少、优变为劣、有变为无。“道”的这种运动又使旧成为新、少变为多、劣变为优、无变为有，还是向着事物的反方向运动。这就是事物的自我否定，事物就是在不断的自我否定中发展变化的。这种“反”的运动周而复始，自然而然。这种“反”的运动看似柔弱，但正是这种柔弱制约着万事万物。

“天下万物生于有，有生于无。”天下所有事物，每时每刻受到“道”的制约，每时每刻受到“道”的削弱。万事万物又都在柔弱中逐渐成长壮大。万事万物在“道”的作用下归于“无”，“道”又作用于“无”，在“道”柔弱的催生下，又生成了万事万物，产生了“有”。天下所有的事物都是由“道”所生，天下所有的事物又都顺应“道”的规律最终归于无。这种“无”和“有”、“有”和“无”的循环往复无休无止、没有穷尽，这就是一切事物发展的最终规律。

有诗为证：逆顺往返终始动，处下守弱能成功。
无有相反又互成，本源归一变无穷。

《道德经》第四十章 今通行本

反者道之动，弱者道之用。
天下万物生于有，有生于无。

《道德经》第四十章 王弼本

反者道之动，弱者道之用。
天下万物生于有，有生于无。

第四十一问： 我的企业紧跟市场潮流，在产品开发上和销售售后服务上都做出了努力，为什么总是感到产品距离市场需求差一步？

第四十一解 紧跟市场潮流走　倾尽全力还在后

诗曰：瞄准市场新产品，紧随其后跟得紧。
全员奋争无善果，总有差距不明因。

上海有一位企业家朋友做事非常勤奋，他的企业一直运营良好。有一次他打电话给我，说有一个问题他一直想不通。原来，他感觉他的产品设计研发和市场销售、售后服务紧紧跟随市场潮流，已经做得很好了。虽然产品占有一定的市场份额，可是总在一些企业的后面，最多和别的企业并行。

我应邀对他的企业进行了调研，发现了问题的所在。

第一，产品设计开发部门紧盯市场上比较先进的产品，按照这一信息来源设计自己的产品，产品上市后不久，市场上又有新的产品出现。他们再跟踪、再设计、再生产。

第二，市场销售部门密切关注招标网站，根据招标信息制订应对策略，及时满足客户的需求。

第三，售后服务部门兢兢业业，对客户反映的产品质量问题认真检验，凡是因为本厂生产质量出现的问题都能圆满解决。但是，经售后人员检验，凡不是由于本厂产品质量引起的问题概不负责。

我用老子的哲学思维帮助他分析了问题的原因。

老子说："上士闻道，勤而行之"。在市场上，这个"道"就是客户的潜在需求。优秀的企业能够发现潜在的需求，及时处理、不断开发和创新产品，牢牢掌握市场的主动权，这是上等的作为。他的生产、开发紧盯着市场上的先进产品和新产品，目标就错了。"大音希声、大象无形、道隐无名"，他在市场上看到的先进产品和新产品只是一种表象，要善于通过这种表象去发现隐藏在背后、深层次的“道”，要走在市场的前面，要了解客户对现在产品的增量需求和下一步需要什么样的产品，根据他们的想法和市场潜在的需求设计和开发新产品。这样才是上策。

“上德若谷”，上等的得到像山谷一样吸纳百川，上等的营销应该把客户聚拢到自己的身边，让客户主动、自愿了解购买自己的产品。这就需要我们及时发现客户潜在需求，与客户一起创造客户需求，千方百计与客户融为一体。好比足球比赛，球员都要在球还没有到来时站好位，还要预先向球可能出现的地方奔跑。对于营销人员在招投标网站上看到的信息，买家已经有了预定的目标，营销再要行动已经晚了一步。

“大方无隅”，上等的售后服务不但能够把企业产品所出现的问题处理好，还要对别的企业产品出现的问题加以借鉴，并主动处理好这些不是自身企业造成的产品问题，达到客户完全满意，以此提升企业在客户中的信誉度。这就是“大方无隅”，大道运行不遗漏任何一个不起眼的死角。企业各个部门虽然有分工，但是它的每一步操作都代表企业的整体。售后服务人员为客户修复其他企业产品的故障，一是可以借鉴其他企业产品，二是培养了潜在客户，为企业发展又赢得了一个契机。产品营销和售后服务没有严格的界限，全员营销服务是上等的营销方法。

“大器晚成、大音希声、大象无形、道隐无名”，潜在的客户、市场需求和发展机遇都隐藏在深处，善于发现潜在的机会，你就迈向成功了。

这位老板听了我的建议和分析，把所有的高管集中在一起共同交流，大家一致认为应该调整以前的思路，按“上士”的思维，在企业运营中要具备前瞻性。

经过一段时间，这个企业成为行业的领先者。

《道德经》第四十一章 企业启示

企业家一定要具备观察问题的敏锐性，善于识别企业良性循环的发展规律，并一以贯之，坚定不移地遵守执行。这样企业就能成为一流企业。如果不能及时、准确地发现适合自身企业的发展规律，对规律心存疑虑，不能很好地贯彻执行，就会使企业良性循环的能力下降，沦为二流企业。如果无法认识到企业发展规律的重要性，还对市场资讯和先进企业的做法孤陋寡闻，企业必然江河日下，直至被市场所淘汰。

生命力强的企业，对于一开始就认定的企业发展规律要反复斟酌和实践，深层次地了解其真谛，不能草率遵行，要不断前行、修正、理解、推敲，这样才能避免冒进或不及，使企业在前行中不至于出现大的偏离。企业家要认识到，恒久存在的企业发展规律无时无刻不在发挥其作用，它的表象常常是不充分甚至是没有表象的，或者它的表象很难使我们认知。

企业一定要寻找到发展规律以内的运营方式，不断探求这些方式方法，不断细化这些方式方法。企业家要知道，开辟新的符合企业发展规律的营利领域，一开始都是不被市场认可的，或者是很难被客户认可，但仍然要在坚守发展规律的基础上，寻求新的经济增长点。企业要想发展得好，既要挣脱市场陈旧观念束缚，又要破除自身心胸狭隘的局限。

企业发展要遵守“王道无近功、润物细无声”的操守。企业产品种类齐全、市场占有率高，是经过不断迭代、优化技术和管理而实现的。

企业要善于在市场中发现、把握科技的应用和客户的需求，善于把握市场微弱信号的提示，善于发现还没有被其他企业发现的市场空间。这些都是需要企业在坚守企业发展规律的前提下来完成的。

《道德经》第四十一章　家传道德经参悟之一

“上士闻道，勤而行之；中士闻道，若存若亡；下士闻道，大笑之，不笑不足以为道。”对“道”有认知的上等人士，能够尽快地依“道”行事。对“道”有认知的中等人士，有的接近“道”行事，有的没有按“道”行事。对“道”认知的下等人士，认为按“道”行事是个笑话。“道”是决定物质发展方向的客观规律，是看不见、摸不着的，下等人士认清不了“道”，嘲笑“道”的高深莫测这是正常的，从这个侧面也证明了“道”的规律性和“道”的难以认知。

“故建言有之：明道若昧；进道若退；夷道若纇。”根据对“道”认知的不同，会产生行“道”的不同。由于“道”难以认知，人们自认为对“道”已经明知，但是，必然存在没有认知的部分，这就导致了人们按自认为的“道”行事，这会出现许多偏差。人们自认为离“道”较近，由于“道”的难以认知，人们在知“道”的过程中，难免有一些违“道”的成分，甚至与该“道”恰好相反。人们认为前进的道路是平坦的，由于“道”的难于认知性，可能会在此出现起伏不平。

“上德若谷；广德若不足；建德若偷；质真若渝；大白若辱；大方无隅；大

器晚成；大音希声；大象无形。”上等的得到，只是在“道”以内得，有像山谷一样大的、他人认为应该得到的欲望的空间，不欲得到。人们在行“道”的过程中，要坚守自认为的白，它能够包容一定的侮辱。人们在广泛的“道”以内得，行进过程中要留有余地，不使自己欲望盈满。能够发现在“道”以内得到的方法非常不容易，宛如偷窃一样。人们要知道“道”的任何一个功能，都有影响其他方面的不利因素。坚守任何一个“道”，都能对其他“道”产生不利。“道”是大方的，涵盖一切、没有界限，没有隐藏的角落；越是大的器皿越是要经过长时间烧制才能制成；能够持续很久的声音都是较为轻缓，任何急促、高亢的声音都无法持续很长时间；持久的现象是没有形状的，“道”在把控万事万物。

“道隐无名。夫唯道，善贷且成。”“道”是隐藏在万事万物深处的规律性，是不可以命名解释全面的。所有的“道”总是良性循环的开始，善于成就良性循环。

有诗为证：希声无形隐无名，不满不竭器晚成。
进退明昧似而非，反反为正谁认清。

《道德经》第四十一章　家传道德经参悟之二

“上士闻道，勤而行之；中士闻道，若存若亡；下士闻道，大笑之，不笑不足以为道。”上等聪明智慧的人士，认识“道”（自然规律）的一部分，听说“道”的一部分，自己认识或听别人说，然后通过自身实践活动认识事物的一些规律，通过别人认识事物的一些规律，通过自然现象认识事物的一些规律。认识了这些规律，就能顺应这些规律，坚持不懈地践行，不断地修正自身的行为。他能够使这些规律帮助自身达到正常的良性循环和新陈代谢，不断地靠近这些规律。中等聪明智慧的人士，对浅显的、更加直接的、能够给自身带来价值利益的规律（“道”），才能够有一定的认识，并时而坚持、时而怀疑，大部分被其抛弃。这种中等聪明智慧的人士，往往会保留少量的符合自身实际的规律，而对他人总结的规律和客观世界认知甚少，从客观现象中总结规律甚少，认为一些规律与自身活动没有关系。下等人士往往崇尚既得利益，对事物深层次的规律不能认知，他会认为研究事物规律的人是可恶的、可笑的，他也不会认知到规律的层面。如果能被下等聪明智慧的人士认知的规律，也就不成其为规律了，被下等聪明智慧的人士认知的事物表面现象不能称为规律。

“故建言有之：明道若昧；进道若退；夷道若颣。”这是说，有建设性的、新发现的事物规律是“明道若昧”，能够使事物光明的、能够使人们认清的是人们通过认清事物表象得到的规律。由于规律是事物深层次的属性，仅靠表面现象是难以认知的，故称其为隐昧。事物下一步向前发展的规律是稳健的，有时候表现为缓慢的、循环的，好像是退化、退步一样。例如，企业在研究市场潜在需求。在高科技时代，由于市场进步的同一性，有的时候一些产品还会回归到传统、简捷、耐用上来，高科技、智能化的产品有时候也会滞销，这就是“进道若退，夷道若颣”。由于我们对事物规律认识的片面性和局限性，我们在认知和把握规律的道路上遇到波折和险阻是必然的。不是掌握了高科技和智能化就会使企业快速发展，企业就能高枕无忧，产品就能畅销不衰。掌握了高科技、实现了智能化以后，企业依然会出现发展受阻、产品滞销等一系列问题，发展的大道不是想象中那么平坦。

“上德若谷”，是说上等聪明智慧的人士，利用他所认识的那部分规律，在靠近客观规律的、适合自身的规律范围内作为，这一行为才会像五谷一样茁壮成长，循环往复；像川谷一样，容纳百河千溪。

“广德若不足”，如果不限制自身的欲望，总是期许超出自身正常循环规律的得到，总是不足以循环往复。自身符合自然规律的得到，是维持正常生命事物循环的得到，任何超出部分，则不足以循环。

“建德若偷”，建设性的、创新的“道”以内的得到，表面上看好似不应该得到。当你的企业在某一行业、某一领域取得重大突破和进展的时候，开始会有不被认可的阶段。有建树的、建设性的、创新的得到，往往会被认为其实不应该得到。但实际上，这个得到是“道”以内的作为所得，是符合自然规律的，只不过被认可需要有一个过程。

“质真若渝”，事物的本质按客观规律发展，在很多情况下是有变化的。在很多情况下，事物保持原来的本质和规律向前发展，却被认为是不断变化的。按自身本质正常向前发展，被认为本质变化了，而实际上本质没有变化，而是认识事物的方向、角度在变化、认知在变化。

“大白若辱”，由于我们认知的局限性，有些情况下会对许多客观规律无法认知，会误认为符合规律的部分是不符合规律的。

“大方无隅”，企业看待事物要从大处着眼，客观规律是全覆盖的，不会有某一部分置身于客观规律之外。

“大器晚成”，指由自然规律成就的事物。人类顺应自然规律成就的事物具有稳定性和循环性，人类不按自然规律在“道”以外促成的事物具有暂时性、一次性。自然规律促成的事物，往往表现为晚、缓、慢，人类在“道”以外促成的事物，表现为快、早、浮。

“大音希声；大象无形”。自然规律促成事物的趋势和特性，有些不能被人类认知、感觉到，但是它时时刻刻存在，它悄无声息地深藏在事物的深处，左右事物的形成和发展（有些企业表面上的管理模式并不是企业顺利发展的深层次原因）。

“道隐无名”。由于自然规律深藏在事物现象的深处，很少被人类认知和命名。被人类命名的部分，犹如大海中的一滴水，未被命名的规律则像辽阔的海洋。

“夫唯道，善贷且成”。规律要求人们不受已知经验的束缚，实事求是地、见微知著地发现总结适合自身的规律，遵守自身发展规律，就会成就自身。

《道德经》第四十一章　今通行本

上士闻道，勤而行之；中士闻道，若存若亡；下士闻道，大笑之。不笑不足以为道。

故建言有之：明道若昧；进道若退；夷道若纇；上德若谷；广德若不足；建德若偷；质真若渝；大白若辱；大方无隅；大器晚成；大音希声；大象无形；道隐无名。夫唯道，善贷且成。

《道德经》第四十一章　王弼本

上士闻道，勤而行之；中士闻道，若存若亡；下士闻道，大笑之，不笑不足以为道。

故建言有之：明道若昧，进道若退，夷道若纇。上德若谷，太白若辱，广德若不足，建德若偷，质真若渝。大方无隅，大器晚成，大音希声，大象无形，道隐无名。夫唯道，善贷且成。

【注释】纇 lèi：丝上的疙瘩。如玉之有瑕。　渝 yú：《说文解字》解释为水变污。又指泛滥；违背。

第四十二问： 我的企业一直为国内一家一流企业供应配套件，现在这个企业要求我们降价，如果降价企业将面临亏损，如果不降价将失去这个大客户。我该怎么做？

第四十二解　限定价格一刀切　低于成本没法活

诗曰：多年伙伴大企业，市场面前无情结。
要挟降价没商量，何去何从难抉择。

江苏丹阳一位企业家朋友，向我提出一个令他难以抉择的问题。原来，他的企业给一家一流大企业做配套产品，企业实力较强，管理规范，产品质量很高，已经与这家大企业合作多年。可是，由于近来市场竞争激烈，这家大企业提出了十分苛刻的条件。第一，在原有的产品上增加功能；第二，降低产品的价格。他的产品利润空间已经很小了，这家大企业一刀切，对所有的供货商提供的配套产品，要求一律降价15%，有一些供货商的产品还能接受，可是他的产品降价15%就要亏损。但是，他的竞争对手承诺可以按照这个价格供货，如果他不以这个价格供货，就将失去这个大客户。是负债经营保住大客户等待市场转机，还是另寻出路？他左思右想，拿不定主意。

根据这一情况，我对他的企业和行业市场进行了深入调研，了解到他的企业属于该种产品一流供应商。常年服务的这个客户也是一流企业，如果不降价必将失去这一客户，多年形成的稳固关系解体十分可惜。答应降价，必将遇到重大挑战，几乎没有利润，企业难以运转长久。

我还了解到，承诺按低价格供货的供应商是一家新成立的企业，为了占领市场，这家企业的产品价格低于同类产品市场价格。

老子说："强梁者不得其死，吾将以为教父。"做任何事情不能逞强，明明不能承受却要超出自身的能力去做，就会被强梁压垮，企业就会出大问题。

只有出，没有进，违背了阴阳趋向平衡的规律。“万物负阴而抱阳，冲气以为和。”企业要正常发展，阴阳就要和谐，价格同市场和谐，价格同用户和谐，价格同企业自身和谐。降低成本是一个缓慢的过程，要随着科学技术发展、生产工艺进步、劳动力技能提高、新材料开发，逐步地降低成本。不符合规律的竞价，人为地破坏了阴阳平衡。我建议，宁愿舍弃大客户也不能非理性降价。符合规律地做事，暂时失去是为了以后长期拥有，违背规律的事早晚会回到正常的轨道。

老板和高管苦苦考虑了十多天，还是下不了决心。我又以老子的《道德经》的哲学思维开导他，“故物或损之而益，或益之而损”，事物的阴阳总是交替循环趋向平衡，有的时候阳缺少一些对事物有利，有的时候阳多了反而对事物有害。“人之所恶，唯孤、寡、不穀，而王公以为称。”人们最厌恶的事，最害怕发生的事如孤、寡、不穀，古代的帝王却用这些词语来称谓自己，就是要时常警醒自己，时时要维护阴阳的平衡，孤、寡、不穀都是阴阳失衡所导致的。老板和高管们恍然大悟，通知大客户，自己的产品只能降价 5%，在这个价格范围内，欢迎大客户随时合作。然后降低了自己的身段，以这个价格找到了几家二流企业，开始为二流企业供货，企业不但继续正常运转，还大大增加了利润。

一年后，老板打电话告诉我说，老子的哲学太厉害了，“强梁者不得其死”，果然强行低价供货的这个企业资金出了问题，不得不向大企业提出要提高价格供货，但给出的价格远远高出自己降价 5% 的价格。这个大企业又回到了身边，重新以这降价 5% 价格进货。这位企业家朋友的产品供不应求，不断扩大生产规模，最终还把原来低价为大企业供货的那家企业收购了，一跃成为行业的佼佼者。

《道德经》第四十二章　企业启示

企业家一定要知道，一个企业、一个产品的产生，一定是市场所需要的。如果不切实际构想出来一个产品，必然没有生命力。企业从产生开始那一刻就存在矛盾、经营矛盾、管理矛盾、市场矛盾等，正是这些矛盾才成就了这个企业。企业家学会利用、排解这些矛盾，也就成就了企业家。

企业发展不是一帆风顺的，适应市场规律都是暂时的，因为市场在不断地变化，好的企业也要随之而不断地变化，这样企业就能同市场保持一种和谐的关系。

失败的企业所犯的最大错误，就是没有学会与市场中其他企业合作双赢，而成功的企业家所坚守的，是与自己的上下游企业保持供应链生态循环。

所以，企业一定要根据自己的实际情况有所为、有所不为。对自己企业有益的，在企业发展规律以内去作为，在企业发展规律以外的不为。如果经不住市场和利益的诱惑，控制不住自己非分的欲望，违反了企业发展规律去作为，不但对自身企业无利，反而有所损害。

在遵守企业发展规律的企业中，各个企业都是相互借鉴的。企业家一定要善于借鉴遵守企业发展规律的尺度和方法，也要主动将自身获益的感受和方式适时地分享给自己的上游、下游企业，达到资源共享。

企业任何一种行为都不要超过自身能力，这一点要时刻牢记。

《道德经》第四十二章　家传道德经参悟之一

“道生一,一生二,二生三,三生万物。”“道”，产生了无极，无极为一。一包含阴阳，阴阳为二。此时还是无的状态。阴阳互相错位，即产生“有”，此“有”为三。三生成万事万物，阴阳相互错位的程度不同，所产生的万事万物各异。

“万物负阴而抱阳，冲气以为和。”万事万物阳多时趋向阴，阴多时趋向阳。阴阳永远不能绝对平衡。阴阳只是不断地运动，永远趋向平衡。阴阳运动转换没有时间长度，如同空气一样充满各个角落、各个事物之间，在各个事物内部相互拥有，永远保持趋向阴阳平衡状态。

“人之所恶，唯孤、寡、不榖，而王公以为称。”人们所憎恶的，对人们有害的，有只顾自身发展，只顾小团体发展，只顾近期发展，不考虑他人和其他团体，不考虑古往今来的延续性，不考虑阴阳平衡，族群首领以此称谓自己。

“故物或损之而益，或益之而损。”所以，事物损害了之后，下一步就是补益；补益之后，下一步就是损害。

“人之所教，我亦教之。强梁者不得其死，吾将以为教父。”人们所对我的教育警示，也是我对他人的教育警示，越坚硬结实的房梁越不能坚守到天寿，我将以此为首要的警示。

有诗为证：道生万物阴阳藏，不言之教看强梁。
孤寡不榖人所恶，持弱守谦能久长。

《道德经》第四十二章 家传道德经参悟之二

“道生一,一生二,二生三,三生万物。”“道”生一,“道”(自然规律)产生太极,一是太极。太极是人类能够接触到的、感知到的万事万物的总源头。“道”(自然规律)浩瀚如海洋,广阔无垠,人类所能够接触到的、感知到太极,只不过是浩瀚海洋中的一个水滴。还有无穷无尽的规律,我们人类接触不到、认知不到。一生二,在人类能够接触到的、感知到的万事万物的总源头太极里,同时存在阴和阳,阴和阳就是所说的二。二生三,阴阳在不断趋向平衡的运动中永无休止,运动的错位产生了三,三就是万事万物。在万事万物的每个个体中,仍然包含阴阳,每个个体中的阴阳仍然无休无止地在趋向平衡运动着,这种运动产生了阴阳错位,这种错位“有”生成了新的万事万物。阴阳错位的程度不同,产生的万事万物也千姿百态,各不相同。阴阳平衡就是“无”,人类永远接触不到,只能接触到阴阳错位产生的万事万物。

“万物负阴而抱阳,冲气以为和。”万事万物都是背负阴、抱取阳。个体内同时存在阴阳,并且阴阳在万事万物中永远运动,运动助力万事万物趋向平衡,阴阳对冲,使万事万物产生细微气化过程,为了趋向平衡、和谐,阴阳造成万事万物气化、固化、同化,就是趋向平衡和谐,但是始终达不到。

“人之所恶,唯孤、寡、不穀,而王公以为称。”我们人类最厌恶的就是孤、寡、不穀,这些就是阴阳不平衡、自身不循环,最怕这些境况落在个人、家庭、族群中,而族群首领用孤、寡、不穀称呼自己,给自己的作为指明方向,使孤、寡、不穀得到阴阳调整,对国家、族群、社会调整阴阳使之趋向平衡。

“故物或损之而益,或益之而损。人之所教,我亦教之。强梁者不得其死,吾将以为教父。”所以,有的时候把过多的阴阳部分减掉是有益的,有时增加阴阳平衡趋向于平衡,人为增加阴或阳反而是有害的。人类不能贪多,够用就好。一定要引以为戒,我们对问题处理不好的错误,也会作为别人的经验教训。不能逞强最重要,逞强不能得到应有的寿命,我们在任何时候都要一丝不苟地遵守这一定律。

《道德经》第四十二章 今通行本

道生一,一生二,二生三,三生万物。万物负阴而抱阳,冲气以为和。

人之所恶,唯孤、寡、不穀,而王公以为称。故物或损之而益,或益之而损。人之所教，我亦教之。强梁者不得其死，吾将以为教父。

《道德经》第四十二章 王弼本

道生一，一生二，二生三，三生万物。万物负阴而抱阳，冲气以为和。

人之所恶，唯孤、寡、不穀，而王公以为称。故物或损之而益，或益之而损。人之所教，我亦教之。强梁者不得其死，吾将以为教父。

【注释】穀（谷）：不穀，不善；君王的谦称。

第四十三问： 我们一些零部件企业成立了协会，要对上游企业形成话语权，抵制上游企业对我们产品的任意压价。可是为什么这个话语权没有起作用?

第四十三解　上游企业限价格　协会商讨无结果

诗曰：业内联手成壁垒，降价要求被驳回。
双方相持互不让，合作链条即脆危。

我在广东东莞地区进行企业调研时遇到了一位企业家，他是这个地区小零件企业协会的会长。他向我提出一个问题，想让我出出主意。

原来，他的企业加工小型零件，与当地一些小零件企业一起，为总成企业配套。近年，他们成立了一个小零件企业协会，主要是想谋求对上游总成企业的话语权，与总成企业平等对话。总成企业每年都要向这些小零件企业提出降价要求，他们已经多次降价，如果再降价，这些小零件厂将面对产品质量下降的威胁，因为降价就要降低成本，就要降质量。他们成立了协会，就是要集体与总成企业要说法、求理解，保持产品不降价。可是，他们的意见总成企业完全不予理会，坚持要求他们降价。

我处在中间位置，既不代表小零件企业，也不代表总成企业，他们都能如实向我反映情况。调研反馈的真实情况是，生产总成的企业成本压力大，他的上游企业也要求他降价，他认为小零件用材少、工艺简单，应该有很大降低成本空间。针对两方面意见，我召集地方企业协会骨干展开研讨，向他们提出了建议。

老子说：“天下之至柔，驰骋天下之至坚。无有入无间，吾是以知无为之有益。”协会的宗旨不应该是争取对话权，与总成企业硬对硬，自我建立壁垒，而是应该用与总成企业合作的至柔，打通中间障碍，深挖合作一层，探寻进一步合作的缝隙，深入进去达到与其融合。

首先，要做到“无有入无间”，把总成企业对小零件企业的误解去除，把小零件企业生产产品所需的材料、加工工艺、机床设备、人工操作、企业管理、物流等每一项列出价格清单，向总成企业全面公开，把自己清清楚楚地摆在那里。总成企业了解了实际情况后，为了保证总成的质量，自然不会再要求小零件企业产品降价了。

在调研中发现，总成企业也承担着降价的压力，同时可以纠正一些浪费现象来降低成本。比如，产品物流路线不合理，产品重复检测，生产线自动化、智能化程度低。有一些问题可以由小零件企业帮助总成企业解决。

企业家协会认为有道理，应该互相帮助，实现双赢。“天下希及之”，市场上很少、很难做到的事情，只有用至柔才能达到。

采纳建议之后，半年多时间里，生产总成企业认识到了过度降低小零件企业产品的价格会影响产品的质量，失去在市场上的竞争力，所以不再坚持让小零件企业降价。

总成企业认识到自身企业管理存在的问题，优化物流，去掉多余的检测，派人住在小零件企业检测，向小零件企业学习生产线自动化、智能化，小零件企业有现成的方案和经验，减少投入，帮助总成零件企业完成改造。总成企业和小零件企业及企业协会紧密融合在一起，进行了无障碍合作，各自得到了管理的提升和效益的增加。

打开屏障后，总成企业也给小零件企业提出好建议，减少小零件企业产品中与总成装配无关紧要的公差范围，减少工序工时，降低成本。

最终，总成企业、小零件企业、企业协会形成了智能群，实现了国内、国际双循环。

《道德经》第四十三章　企业启示

企业家要深刻认识到，遵循企业发展规律，及时地适应市场环境，调整自身的发展方向和运营策略，才能够在市场中自由驰骋，以柔韧的适应性来战胜僵化的不能适时变通的企业。

企业家要在不利因素还在萌芽状态的时候有所警觉，适时改变策略应对，在改变策略的时候不能不及，也不能超过企业发展规律。

企业家要学会敏锐感觉市场动向，学会透过现象看本质的功夫，保守住自身适应企业发展规律的部分，细微地调整运营策略，不断使企业转型升级，适应市场的发展。做到这两点，才是最有希望的企业，却很少有企业能做到。

《道德经》第四十三章 家传道德经参悟之一

“天下之至柔，驰骋天下之至坚。”至柔（规律）的特性成就了天下的万事万物，至柔（规律）在天下坚固万物中纵横驰骋、游刃有余，至柔作用于物体时，任何坚硬的物体都阻挡不了它，它会战胜任何坚硬，使万事万物发展为至柔。

“无有入无间，吾是以知无为之有益。”任何事物都在开始为“无”的状态下，被“道”（无有）进入其间，使其顺其自然。天下万事万物都是自然而然发展的。通过无有进入无间的道理，我们就能知道，不在“道”（自然规律）以外作为是有益的。

“不言之教，无为之益，天下希及之。”要在实际中摸索属于自己的“道”，不要只听信表面说教和现成的经验、范式，不要超出自身能力做事。这些隐藏在事物中的道理，这些前人尊重自然规律、不在“道”以外作为而获得成功的奥妙，天下很少有人能够理解和做到。

有诗为证：至柔出入无有间，循环往复还至坚。
不言之教无为益，天下希知归自然。

《道德经》第四十三章 家传道德经参悟之二

“天下之至柔，驰骋天下之至坚。”在自然界中，规律是至柔，就是最柔和达到柔，它永不停歇地、时时刻刻地、自由自在地在天下看似极其坚固、坚硬的物体中往复运行。

“无有入无间。”进入的和被进入的都感觉不到对方的存在。万事万物的每个独立的个体，看似是没有间隙的。所有事物都是无和有，顺应事物自然规律就是无有入无间。拿企业合作比喻，至柔是企业发展的最高阶段，合作双方都感觉不到对方的异样存在，与对方的合作就等同于按照企业自身规律去发展。只要市场规律发展需要，只要企业发展规律需要，企业与市场相吻合的时候，这种企业之间好像感觉不到对方似的、至柔的合作，就会发生在应有的地方，这就得益于企业的至柔，是由企业采用至柔的合作理念、合作方法、合作技巧所决定的。这种至柔可以打破那些看似牢固但没有达到至柔的合作。

“吾是以知无为之有益。”至柔驰骋天下之至坚，看到了不在“道”以外作为的好处。

“不言之教，无为之益，天下希及之。”人类能够通过实践总结出来的经验、教训是非常有限的，再用语言描述就更加有限。在这个基础上，根据自身的成长环境、具体时段去发现和总结这种不被先人所知的规律，用指导别人成功的经验来指导你，有可能使你失败；借鉴别人失败的教训，有可能使你成功。关键是要从这些经验、教训中得出适合自身发展的规律（“道”）。

同一个成功经验，其中有不言之教。任何一个成功的模式、理念、道路都存在“不言之教和无为之益”。为什么呢？因为他的理念可能不适合你，他那样做是符合规律，是在“道”以外不为得到的益处，你要那样做，可能就是在“道”以内不为了。

从古今中外的经验、教训中，能体会到其中的“不言之教，无为之益”，隐藏在经验、教训中的，不被语言和文字总结和描述出来的，可以被后人借鉴认知的，以及不在规律以外的作为、不超出自身能力的作为、顺应规律和自然的作为，这一切所带来的成功是不容易被人们认知的。天下的个人、族群知道这些常道、能够遵循这些常道作为的少之又少。

《道德经》第四十三章　今通行本

天下之至柔，驰骋天下之至坚。无有入无间，吾是以知无为之有益。不言之教，无为之益，天下希及之。

《道德经》第四十三章　王弼本

天下之至柔，驰骋天下之至坚。无有入无间，吾是以知无为之有益。不言之教，无为之益，天下希及之。

第四十四问： 我的企业要拿回几个关键配套件自己生产，为什么被说成是不合时宜？

第四十四解　拿回组件自生产　不合时宜难决断

诗曰：传统装配靠伙伴，调整货源来改变。
自我升级扩产能，总成零件再完善。

深圳一位企业家朋友，他的企业是做总成零件的，他要把其中几个重要配套件拿回来自己生产。这几个零件不但重要，而且由小零件企业供货价格高，产品质量也难以保障。拿回这几个重要配套件自己企业生产，不但能降低总成零件的成本，还能控制质量，增加总成零件的市场竞争力。但是，他的想法一经提出来，就遭到了高管们的反对，企业内无人支持他的想法。他认为这是好事，可是为什么这么多人反对，他有点不理解，让我帮忙出出主意。

我以前对他的企业和为他供货的小零件企业有一些了解，这次又对这些企业进行了深入的调研。

目前，他的企业不具备生产小零件的生产人员和技术人员，现有人员只是对生产小零件工艺一知半解；关键质量控制系统没有形成，流动资金也不足。

老子说："名与身孰亲？身与货孰多？得与亡孰病？是故甚爱必大费，多藏必厚亡，知足不辱，知止不殆，可以长久。"我用老子的哲学思维帮助他认知问题的所在。他现在要收回主要配件自己企业生产，不是顺其自然，不是水到渠成。他很容易把配套件拿回来生产，但是以企业目前的人力、物力、技术办不到。这个看似容易的决定，会给个人、企业增加过重的负担，处理不好会累及企业的生存，这就是"多藏必厚亡"的道理。"知止不殆，可以长久"。只有知道在什么地方、什么时候停止，才能不因为过分的作为而受到伤害。一个企业要扩大生产，不是简单重复加工，而是要真正掌握核心技术，还要有管理、物流、资金、人员、设备、客户等一系列的必备条件。

做任何事情要顺其自然，不能强行。要保有根本，牢牢把握住基础。世界上可以做的事情千万种，一个人、一个企业的能力是有限的。“得与亡孰病?”如果他收回了配件生产权，是得到了，但是如果后续供应总源头、供应渠道、加工工艺体系不能及时跟进，配件产出不及时影响总成零件装配，以至于上游企业将总成零件转移，将会给企业带来灭顶之灾。

同时，我在调研中发现，他的企业人员素质高、管理得当、技术力量雄厚、设备设施先进、客户稳定，有扩大生产、转型升级的潜力。我建议他，可以深入与小零件企业互动，掌握、了解、积累生产小零件的一切资源，当水到渠成时，可以收回部分小零件自己生产。

在我的建议下，他练内功、强自身、蓄力量。给他企业供货的有13个小零件企业，他在条件成熟后收购了4家，同时输入管理和技术扶持另外9家。后来，这家企业成为行业巨头。

《道德经》第四十四章　企业启示

企业家在管理运营企业时要量力而行，尤其不能追求虚荣。虚荣分为两类，一类是隐性虚荣，一类是显性虚荣，隐性虚荣不易被人们察觉，显性虚荣容易被人们认知。企业家一定要知道自身的能力、精力及企业的财力、物力都是有限的，绝不能用这些有限的资源去争虚荣。显性虚荣好比企业明星、行业能手、模范、标兵等，隐性虚荣如所谓的先进管理模式、科技创新等，虚荣之多是难以用有限的精力和物力去博取的，过多获得虚荣和过分追求虚荣是极其有害的。

超出生命循环的规律和企业发展规律，过多地追求获得丰厚利润和名誉，必将过多耗费自身和企业的生命力，而导致正常生存发展的细胞逐渐衰亡。一定要知晓并严格遵守自身和企业发展规律的界限，知道在界限面前适可而止，这样才能保持可持续发展。

《道德经》第四十四章　家传道德经参悟之一

“名与身孰亲？身与货孰多？得与亡孰病？”名声与身体哪个亲近？身体与身外的货物哪个多？得到与死亡哪个更重要？

“是故甚爱必大费，多藏必厚亡，知足不辱，知止不殆，可以长久。”过多的爱必然大部分耗费自己的身体，太多的收藏必然增多死亡的危险。所以，知足的人很少受到侮辱，知道适可而止，就不会犯过多的错误。只有这样才可以长久。

有诗为证：名货得爱厚必亡，知足知止能天长。
普世偏重利与禄，贪欲其中祸害藏。

《道德经》第四十四章 家传道德经参悟之二

“名与身孰亲?”名，是人们用文字和语言对事物的描述，也是人们思想和心目中对某种状态的追求，它以一种信息的形式存在于人的头脑中。荣耀、夸赞、名分，都是诱人的虚幻，都有即时性、局限性，随着时间的推移会逝去，随着范围的转换会失效。老话徒有虚名就是这个意思。

“身与货孰多?”人的身体是以生物形态实实在在存在的肉体，是大自然的恩赐，是父母的给予，它的成长有一定的年限，一生一次，逝去了不会重生。究竟我们应该在意虚名，还是在意身体呢?

“得与亡孰病?”在现实中，熙熙攘攘的人群都在用实在的身体去换取以信息方式存在的名，有的不惜以“道”以外的形式去博取这种以信息存在的名。名，害了无数人。人的自身能力是有限的，人的成长也受家庭、地域、社会、环境、教育程度、成长经历、生活经验影响，这些内因外因赋予了个人生存、工作的能力和资本，这些能力和资本体现在个体身上，和大千世界中千姿百态的事物比起来是微不足道的，连渺小这个词都不能妥当地比拟。

超出自身的能力，得到更多的名誉、地位、金钱而毁坏身体机制，毁坏身体成长的生命力，使自己的身体受到损害失去生命而死亡。这个“得”和“亡”，哪个值得我们更加重视呢?“是故甚爱必大费”，超出自身能力而过分地爱慕名利，必然要用尽自身的代偿机能，过大耗费自身生命的生长要素，影响自身的良性循环和新陈代谢。

“多藏必厚亡”，超出自身能力去过多地获取，与自身能力不相适宜地获得越多，自身能力消耗也越大，有害身体的弊端积累得越多。“知足不辱，知止不殆，可以长久。”人们一定要知道自身成长的边际，知道自身能力的范围，知道满足，知道适可而止。只有这样，才不会遭到由于过分的应用代偿机能或在“道”以外作为所带来的污损和伤害。只有知道自身能力、体力、资本的底线，把持住自己的欲望，不在规律以外去作为，才不会进入险境，才可以保持个人机体的良性循环，才可以保持生命事业长久。

《道德经》第四十四章　今通行本

名与身孰亲？身与货孰多？得与亡孰病？甚爱必大费；多藏必厚亡。故知足不辱，知止不殆，可以长久。

《道德经》第四十四章　王弼本

名与身孰亲？身与货孰多？得与亡孰病？是故甚爱必大费，多藏必厚亡，知足不辱，知止不殆，可以长久。

第四十五问： 我的企业已经做得很好了，为什么却常常被一种潜在的威胁所困扰？

第四十五解 莺歌燕舞深思虑 潜在危机身边聚

诗曰：行业领军为前锋，危机暗伏困扰生。
新秀黑马强中强，市场多变难与争。

北京有一位企业家朋友给我打电话，说最近一直感到不安和担心。我感到很奇怪，他的企业一直是行业的排头，资金雄厚、人才济济，生产设备设施一流，产品有良好的信誉度，具有较强的管理团队，员工队伍稳定。他的企业不应该有什么让他可担心的问题。

原来，他总感觉企业在行业的领先位置受到挑战。行业内不断有一些新星和黑马悄然涌现，他的企业发展20多年了，已经到了天花板了，再要前进很难。如果停留在目前的状态下很快就会被超过，他深知“逆水行舟，不进则退”的道理，让我帮他出出主意。

我对他的企业和上下游客户进行了调研，结合《道德经》第四十五章给出了建议。

企业家一定要找到企业各个系统中可以成长的因素，找到企业的边际成长台阶，然后牢牢抓住，大胆开拓。老子说：“大成若缺，其用不弊。”你的企业已经很成功、很完善，这时候还要找到缺憾，在补足缺憾后，运营企业就不会产生很大的弊端。

他应该带领他的高管团队仔细分析、排查企业仍然存在的缺憾，制订相应的对策加以完善。我在调研过程中发现，在他企业营销体系内每年新出现的客户很有限，主要靠老客户订单，这是一个明显的危机，是企业潜在的隐患。老客户一旦出现问题，企业销量就要骤减。老子说：“大盈若冲，其用不穷。”就是说，大的盈满总是依靠能量不停地冲入，企业一定要找到自身最重要的资源，不断完善资源的供给系统。

他的企业在销售中还存在一个问题，就是对待大客户的政策和对待一般客户政策相同，明显对大客户抓得不牢。“大盈若冲”，一定要把“冲”找到，应该对大客户服务前移，更加深入了解大客户的需求和大客户所在行业，与他们共同学习，制订出阶梯的产品进阶计划和投放市场计划。把这种“冲”不断完善，常用不穷。“大直若屈”，找到在各个系统顺利发展中还有哪些隐藏的不利因素。针对潜在威胁制订相应预案，清除潜在威胁至关重要。“大巧若拙”，在自己企业的发展理念、管理思维、政策措施中找到缺憾的部分，把不合时宜的部分修改完善。要使企业各个系统不停地改进和加强，在适应市场变化中不断进步。

这位企业家接受了我的建议，组织企业高管结合企业特点认真研讨，制订了阶段性的可行性计划。经过一段时间的努力，企业的各个方面又有了新的提升。

《道德经》第四十五章 企业启示

企业家要知道，我们对企业发展规律的认知是不全面的，即便是我们现在正在遵循的、已经给企业带来了可观效益的企业发展规律也未必完善。由于我们对企业发展规律认识不足，在执行企业发展规律中不可能完全到位；由于我们认识的片面性，在具体执行中还会出现较大的偏差，即认知的偏差和执行的偏差。

企业发展规律时时作用在企业每一个系统、每一个环节、每一件事物之中，永远不会枯竭，随着企业的发展，规律层出不穷。只要有所偏离，企业就会受到伤害。

我们对企业运营的认知，即便是正确的，我们也会认为它有缺憾；即便是简捷的科技，我们也会认为它落入熟套；即使是聪颖的认知，我们也会认为它不够创新。更何况真正的事实也是直中有曲、巧中有拙。因此，缺憾是常态。对于这些缺憾，要从阴阳平衡中寻求解决方案。企业如果缺乏发展的活力，就要用适合市场规律的创新来调整。如果一个企业形势过热，就要用守住企业根本来平衡。企业发展的真谛是理清运营脉络，守住基本运营方式，在适应市场环境中进行创新，及时修正相对于企业发展规律不及或过分的作为，使企业保持正常的良性循环。

《道德经》第四十五章 家传道德经参悟之一

“大成若缺，其用不弊。”大的成功必定存在大的缺憾，大的成功要克服大的弊端。有多大的成功就有多大的缺憾。

“大盈若冲，其用不穷。”大的盈满同时外冲外溢，损失也大，按“道”以用，用之不竭，“道”外以用，其用即枯。

“大直若屈，大巧若拙，大辩若讷。”大的直，同时有大的屈，大的技巧就是大的笨拙，辩论胜利存在辩论失败的风险。

“躁胜寒，静胜热，清静为天下正。”躁动带来的热量能够战胜寒冷，守静会带来火热，清静会给天下带来归正。

有诗为证：成缺盈冲因有果，巧拙直屈反又合。
静能胜躁寒胜热，返璞守真为上策。

《道德经》第四十五章 家传道德经参悟之二

“大成若缺，其用不弊”，天下没有完美的事物，再大的成功之中都有缺憾。在每次成功之后，我们不能去忙于庆贺，要善于在成功中找到缺憾，总结缺憾的原因，不断修补、纠正这些缺憾。在下一个成功中，仍然会出现另外一些缺憾，我们仍然要重复修补、纠正这些缺憾。有缺憾的成功仍然是成功，缺憾不影响成功的本质属性和价值取向，缺憾是我们应该关注、避免和防范的，这样可以使我们以后成功中的缺憾越来越小。例如，在企业获取较大成功的时候，不要沾沾自喜，要善于发现不足之处，不断补充、修改、完善这些不足，使这些弊端越来越小。

“大盈若冲，其用不穷”，大的充盈、盈满必然外泄、外溢。这是规律使然，因为它有源泉和根本。江河永远向着大海流淌，从不停歇，从不干枯，因为它有源头，总是即时把它外泄、外溢的部分充满。这个“冲”，一个是向外溢，一个是向内“冲”，循环往复，不能穷尽。一个企业已经有大的盈满了，有了市场的稳定份额和行业地位，还要找到不足的地方，不断向这些不足的地方引入动能，引入适合企业的新技术、新管理、新工艺、新人才。不断、及时、足够地引入，就不会穷尽自己的资源。

“大直若屈，大巧若拙，大辩若讷。”荀子在《劝学篇》中说：“蚓无爪牙之利，筋骨之强，上食埃土，下饮黄泉，用心一也。”在中国历史中有“韩信受胯下之辱”和“越王勾践卧薪尝胆”，是“大直若屈”的成功案例。实际上，在现实世界中没有绝对的大直。例如，我们沿着一条直线走，可最终还是曲的，因为地球是圆的。真正有智慧的人，让你接受他的巧智，而不会让你看出他在用巧智，你往往会以为他是笨拙的，施用巧智的人一定要用笨拙把自己伪装起来。雄辩的人往往并不是那些口若悬河、妙语连珠的所谓辩才，而是善于抓住问题的实质，一语中的。

“躁胜寒，静胜热，清静为天下正。”事物达到鼎盛时即将衰败，事物能够内敛深藏静修时，就能够获得生长的本源。不过分躁，不过分寒，该清则清，该静则静，顺其自然，事物就能按照规律正常发展。企业在发展中一定会遇到困难和波折，企业要对这些困难和波折在“道”以内用满为，要勇于投入足够的资金来开发新技术、新产品，要善于甄别现实盛行的各种新科技、新技术，哪些是应该适时采用的，哪些是暂时不需要的。不能头脑发热，要冷静思考，不能急进、冒进，也不能缩手缩脚，要大胆开拓创新，戒躁、守静，遵循企业发展规律，实现企业的自身良性循环发展。

《道德经》第四十五章　今通行本

大成若缺，其用不弊。大盈若冲，其用不穷。大直若屈，大巧若拙，大辩若讷。静胜躁，寒胜热，清静为天下正。

《道德经》第四十五章　王弼本

大成若缺，其用不弊。大盈若冲，其用不穷。大直若屈，大巧若拙，大辩若讷。躁胜寒，静胜热，清静为天下正。

第四十六问：我的企业全力做强营销，为什么却没有给企业带来预期的效益？

第四十六解 营销做强倾全力 系统失衡现危机

诗曰：放松主业抢市场，精英团队实力强。
网点遍布争客户，效益不升利润降。

深圳一位企业家朋友向我咨询使他困惑不解的问题。这位企业家朋友认为运营企业最重要的就是营销，把市场开发出来，争取多的客户，企业就能盈利，就能发展。基于这种思维，他把主要精力和企业的财力大部分投入了企业的营销，高薪打造了一支由高学历、海归和企业老营销骨干组成的精英团队，在全国多个城市建有营销分支机构。可是，他的投入与企业收入不成正比，企业的利润不升反降。

我在调研后发现，他的问题出在企业发展不平衡上，主要是理念不平衡，投资不平衡。

他过度重视营销体系，对产品研发、产品制造、质量保障、售后服务、企业管理、供应链管理的重视不足，这些缺陷得不到及时纠正，系统没有得到很好的发展和完善。他的产品生产只停留在部分产品的组装上，重要的总成零件和电气系统、液压系统、结构件几乎都靠外委。产品开发、设计也是外委，缺乏工艺优化积累。由于他承接的产品都是以分包的形式生产，所有的原材料、液压电器元件、标准机械元件没有批量采购，没有拿到VIP优惠价格。外委生产的产品，由于一些外委企业管理不善，经常造成交货不及时、质量问题频发、售后服务不到位等现象，造成产品成本居高不下，利润却很薄的后果。

还有一个重要因素就是，营销团队与供应链企业脱节，造成他的营销团队为了业绩，以较低的价格拿到项目，在外委分包的时候才发现项目资金不足，不得不降低供应链企业的档次，从而降低了企业的质量信誉、交货期信誉，造成了恶性循环。根据这些问题，我给他提出了建议。

老子说："天下有道，却走马以粪。天下无道，戎马生于郊。"当你的企业符合客观规律的时候（有道），你的企业还会出现一些差错和失误（走马的粪便还会污染道路）。当你的企业不符合客观规律的时候（无道），企业就会出现大问题（战马生于荒郊野外），生存概率极低。供应链企业档次拉低、企业信誉度降低、系统部门失衡，会造成企业严重亏损，甚至倒闭。

"祸莫大于不知足"，你要在市场上拿到更多的项目，如果你不具备这个生产能力，就是不知足，不知道企业运营的边际。企业要研究明白到底运营多少项目合适，目前企业各方面的实力和能力能承接多少项目，什么样的项目是合理的、可行的，不是越多越好。

"故知足之足，常足矣。"知道自己企业运营的边际，在边际内运营，保持企业在能力范围内应该获得的利润，不去边际外争取，才能保持企业的良性循环。

这位老板听了我的建议后，又请我专程去企业讲解《道德经》。不久，老板调整了思维，对企业部门系统重新调整，企业发展逐渐趋于平衡。

《道德经》第四十六章　企业启示

企业家要知道，如果一个企业没有找到正确的、符合企业发展规律的方向，企业就会误入歧途，衰败倒闭。企业一定要坚守自己的根本，剔除自身发展规律以外的欲望。如果企业不能坚守发展规律，企业就不能获得成功。偏离企业发展规律常常是因为企业没有抵挡住外界的诱惑，致使企业发展偏离了发展规律，无法形成有机的良性循环。

懂得自身企业能力所及的边界，并能够达到该边界，就是一个企业的最佳状态。

《道德经》第四十六章　家传道德经参悟之一

"天下有道，却走马以粪。"天下万事万物顺"道"而行，即使这样，也会有许多瑕疵，如走马的粪便也会给环境带来污染。

"天下无道，戎马生于郊。"天下不按"道"而行，战马的小马都生在城郊的战场上。

"祸莫大于不知足，咎莫大于欲得。"灾祸的产生无不源于"道"以外过多的欲望，所有的错误都是由“道”外的欲望带来的。所有的祸患都源于不知足，所有的祸因都没有不知足大。

“故知足之足，常足矣。”所以，知道知足的界限，保守知足，会保持久常的丰足。

有诗为证：治世走马粪有咎，乱国戎马郊生愁。
最大莫过贪欲起，知足长足乐无忧。

《道德经》第四十六章　家传道德经参悟之二

“天下有道，却走马以粪。”人们做任何事情都在努力寻求恰当的方式、方法，努力遵循客观规律，可是，依然会有违背客观规律的地方。因为我们能够认识到的只是客观规律很小的一个侧面，并且还不完全、不一定对、不一定适合、不一定准确，由此，就会出现一些失误和错误。就像走马一样把马粪拉在集市和道路上，污染环境，给人们带来困扰。这是在天下有“道”的情况下，人守其“道”，马守其“道”，还要出现缺憾。

企业也是这样，一些企业认为他们的运营是正常的、合理的、优化的。但是，这其中可能还有理解的失误，如超出自身的能力去抢占市场，犯了“走马以粪”的错误。企业特别要注意，即使努力遵循客观规律，还存在各种风险，要非常小心谨慎，不能掉以轻心。

“天下无道，戎马生于郊。”没有遵循客观规律做事，做事情随意性较大，认为自己想怎么发展就怎么发展，千方百计地去获取，丝毫不顾及他人的利益和环境的承受能力，这样做的后果就像“戎马生于郊”，成活率很低，几乎不可能成活。如果一个企业违反企业发展规律去运作经营，势必在资金、设施、技术、员工、利润等方面出现大问题，使企业受到伤害，甚至倒闭。

“祸莫大于不知足，咎莫大于欲得。”灾祸产生的最大原因就是，人们或者企业产生了不适宜的欲望。对于一个企业来讲，就是超出了企业发展基础，为达到你渴望的某个顶峰而产生了欲望，并付诸了行动，这就是原罪的开始。祸端在不遵守自身发展的边际界限情况下产生了。祸事再大，没有不知足大，人类的一切祸端都起源于不知足。这个不知足要远远大于“走马以粪”和“戎马生于郊”所产生的祸事。

“故知足之足，常足矣。”所以，才有了“知足常乐”的俗语，告诫人们要知足。再大的错误也大不过人的贪欲，古往今来欲望焚身者比比皆是。所以，做任何事情都要知道、认清、守住自身的边际界限，不该得的不得，就是人们常说的守住底线。只有这样，才能正常、长久地保持应该得到的，减少或者不产生罪、祸、咎，能够健康发展。

《道德经》第四十六章　今通行本

天下有道，却走马以粪。天下无道，戎马生于郊。罪莫大于可欲；祸莫大于不知足；咎莫大于欲得。故知足之足，常足矣。

《道德经》第四十六章　王弼本

天下有道，却走马以粪。天下无道，戎马生于郊。祸莫大于不知足，咎莫大于欲得。故知足之足，常足矣。

第四十七问： 儿子在国外学有所成，归国后我全力支持他创业，可是却连续三次创业失败。这是为什么？

第四十七解　传承企业偏不受　自我价值笃信守

诗曰：望子接班守家业，海归人才高眼界。
　　　自创公司下商海，三次努力全夭折。

重庆一位企业家朋友，十分着急地请我去帮助想办法解决他的难题，我十分不解。他的企业是家族企业，做的时间比较长，企业效益一直很好。这个人很有能力，企业管理井井有条，在行业内发展势头良好。我实在想不出他的企业会出什么问题。

原来，问题出在他儿子身上。他已经接近60岁了，打算把企业交给儿子打理。儿子非常优秀，属于海归的高学历人才，他准备让儿子先在自己企业担当一个部门的负责人，熟悉一下企业，当时机成熟后再把企业全部交给儿子。可是，他儿子却要自己到商海里面闯一闯，另外开辟一个天地来证明自己的实力。他只好顺从儿子的想法，在资金上和人脉上给予全力支持。可是，儿子连续三次创业都以失败告终。损失了一些钱不是问题，他害怕儿子会失去信心，所以找我来想想办法。

我了解了他儿子的三次创业过程，以及他儿子的自身情况，与他们父子进行了细致深入的交流。

老子说："不出户，知天下；不窥牖，见天道。"不出门，知天下，就是知道自己、把握自己、知道自己能做什么；不向窗外看，就能见天道，这个天道就是万事万物的规律。作为一个准备创业的人，一定要找到自身的长处，找到适合自身的事业。不出屋，先了解自己，自己喜欢的是什么，自己能做什么，哪些适合自己。深入剖析自己能用到哪些资源，自己的特点是什么，长处是什么，找到这两个交集后才能有所行动。他的三次创业失败都是没有找到那个交集。第一次创业，去做电子行业，他认为电子行业挣钱多，是发展方向。他学的是机械，父亲几十年做的也是机械行业。他对电子行业不了解，可利用的资源有限，所以导致创业失败。第二次创业，办广告公司，又是一个不熟悉的行业。第三次创业，办咨询培训公司，更与所学没有关联，更无资源可以利用，所以接连失败。

“是以圣人不行而知，不见而名，不为而成。”只要找到了自己，知道了自己，找到适合自身的“道”，虽然还没有做，就等于成功了一半。

我告诫他们，做事情不能舍本求末。他在国外留学，存在一些不切实际的天真想法，认为什么利大就做什么，这是行不通的。做事首先要找到对自己有利的集合，如父亲所做的机械行业、自己所学的机械专业、父亲在机械行业的人脉和经验、自家企业的强势地位，从中找到适合自己的集合，集合的交集就是成功的概率。先把自己和周边资源研究明白了，以此为出发点才能创业成功。老爸的资源利用不好，是浪费资源。只有比老爸利用得还好，才算会做企业了。

在我的启发下，儿子在企业产品下游找到一个切入点，借助他的资源，对这类企业深入调研，在父亲的帮助下，逐渐开发新产品，创立了新企业，与其他的企业形成了智能群。

《道德经》第四十七章　企业启示

一个企业家一定要比较深刻地了解自然发展规律、社会发展规律、人生规律，并从这三个规律中悟到企业发展规律。要知道，“麻雀虽小，五脏俱全”“水滴虽小，可以反映太阳光芒”，不要把工作重点放到不断地考察其他企业上，而要着重研究、分析和悟解企业的成功之道。企业发展遵守自然发展规律、社会发展规律、人生规律，要结合这些基本规律，学习、借鉴其他企业的先进经验，才能使企业正常发展。

企业要知道遵循基本规律的重要性，坚持企业各个系统、各个方面的扎实递进前行，努力找到自身发展的边界，准确抓住机遇，及时转型升级，找到自身健康成长良性循环的途径。

企业如果一味追求引进管理方法和管理手段，就会干扰深层次了解企业内部各个方面真正的发展边界。一个成功的企业不会过多借鉴其他企业的管理，只有这样，才有精力不受干扰地结合市场环境和自身特点，找到符合自身企业的发展规律。

一个成熟的企业要尽量少做偏离规律的事，不用试错的方式获得经验，找到自身发展道路，不在企业发展规律之外去作为，企业才会获得成功。

《道德经》第四十七章 家传道德经参悟之一

“不出户，知天下；不窥牖，见天道。”不用出自己的房屋，就知道天下万事万物是按“道”运行的；不用打开窗户向外看，就知道天下万事万物时时刻刻离不开“道”。天下万事万物都是“道”运行的结果。

“其出弥远，其知弥少。”走出很远的人必然会知道许多鲜为人知的事情，但这些事情较少符合“道”，有时会干扰他的判断力。

“是以圣人不行而知，不见而名，不为而成。”这就是为什么圣明的人不用走很远就会知道“道”的原因，不用看见事物的现象，就能明达事物的本真，因为圣明的人不在“道”以外作为。

有诗为证：知己胸阔装天下，明理跬步志远达。
不为而成顺自然，投足咫尺功无涯。

《道德经》第四十七章 家传道德经参悟之二

“不出户，知天下；不窥牖，见天道。”天下万事万物都具有同一性，就是说“道”（规律）具有同一性。例如，太阳东升西落，无论在哪里太阳都是东升西落。人需要食物和必要的生存环境，这是人的同一性。树木需要阳光、水及必要的生长条件，这是树木的同一性。同一性普遍存在。例如，任何一个企业的发展都离不开市场、科学技术、适销对路产品、合适的人才、难得的机遇、艰苦拼搏、周边良好的生态、与周边企业和个人的关系等，这是每个企业都需要的，通过这个同一性，观察到了自己，不用亲临每个企业去考察，就知道了所有企业共同的规律。

天下万事万物还都具有特殊性，就是说“道”（自然规律）具有特殊性。世界上没有两片相同的树叶，世界上任何一个人不可能重复踏入同一条河流。你就是你，不可能有谁与你一样，这就是特殊性。能够把握同一性和特殊性的规律，就能认识万事万物的本质特征。每一个企业发展都有它的特殊性，每个企业都是独一无二的，世界上没有两个相同的企业。知道了别人，认识了自己，根据企业的普遍性和自身企业的特殊性来谋求企业的发展，就是找到了企业发展的客观规律。

“其出弥远，其知弥少。”一个企业沿着同一性和自身的特殊性深入思考和挖掘下去，才能较多掌握自身的发展规律，抽丝剥茧，结合企业每一步发展进程去分析研究，才能抵近企业发展观律。如果不顾企业的特殊性，头脑过热，盲进、冒进，花费的气力越大、进展的速度越快，企业的根基和特殊因素符合自然规律就越少，企业成功的希望也越小。

“是以圣人不行而知，不见而名，不为而成。”一些企业经过激烈的市场竞争而存活下来了，因为他们没有犯不应该犯的错误。以其他企业的错误行为为戒，没有亲眼所见，就知道哪些行为必然导致失败。他们不在客观规律以外去作为，不重复其他企业犯过的错误，才能使企业立于不败之地。

《道德经》第四十七章　今通行本

不出户，知天下；不窥牖，见天道。其出弥远，其知弥少。是以圣人不行而知，不见而明，不为而成。

《道德经》第四十七章　王弼本

不出户，知天下；不窥牖，见天道。其出弥远，其知弥少。是以圣人不行而知，不见而名，不为而成。

第四十八问： 我的企业居安思危，引进国际知名的企业管理咨询公司帮助企业提升管理水平后，为什么企业效益反而下降了？

第四十八解

居安思危请专家　效益不升反下滑

诗曰：一流企业求领先，国际团队新经验。
　　　全面包装无遗漏，系统出错运行乱。

北京有一位企业家朋友，他的企业前身是一个外资企业，外资老板感觉到中国市场压力大，撤资回国了。他接手这家企业后努力运营，成为业内的一流企业。由于有外国老板出走的教训，为了保住现在企业在业内领先的位置，他聘请了国际知名的企业管理咨询公司来帮助企业。他认为，企业今天所取得的成绩都是因为成功的管理，现在企业有实力聘请咨询团队来公司，期待公司的管理能上一个台阶，与国际接轨。可是运行一段时间后，他发现公司各个方面都出现了问题，企业效益也开始下滑，他把我找去查找原因。

深入调研后，我对国际咨询公司首席专家进行了访谈，发现了问题的端倪。

老子说："为学日益，为道日损。损之又损，以至于无为。"作为一个企业，在提升管理水平方面一定要有一个渐进的过程，逐渐探求符合自身实际的管理之道，在深入实践的基础上，把不符合企业实际的管理去除。第一步，深挖；第二步，去除；第三步，"损之又损"，在自身认知符合自身管理实践的基础上再深挖，去除不合理部分；第四步，"以至于无为"，在以上三个基础上，努力使企业管理符合自身利益，并将管理理念融入企业员工的思想中，使企业员工自然而然地沿着适合自身的管理前行，循环往复四个步骤。

目前，他的企业只完成了第一步，没有完成第二、三、四步的飞跃。咨询公司提出的绩效考核不切合这个企业的实际，照抄其他企业的考核制度，给员工带来了工作方向的混乱。

企业老板和高管听了我的分析和建议后，对咨询公司的行为进行了纠正，增加了与咨询公司交流探讨整体方案的环节，对方案进行反复讨论和试运行，对试运行反馈的意见整改后再运行。最终，企业各项管理有了实质性提高，为迈入国际先进企业行列打下了良好的基础。

《道德经》第四十八章　企业启示

从其他企业学习来的经验、方法、理念，可能并不直接适用于本企业，需要根据企业的需要和实际环境来确定学习的边界。如果确定边界工作没有做好，那么学习到的经验、方法、理念越多，就偏离企业自身真正的实际需要越远。

向其他企业学习，学习的内容越多，偏离自身企业发展规律的可能性越大，修正工作是必要的。如何控制好修正的尺度呢？那就要使企业的管理行为不超过企业发展规律的界限，过滤掉超出企业发展规律和企业实际情况的部分。就是说，不在企业发展规律以外去运营企业，把在企业发展规律以内的全部活动都置于正确的管理范畴之内。一个企业要想得到市场的认可，一定要坚持不在企业发展规律以外去作为，不去过多追求花哨的管理形式。如果在企业发展规律以外去作为，就不会得到市场的认可。

《道德经》第四十八章　家传道德经参悟之一

“为学日益，为道日损。”每天学习增多，每天都会有所收益，用所学到的知识去作为，同时每天对“道”都有损减。

“损之又损，以至于无为。”学到一些知识，作为，对“道”损减一些，又学到一些知识，又作为，对“道”又损减一些。这就是为什么不在“道”以外作为，才会达到离“道”最近。

“无为而无不为。取天下常以无事。”我们应该在“道”以外无为、在“道”以内无不为，这是符合天道的最佳做法。

“及其有事，不足以取天下。”要取得天下包容、容纳，就不要在“道”以外为事。如果在“道”以外为事，就不能取得天下的包容。

有诗为证：为学日益知智添，为道日损贪妄减。

损之又损自清正，无为不为顺自然。

《道德经》第四十八章 家传道德经参悟之二

“为学日益，为道日损。损之又损，以至于无为。”人类的学习一种是直接经验，一种是间接经验。直接经验指的是自己亲身经历，由于人类的生存时间、空间有限，所以直接经验为数很少，即使取得了经验，也是人类的暂时认知，没有经过反复验证。人类只靠直接经验是不行的，不能满足生产生活的需要，于是，就发明了语言、文字、声音、图像来传送间接经验。这些间接经验同样存在不全面、不准确特点，它往往是由获得直接经验的人把他的感觉和认知通过语言、文字、声音、图像等媒介记录下来，传播介绍给他人。它还有一个来源，由一些反复研究、核对、比较他人间接经验的人，通过逻辑推理和自身认识总结出来，再借助各种媒介介绍给他人，供他人参考。

无论是直接经验还是间接经验，都是人类实践的宝贵财富，我们要不断地传承，不断地修正，以此来指导我们的实践活动。这些传承不是简单机械的重复，而是螺旋式上升，不断创新发展。我们一定要识别这些经验不准确、不全面的特性，因为任何一个智者的认知和思维都会与客观规律存在很大偏差，这些与客观规律存在很大偏差的认知再经语言、文字、声音、图像表述出来，会产生更大的偏差。任何经验都存在不准确、不全面性，造成“为学日益，为道日损”，学得越多，离“道”越远。

有的企业就经常犯这样的错误，没有在自身企业的基础上去学习他人经验：有的经验不是本行业的，有的经验来自领先企业，自己企业还没达到那个高度。还有就是学来的经验没有结合自身进行修正，没有真正消化理解。所以学来的经验越多，犯的错误越多。“损之又损，以至于无为”，错误地应用经验，企业不断受到损害，最终走向衰败。

如何使这种偏差减小，如何用这些经验来指导实践活动？这就需要我们在实践活动中结合自身的实际情况，不断地修正这些经验，找到适合自身企业的部分，直到达到在发展规律以内去作为，最大限度地适应企业发展规律，这样才能基业长青。

“无为而无不为”，在“道”以内，要作为、要满为；在“道”以外，不要盲目作为。

“取天下常以无事，及其有事，不足以取天下。”取天下，是取悦于天下，天下给了人类的生命，人类就要取悦于自己所生存的环境，建设一个和平、友好、舒适的生存环境。

《道德经》第四十八章　今通行本

为学日益，为道日损。损之又损，以至于无为。无为而无不为。取天下常以无事，及其有事，不足以取天下。

《道德经》第四十八章　王弼本

为学日益，为道日损。损之又损，以至于无为。无为而无不为。取天下常以无事，及其有事，不足以取天下。

第四十九问： 我带头与市场上无序竞争的企业做斗争，维护正常的市场秩序，为什么却招来围攻和质疑，甚至摊上了官司？

第四十九解 维护秩序惹祸端　招致围攻多麻烦

诗曰：联手业内多伙伴，平抑市场一团乱。
　　　网上发文印传单，固执己见引大战。

受浙江台州一位企业家朋友邀请，我帮他解决一个让他十分不解的问题。原来，他那里市场环境混乱，企业竞争无序。有些新兴企业用缺少工艺、质量达不到要求、成本低的产品来搅乱市场。其中，一家企业不管多低的价格都能拿订单，然后依据低价粗制滥造。还有一些企业，有的是有意识地进行低价竞争，不管价格多低都接，根本无法保证质量；有的是在原材料上以次充好；有的搞分包，自己的企业根本不具备生产能力，拿到项目再分包给其他企业，交货期和质量都不能保障。

由于这些乱象，他的企业和当地的正规企业受到了极大的影响，他们在争取一些上游企业委托加工项目时，上游企业根本不与这个区域的企业合作。

为了扭转局面，这位企业家朋友联合了一些正规企业，在市场中广泛宣传哪些企业具备生产实力，哪些企业在以低劣的竞争手段来搅乱市场。他们还收集了这些企业干扰市场的案例向客户宣传，并印制发放传单，在网上写揭露文章等。

可是，这场维护市场秩序的正义之战却不被客户认可，他遭到了一些企业的围攻，甚至被告上了法庭。他觉得非常困惑和委屈。

我着重调研了对他维护市场正常秩序举动不理解、不认可的客户，以及一些采取不正当竞争手段围攻他的中小企业。我用“家传道德经参悟”来帮助他分析问题的原因，提出解决这些问题的建议。

老子说：“圣人无常心，以百姓心为心。”在激烈的市场竞争中存留下来的企业或是所谓的优秀企业，不能以我为上、固执己见。

第一，他没有让客户充分了解他在产品开发设计、优质原材料使用、产品质量和产品售后服务上的优势，而是一味宣扬其他企业的不正当竞争手段和产品缺陷，此举令客户反感。他一心只想把扰乱市场的同行置于死地，却缺乏正向思维。

第二，正规企业的生产面面俱到，他们拿到项目后，所有的零件无论大小都自己加工生产，给当地小企业带来灭顶之灾，挤占了小企业的生存空间，破坏了当地市场生态。

第三，低价竞标，劣质产品扰乱市场，在法律上很难取证，可是印发传单和在网上发表文章反倒成为实实在在的证据。

老子说："善者吾善之，不善者吾亦善之，德善。信者吾信之，不信者吾亦信之，德信。"一些企业不按照市场规律去做，我们要用正向思维去思考。要使企业保持活力，就要与周边环境建立友好的互动，与周边企业荣辱与共、盈亏与共。要充分了解和利用周边产业链的资源和能力，形成智能群，发挥群体的竞争力，从而扩充自身的能力。

这位企业家听了我的分析和建议后很受启发，他改变原来的思路，联手优秀企业和小微企业，成立了旨在优化当地企业供应系统和竞争环境的产业协会，认真听取小微企业的心声和诉求，使当地市场形成了多数企业都可以各抒己见、发挥各自的特长、诚实守信、质量第一的良好风气。

老子说："歙歙为天下浑其心。百姓皆注其耳目，圣人皆孩之。"成立了协会，大家互相有了了解，有实力的大企业把取得的项目中的小零件分给小微企业生产，各取所长。原来大企业成本居高不下，形成群智能后，互相补充短板，互相借力，不断拿下大项目。小微企业的产品开发、产品生产、质量保障、售后服务都得到了提升。企业群最终不但做强了国内市场，还打入了国际市场。

《道德经》第四十九章　企业启示

企业发展的方向要与企业发展规律、市场规律、科技发展规律相符合，企业只可以在这些规律内制订本企业阶段性的发展方向和目标，不可以独树一帜地超出这些规律去运营企业，追求不切实际的经营发展目标。企业这方面常犯的错误是急功近利、揠苗助长。

企业家要善于利用对企业有利的资源和客观环境，善于应对对企业不利的客观环境，要特别注意这些有利因素和不利因素的互相转化。看似对企业有利的资源和客观环境，如果把握利用不好，可能转化为不利；看似不利的资源和客观环境，只要把握好时机、因势利导，可能转化为有利。此时有利可能彼时无利，此时无利可能彼时有利。

企业家对待资讯，自己能够理解的要及时加以理解、转化和利用，自己暂时不能够理解的要加以储备、留存，不断深入分析。要充分认识到，资讯不是都能够理解的，理解不了的可以暂时搁置，这样才是符合认知规律的。能够在市场竞争中胜出的企业，就是具有这种认识能力的企业。

《道德经》第四十九章　家传道德经参悟之一

“圣人无常心，以百姓心为心。圣人之在天下，歙歙为天下浑其心。百姓皆注其耳目，圣人皆孩之。”活得久的人（圣人），自身没有“道”以外的欲望，他们总能保持自身的欲望与百姓在“道”以内的欲望相同。

“善者吾善之，不善者吾亦善之，德善。”善者是能够达到自身良性循环的人，做的事也能够达到良性循环；不能达到良性循环的人，也做良性循环的事情。这就是在“道”以内得到的良性循环。

“信者吾信之，不信者吾亦信之，德信。”取得人们的信任为信，能够取得人们信任的人，他们所做的事情也能够取得人们的信任。不能够取得人们信任的人，也可以做取得人们信任的事，这就是在“道”以内取得人们的信任。

“圣人之在天下，歙歙为天下浑其心。百姓皆注其耳目，圣人皆孩之。”活得久的人（圣人）与万事万物互动生存。圣人能让自己的作为对周边环境有益，圣人尊重周围的人，周围的人也愿意与圣人交流，活得久的人（圣人）能够把自己的欲望持久地控制在“道”以内且使其最小，像刚刚出生的婴孩一样淳朴自然。

有诗为证：平常之心包天下，德信不求真与假。
　　　　　善待不善轻自身，譬如婴孩清无瑕。

《道德经》第四十九章　家传道德经参悟之二

“圣人无常心，以百姓心为心。”在人世间存活比较久的人从来不片面看待问题，从来不固执己见，能够耐心、虔诚地听取别人从其他角度对事物和问题的看法。由于这部分人具备了这种特质，因此能够存活比较久。一个企业家能够把他的企业目标与社会发展方向尽力靠近，把企业的产品、技术发展方向与市场需求相靠近，那么这个企业就能存活得长久。

“善者吾善之，不善者吾亦善之，德善。”一个人的本性是很难改变的，他的善恶是我们的主观评价而已，我们不能够谋求其改变，而只能加以利用。他的行为善恶是我们的主观判定，对他来讲是客观行为，有存在的合理性，我们不要加以反对和憎恶，需要加以利用。比如，眼镜蛇的毒液在老中医的手上可以成为一剂治病救人、起死回生的良药。醇香的美酒和丰盛的佳肴为不懂节制的人拥有后，不但不能使其健康快乐，反而会因为过度享用损害其身体甚至生命。这就告诉我们，做任何事情都要在自身的“道”以内获取，过犹不及。在本解的案例中，恶意竞争的企业行为在有些人眼里就是恶，就是不善。可是，他也是为了自身生存。这种行为虽然以这种不善的方式出现，我们也要以善的方式加以整合利用，既利用其有利的一面，又能使其实现自身的良性循环而生存下去。本解案例中的企业，就是利用可用价值，将适合小企业生产的小零件分包制造，使其发挥自身特点，各得其所。

“信者吾信之，不信者吾亦信之，德信。”对我们讲究诚信的人，我们要对他讲诚信。对我们不讲诚信的人，我们也要对其讲诚信。在很多情况下，对方的不诚信是由于对方的能力不及，或者环境出现变故所造成的，这种情况任何一个人和企业都可能遇到。企业和个人要有足够的包容之心，在其渡过难关或环境有所好转的时候，就会恢复与外界的正常互动、诚信互动。

“圣人之在天下，歙歙为天下浑其心。百姓皆注其耳目，圣人皆孩之。”在社会生活和交往中存活比较久的个人和企业要深刻认识到，那些不善、不信的人或企业的客观现实性和局限性，要有足够的包容之心，要有利用其不善、不信特性的能力，为自身所用、为社会所用。个人和企业努力做到与不善、不信的企业正常互动，为他们找到适合的台阶，以此助成他们的善和信。这样，我们周边的人和企业就会将他们所掌握的全部资源与我们互动循环，上升到善和信的层面。他们愿意拿出信息和资源互动，则彼此生存的半径都扩大了。这时候，“以百姓心为心”“不善者，吾亦善之”“不信者吾亦信之”的个人和企业，就像新生的婴儿一样具有了旺盛的生命力，周边的个人、企业也会在其影响下，像呵护婴儿一样呵护整个社会的生态环境，实现社会的可持续发展。

《道德经》第四十九章 今通行本

圣人常无心，以百姓心为心。善者，吾善之；不善者，吾亦善之；德善。信者，吾信之；不信者，吾亦信；德信。

圣人在天下，歙歙焉，为天下浑其心。百姓皆注其耳目，圣人皆孩之。

《道德经》第四十九章 王弼本

圣人无常心，以百姓心为心。善者吾善之，不善者吾亦善之，德善。信者吾信之，不信者吾亦信之，德信。

圣人之在天下，歙歙为天下浑其心。百姓皆注其耳目，圣人皆孩之。

【注释】歙 xī：吸气或通过呼吸吸入；歙，缩鼻也。《说文》。通“翕”。收缩，敛息。

第五十问：我把企业一个分公司让儿子管理，失败后儿子丧失了做企业的信心，不再想接管我的企业。我该怎么办？

第五十解　年轻气盛急求成　经营失败心意冷

诗曰：大幅亏损多懊悔，开拓创新失利回。
　　　外出创业取真经，底气不足信念亏。

广州一位老板，年龄大了，有意识地培养儿子接班，让儿子去浙江分公司当总经理。老板开拓不够，浙江分公司勉强维持生计。儿子发现企业的问题，带领高管厉行改革，反而把企业直接引入了大幅度的亏损状态中。

老板痛斥儿子，儿子也很自责，于是离开父亲的企业到国外创业去了，虽然创业没有多大战果，但也能正常维持生计。现在父亲把他叫回来，让他任公司总经理，儿子没有信心了，感觉自己没有能力把公司经营好，说什么也不敢接这个总经理的位置。老板让我帮忙想想办法。

我应邀调研了浙江分公司、公司整体情况和面临的市场，然后与老板儿子接触了一周的时间，了解他的思想和畏难情绪，用老子哲学思维循序渐进地和他交流。

在深入内心深处时，我发现他儿子具有很高的经营能力和一定的知识基础，他做企业不盲目，不做表面文章，不贪恋权力。对企业进行创新改革后的失利，使他感觉到做企业的不可预见因素太多，现在没有这个把控能力。我从企业发展中出现的问题入手，帮他层层解脱思想的束缚。

老子说："出生入死。"企业从创办的那一天起就可能消亡。如何逃脱倒闭的魔咒？那就要远离导致企业亏损和倒闭的因素。那么，怎样远离呢？"出生入死。十有三；死之徒，十有三；人之生，动之死地，十有三。"按照企业发展规律正常运营的企业，十家中有三家要倒闭。老板要找到造成倒闭的因素加以预防；没有按照企业发展规律运营的企业，十家当中也有三家要倒闭，老板要把控和约束企业，找到企业暗藏的危机加以破解。特别要注意的是，企业为了追求更好的生存努力进行创新改革，这样的企业中也可能要倒闭。所以企业倒闭并非小概率事件。接管企业不要怕，未来的成功来自学习，源于经营子公司和海外创业的经历，来自遵循企业发展规律的哲学思维。

“盖闻善摄生者，陆行不避兕虎，入军不被甲兵；兕无所投其角，虎无所措其爪，兵无所容其刃。”接手这个企业后，要使企业不受到威胁和伤害，努力找到企业各个系统中可能出现问题的因素并加以解决。远离危险因素，如在产品开发体系中努力避免技术人员的断层，注意技术开发人员跟产品的适配性。产品开发来源于市场，开发要具有前瞻性，不是按照老板的意愿和技术人员的意愿开发。要使加工制造员工不断层，使人员与产品制造工艺相匹配。不要盲目上马企业自动化智能化改造，不必追求形式和潮流。加工制造不是大而全，而是把握技术核心部分，简单的、成熟的产品外委，但是也不能大撒手。核心零件不能外委，不能失去核心竞争力。售后服务要与客户贴心，用户满意至上，不以处理完问题为终点，要及时把产品问题反馈给生产制造部门和设计部门，从源头上解决问题。

经过深入的思想交流，他增强了接管企业的信心和勇气，经过短时间的准备，他接手了父亲的整个公司。经过一段时间，企业运营大有改观，在人工成本和原材料持续涨价的情况下，该企业在产品不涨价的情况下仍然实现了可观的利润，企业管理水平也有大幅提高。

《道德经》第五十章　企业启示

企业有生有死，有盛有衰。有的企业在复杂的市场环境中能够安稳生存，不被市场所淘汰，在强手如林的竞争中不被对手所取代，在社会飞速发展的潮流中不被抛弃。因为这些企业没有在企业发展规律以外去作为，能够把握好遵循发展的尺度，战胜在企业正常发展中遇到的各种艰难险阻；发展不好的企业，受欲望的驱使，没有把握好企业发展的尺度，超出自身能力之外作为，使企业走向衰败。

《道德经》第五十章　家传道德经参悟之一

“出生入死。生之徒，十有三；死之徒，十有三；人之生，动之死地，十有三。”人刚一出生就踏上了死亡的归途。人的生命，“道”有十分，人们只占三分；死的“道”也有十分，人们也占三分；而人们为了生存做出的过分所为，经常使自己陷入死“道”，也占三分。

“夫何故？以其生生之厚。”那是什么原因呢？能够认知“道”的人，按照客观规律的生“道”而努力生存。

“盖闻善摄生者，陆行不避兕虎，入军不被甲兵；兕无所投其角，虎无所用其爪，兵无所容其刃。”凡是能够在“道”以内生存的人，在“道”以内为事的时候，即使走在山林里，也不用有意地去规避犀牛和老虎，进入有强大军队的国家，也不用特意地去防备兵士的袭扰。犀牛没有办法用角来刺伤他，虎也没有办法用爪来抓伤他，兵士也不能对其使用兵器。

“夫何故？以其无死地。”所有这些都是为什么呢？是因为都是在“道”以内行事，没有进入“道”以外的死地。

有诗为证：出生入死十有九，一为太极无生有。
善行常善无贪欲，不入死地自无忧。

《道德经》第五十章　家传道德经参悟之二

“出生入死。”人从出生就意味着死亡，是从无生成有，有又归于无，这就是人的自然规律，人无论能存活多久，终将故去。这是人的规律、大自然的规律，任何人都无法改变。

“生之徒，十有三；死之徒，十有三。”人出生以后就会自然而然地按照人生的客观规律生存、生活，由于人对客观规律认知有限性，决定了人类不可能完全按客观规律行事，总会出现这样或那样的误差，这些误差都是违反客观规律的，人的生命健康会逐渐受到这些违反客观规律的行为削弱、减损，所以人一出生就向死亡迈进，能够侥幸生存下来的只有3/10。违反人类生存规律死亡的，自然灾害死亡的，人祸战乱死亡的，因病死亡的，意外事故死亡的也有3/10。

“人之生，动之于死地，亦十有三。”还有3/10的人，本来他们已经活下来了，但是他们因为自身的欲望，在客观规律以外去追求、去作为，过多的贪欲，过度耗费精力、体力，损耗了自己的生命，过早死亡。“夫何故？以其生生之厚。”这是为什么呢？主要的原因就是过度谋求财富、名誉、地位、美食、娱乐、长寿，最终反而不得善终。

“盖闻善摄生者，陆行不避兕虎，入军不被甲兵；兕无所投其角，虎无所用其爪，兵无所容其刃。”听说善于养生的人在陆地上行走不用特意躲避虎豹豺狼，到军中不用披甲上阵，虎豹豺狼不能将其伤害，刀枪利剑也不能将其伤害。“夫何故？以其无死地。”这是为什么呢？因为他没有进入死地，他不在虎豹豺狼出没的路上行走，他没有涉足危险的地方，不与虎豹豺狼相遇。他虽然参加了军队，但他所选择参加的军队没有参加征战，他没有进入拼杀的战场。所有我们听说过、见到的善于养生的人、经营好的企业，都是克服了对自身健康和企业发展贪念冒进的毛病，不做违背人生客观规律和企业发展规律的事情。远离虎和兵的危险因素，而不是遇到了危险以后再加以防范。自身的行为符合自然规律，避免冒进和无知所带来的危险，这样我们就不用加以过度的防范。防范的同时又产生了新的、对生命不利的因素，使我们的防范捉襟见肘，陷入冒进、防范的恶性循环，减损我们的生命。最好的防范是不进入死地。不违反客观规律做事，不在“道”以外做事，不去做违规违法的事，做任何事情不过分、不过度，保持自身和周围事物的良性循环和可持续发展。

《道德经》第五十章　今通行本

出生入死。生之徒，十有三；死之徒，十有三；人之生，动之于死地，亦十有三。夫何故？以其生生之厚。

盖闻善摄生者，陆行不避兕虎，入军不被甲兵；兕无所投其角，虎无所用其爪，兵无所容其刃。夫何故？以其无死地。

《道德经》第五十章　王弼本

出生入死。生之徒，十有三；死之徒，十有三；人之生，动之死地，十有三。夫何故？以其生生之厚。

盖闻善摄生者，陆行不避兕虎，入军不被甲兵；兕无所投其角，虎无所措其爪，兵无所容其刃。夫何故？以其无死地。

【注释】兕 sì：上古瑞兽，状如犀牛但不是犀牛。全身呈青黑色，独角。

第五十一问： 我收购了一个原本实力较强、效益较好的企业，为什么运营一段时间以后效益大不如前？

第五十一解 收购强企自经营　效益滑坡出险情

诗曰：业内评估指标高，生产销售都看好。
　　　每况愈下效率低，投入巨资回报少。

天津一位企业家朋友收购了一个实力较强的企业，各方面评估这个企业技术开发能力、生产制造能力、售后服务能力、销售能力都很强，老板出了高价全盘收购。收购之后，由于看好这个企业，他亲自来运营这个企业。一段时间以后，他发现这个企业每况愈下，产品市场占有率逐渐降低，产品开发滞后，企业利润大幅减少。这位企业家朋友对此十分不解，原来发展顺利的盈利企业，怎么到了我这里就出了问题。他把我找去帮助查找原因，商量对策。

我在调研中发现，这是一个老企业，生产能力、加工工艺都比较传统老旧，创新能力非常弱，售后服务管理混乱，产品销售外委给全国各地的经销商，没有形成有效的管理，各地经销商与用户合伙骗取公司钱款。

老子说："道生之，德畜之，物形之，势成之，是以万物莫不尊道而贵德。"企业发展必须遵守自然规律，必须牢记产品满足社会需求这个企业之本。这个企业的产品也能满足社会需求，但是小众产品，小众产品必须走精品之路才能在市场立足。原来这个企业卖掉的原因，就是产品小众化，不好经营。"德畜之"，你接手这个企业后，一定要根据现有的产品和管理，采取措施递进式提高企业五大系统的能力，包括产品设计开发系统、产品生产制造系统、质量保障系统、产品销售系统、产品售后服务系统，把企业调养好。"物形之"，店铺凡是易主时，无论原来是什么样的，从里到外都要重新装修，彻底改变更新。企业也是一样，新接手的企业软硬件、管理都要重新设定程序，产品开发部门和设计部门一体便于及时沟通，对产品及时优化改进，一定要把营销部门摆在企业最重要位置。售后服务部门要尽量设在靠近客户的地方，最好是两小时服务圈，不低于4小时服务圈。“势成之”，产品开发部门一定要有足够的前瞻性。“夫莫之命而常自然”，切记运营企业不能过急，不能过头，要自然而然地遵循企业发展规律。“长之育之，亭之毒之”，企业符合社会需求，能使企业发展和成长，企业在社会上吸取养分，社会也会养育这个企业。企业因满足社会需求而成长。

通过我的分析和建议，老板用哲学思维重新规划了企业的管理和运营策略，经过一年多时间，这个新购入的企业成为盈利大户。

《道德经》第五十一章　企业启示

企业家要深刻地理解，企业是企业发展规律派生的一个节点，只有探索、发现、遵循企业发展规律，在企业发展规律的范围内成长，才能使企业得到企业发展规律的滋养。企业具体形态包括厂房、设备、技术、产品、员工、资金等，在此基础上与周边的环境互动，实现企业的价值。企业的形态、思维及所从事的任何工作，都是企业发展规律的节点。企业具体实施每一项工作时，都必须遵循企业发展规律，并且保证一切的盈利都在企业发展规律之内，绝不超越。所有的企业行为都不能为了眼前的利益强行超越企业发展规律，一定要遵循企业发展规律和自然发展规律，企业才能融入自然，成为自然的一部分。

所以，企业是企业发展规律的一部分，企业由于坚持在企业发展规律之内盈利而得以生存，企业在企业发展规律范围内成长，并时刻接受企业发展规律的哺育。

企业难免有不符合企业发展规律的部分，这个时候，企业发展规律就会对企业进行纠正，就像给病人做手术一样，消灭病灶和隐患，使企业得以正常发展。企业发展规律对符合之企业给予培养，对不符合之企业施以颠覆。企业发展规律是企业产生的根源，但是它从不占有企业，从不保有企业，符合它的存在，逆反它的消亡。

企业发展规律是企业成长的基础，但是，企业发展规律从不主宰企业。企业如何发展，要靠自身探索、认知、遵循企业发展规律，没有固定的模式。这就要求企业在实际经营中，努力靠近企业发展规律。企业认知企业发展规律总会出现偏差和失误，事物也在不断发展变化，企业的认知也要不断进行调整。

《道德经》第五十一章　家传道德经参悟之一

“道生之，德畜之，物形之，势成之，是以万物莫不尊道而贵德。”万事万物都是由“道”而生，在“道”以内的“得”（德）滋养万事万物，“道”决定物质的形状，“道”决定由物变成器。万事万物莫不遵“道”，贵在“道”以内“得”(德)。

“道之尊，德之贵，夫莫之命而常自然。”“道”的自尊，在“道”以内得的自贵，所有的事物都没有特殊的“道”，都是遵循恒常的自然之道。

“故道生之，德畜之。长之育之，亭之毒之，养之覆之。”“道”生万物，“德”养万物。“道”使万事万物自然生长，哺育万事万物，“道”削弱偏离常“道”的事物，毁灭其形态；“道”对符合“道”的事物供养，“道”不会颠覆符合“道”的事物。

“生而不有，为而不恃，长而不宰，是谓玄德。”“道”生万物而不占有，“道”指引万事万物在“道”以内所为而不把持，“道”使万事万物成长而不主宰。这就是无限靠近“道”，在“道”以内所“得”(德)。

有诗为证：道生万物形势多，德畜长养育几何。
不宰不恃不为有，自然而然修正果。

《道德经》第五十一章　家传道德经参悟之二

“道生之”，万事万物都是由“道”产生的，任何一个事物都在“道”中，都在规律中。规律有千万条，每个事物都有各自产生、运行、发展的规律(道)，万事万物从不脱离自身的规律。

“德畜之”，万事万物要想按照规律向前发展，就必须在“道”以内不断得到，所谓在“道”以内得到，就是不损害其他事物，不对其他事物不利。在规律以内不断地得到、付出，形成得到与付出的新陈代谢和良性循环，恒常保持在得（德）的畜养之下。

“物形之”，任何事物都有特定的外形，物的特质、内部构成决定了它的外形，通过它的外形也可以了解到它的特质和内部构成。

“势成之，是以万物莫不尊道而贵德。”任何事物都存在趋势，趋势决定事物生长和寿命。这个趋势由“道”产生，在“道”以内得到（德），促进了事物的运动变化，这个过程成就了万事万物，所以万事万物无不遵循客观规律而前行，无不贵得（德），都是在得（德）的畜养下成长发展的。

“道之尊，德之贵，夫莫之命而常自然。”以“道”为尊，以“道”内所得为贵，遵循符合自然的规律，既不能过度，也不能不及，更不能主观臆定。

“故道生之，德畜之。长之育之，亭之毒之，养之覆之。生而不有，为而不恃，长而不宰，是谓玄德。”所以，人类生存要努力遵循自身发展规律，在自身发展的过程中，要克服其他规律给我们带来的干扰，减少不利因素，形成良性系统并不断进步。事物在发展过程中不会是一帆风顺的，逆境和顺境总是在交替循环中。我们要克服重重困难，锻炼自身，不断修正前进方向，不骄不躁，永远在“道”以内得到，在“道”以内得到的路途无限遥远、无限深奥。

《道德经》第五十一章　今通行本

道生之，德畜之，物形之，势成之。是以万物莫不尊道而贵德。

道之尊，德之贵，夫莫之命而常自然。故道生之，德畜之；长之育之；亭之毒之；养之覆之。生而不有，为而不恃，长而不宰，是谓玄德。

《道德经》第五十一章　王弼本

道生之，德畜之，物形之，势成之，是以万物莫不尊道而贵德。

道之尊，德之贵，夫莫之命而常自然。故道生之，德畜之。长之育之，亭之毒之，养之覆之。生而不有，为而不恃，长而不宰，是谓玄德。

第五十二问： 企业一次丢掉了 5 个大客户，而取代我的企业远在我之下。这是为什么？

第五十二解 市场受困遇挫折 利润效益大滑坡

诗曰：企业排位在前列，丢掉订单颇费解。
多年客户无情面，弃高就低竟为何。

北京的一位企业家朋友，在一次丢掉了 5 个大客户订单后把我找去。他对丢掉订单一事十分不理解，因为他的企业在行业内排在前列，产品也一直保有良好的信誉度，与大客户合作稳定，这几个大客户的新合作企业远不如他的实力，产品质量在他之下，价格也不具备优势。可是，他们就是合作了。

受此委托，我走访调研了他的那几个客户和他自己企业的几个主要部门。

主要原因是：第一，客户对产品售后服务意见大。反映的情况是，产品出现问题时厂家的人不及时到场，有时及时到场了，不能完全解决问题。厂家人员不到场的原因是接到电话后，认为使用者说的问题是由于使用不当造成的，不是产品质量问题不在维修范围内。厂家人员到场没有解决全部的问题原因是，有的问题是产品质量问题，这样的问题则会给予解决；有的问题不是质量原因造成的，不在服务范围内，所以没有给解决，由此逐渐失去了客户的信任。

第二，由于客户要求降成本，生产和设计部门把一项提高产品光洁度的工艺取消，虽然不影响使用效果，但是，失去了美观的外表。这样，与具有美观外表的产品相比失去了竞争力。

第三，用户多次要求产品增加一个功能。但是，设计人员认为这个功能对产品使用没有好处，还将影响整个产品性能，所以没有答应。产品的用途和样式客户说了算，经常违背客户的意愿，再优质的产品也会被抛弃。

第四，用户要求说明书按便于培训的形式重新编写，营销部门认为说明书已经写得很清楚了，不需要重新编写。自以为是，怕麻烦，终将失去信誉。

老子说："天下有始，以为天下母。"万事万物的开始都有一个促成其生成、形成的原因，这个原因是万事万物的根基。任何一个企业的形成和发展都是市场需求促成的，这些需求就是企业发展的动因，就是企业的"母"。企业衰败的根本原因就是忘记了自身的根本，忽视了客户的需求。产品出现问题的时候，第一位就是解决问题，满足当下第一需求，服务人员却要分清责任。更加错误的是，对客户使用不当造成的问题不予解决。深入思考就会发现，这个产品能够产生，就是由于客户需求，需求是企业赖以生存的根基。他的产品出现任何问题，由生产者来解决最经济、最适合、社会效益最大。而对用户使用不当造成的问题，由直接生产者解决更为便利。这实际上是企业通过售后服务体系形成的又一竞争力。而这个企业没有重视这一问题，没有认真对待和妥善解决这一问题，给企业造成严重的不良影响，使企业失去了这部分重要的竞争力，这个企业还茫然不知其所以然。失去了使企业、产品的这个"母"，企业也就会逐渐失去存在的价值。

"既知其母，以知其子；既知其子，复守其母，没身不殆。"我们知道了万事万物生成的规律后，一定要重视由根源衍生的一些现象。现象是本质的外在表现，本质是看不见、摸不着的，只能通过现象看本质。重视每一个现象，解决每一个问题，遵循规律，不断修正，我们的危险就会减少。客户对企业的即时要求，就是客户的"母"。通过现象了解他们根本的需求，就能达到长期合作，使企业增强看不见的竞争力。

"塞其兑，闭其门，终身不勤。"企业的存在就是为客户服务的，企业的宗旨就是满足客户的需求。这个企业是一流企业，从老板到员工都有一种自傲感，没有放下身段，把自己当成是一名服务者，企业制定的政策也有缺憾，这是企业丢掉客户的关键原因。再完好的事物也会隐藏着一些不完美的孔洞，也会出现一些通向危险的门径。要使客观事物遵循规律前行，必须及时堵塞这些孔洞，关闭这些门径。只站在企业的角度，完全没有考虑客户的感受，还是习惯性思维，"酒香不怕巷子深"，只要产品好，不怕没人要。忽略了细节，忽略了微小空隙的危害，不知不觉疏离了与客户的情感。不经与客户协商，单反面取消了产品的光洁度工艺，看似降低了成本，实则阻塞了产品通向市场的门径。要把这些看似细小的问题全部找出来，解决掉，并建立长效机制，把这些危害企业的孔塞住、门关上。"开其兑，济其事，终身不救。"事物在发展过程中会出现许多新的变化，我们要及时发现和应对。企业的今天和明天不一样，企业对新的发展和变化要找到应对的规律，一个是预防，一个是坚守，一个是创新。坚守企业的“道”，防止不符合规律门径的产生，遵循规律，从不停止对企业的救赎。“见小曰明，守柔曰强。用其光，复归其明，无遗身殃，是为袭常。”“道”总是从微小柔弱的地方开始，这是“道”的常态，善于发现微小的事物，守住自身柔的方式，用事物本身的规律实现事物发展和进化，用客户自身的满意促成对企业的信任和依赖。我的企业、产品成就了你的成功，你的成功拉动我的企业和产品的升级，你离不开我，我也离不开你，只有这样才能不留下损害双方的祸殃，这种运行方式应该成为企业的常态。

我提出的建议是：第一，客户提出了产品的问题，要以满足客户为先，不要先划分责任，彻底解决产品的问题，然后再理清问题的缘由和各自的责任，使客户真正理解，与客户成为朋友。

第二，降低成本不能以牺牲产品的工艺、功能为代价。要在合理的区间内，在不影响产品质量的前提下降成本。

第三，对于用户提出的要求，设计人员不能以自己的主观定取舍，要以满足客户为最高目标。如果按客户要求改进产品确实难以做到，也要与客户讲清道理，让客户真正理解你的用意。

根据我的建议，老板改变了思维模式，组织高管和有关人员对客户进行了走访和问题整改，重新调整了企业制度，客户问题反馈第一时间人员到位，要求第一时间响应，形成了售后服务、生产制造、产品设计环环相扣的服务机制，很快企业又开始拿到大的订单。

《道德经》第五十二章　企业启示

企业如果在产品开发、企业运营、资金运营、科技发展、日常管理中一味追求自身舒适的局部小环境，违背了自然规律，采用了或急功近利或僵化守旧的方式方法，必然会给企业带来巨大的损失。

能够随时发现企业细微之处的弊病，能够在企业运营中时时符合自然规律才是真正的聪明。能够使企业的任何一项操作都在企业发展规律内，游刃有余、柔性十足，是一个企业逐渐走向繁荣强大的基础和先决条件。

一个企业在修炼自身的同时，还要适时、谨慎地学习借鉴其他企业、其他领域符合自然规律的一些好的方法和经验，使自己的企业生命力和成长力循环往复，杜绝和减少自身企业不符合自然规律的部分。这样才能使企业沿袭正常发展的、符合自然规律的良性循环。

《道德经》第五十二章　家传道德经参悟之一

“天下有始，以为天下母。”“道”是天下有的开始，是万物之母。

“既知其母，复知其子；既知其子，复守其母，没身不殆。”认识“道”，就会掌握万事万物的规律。由于“道”的不可完全知晓的特性，我们在用已知的“道”，在“道”以内作为的同时，还要根据在实际作为的过程中获得的资讯，来寻找最适合自身的“道”，并无限向其靠近，这样一直到生命的终结也不会有大的过失。

“塞其兑，闭其门，终身不勤。开其兑，济其事，终身不救。”塞堵“道”以外资讯的来源，关闭“道”以外欲望的途径，终生不会为“道”以外的作为而忙碌。打开“道”以外资讯的来源，不断在“道”以外作为，终将一事无成，这是无法救赎的。

“见小曰明，守柔曰强。”能够观察到微小事物和事物的细微变化叫作明“道”。能够保守柔韧才能坚持长久，这样叫作强大。

“用其光，复归其明，无遗身殃，是为习常。”能够应用可见到的光芒，能够应用以知、以见，才能够恢复到明察明道的层次。使自己的欲望完全得到满足，会产生许多“道”以外的为，自身就会遭到祸殃。这就是永远沿袭的常道。

有诗为证：以母知子识本末，遵常守真按道博。
塞闭孔径济其事，远离祸殃长安乐。

《道德经》第五十二章　家传道德经参悟之二

“天下有始，以为天下母。”万事万物的开始都是有一个促成其产生、形成、发展的动因，这个开始、这个总规律就是万事万物之母。

“既知其母，复知其子；既知其子，复守其母，没身不殆。”万事万物千姿百态、形状各异，在发展的过程中千变万化。我们认知了万事万物的总规律，也就认知了万事万物，万事万物遵循各自的规律运行。我们既然知道万事万物由总源头、总规律，只要坚守、遵循这个总源头、总规律，所有问题就会迎刃而解，自身就不会出现危险。

“塞其兑，闭其门，终身不勤。”万事万物在遵循各自规律运行的过程中，一定还会出现威胁其本体和寿命的孔洞，还会有通向危险的门径开启。总规律会及时地把这些孔洞和门径找到。"塞其兑，闭其门"，这种操作永远不会停止，因为堵塞了这些孔洞，关闭了这些门径，还会有新的孔洞和门径出现，终身都要进行这些操作。

"开其兑"，"道"（自然规律）会使看不见摸不着的、看得见感觉得到的万事万物不断变化发展，这种促进的方式常常是以微小柔弱的方式开始。

"济其事，终身不救。""道"（自然规律）还会使万事万物不断沿着当时还不被人类所认知的崭新规律去运行，这种新的规律形态就是万事万物发展、进化、演变的新态势。这种不断给予、维护、加强万事万物生命力的救赎行为，在万事万物的生命周期内永远不会停止。

"见小曰明，守柔曰强。""道"（自然规律）在它的运行中，有微小、柔弱不被认知的特性，认清这一点，人类就能够正确认知规律的又一个属性。按照这一规律，使我们的行动符合微小、柔弱，并且不断加以修正，就会使万事万物的生命力得以循环加强。

"用其光，复归其明，无遗身殃，是为袭常。"当万事万物受到削弱的时候，我们一定要扶助其按照它自身的规律恢复生命力。这种扶助只能是维护其按照自身发展规律的行为，慎防暴殄天物、画蛇添足。只有做到了这些，才能使偏离事物发展规律的因素不遗留在事物中，不给事物发展带来损害和祸殃，这应该成为万事万物承袭的常态。

《道德经》第五十二章　今通行本

天下有始，以为天下母。既知其母，以知其子；既知其子，复守其母，没身不殆。

塞其兑，闭其门，终身不勤。开其兑，济其事，终身不救。见小曰明，守柔曰强。用其光，复归其明，无遗身殃，是为袭常。

《道德经》第五十二章　王弼本

天下有始，以为天下母。既知其母，复知其子；既知其子，复守其母，没身不殆。

塞其兑，闭其门，终身不勤。开其兑，济其事，终身不救。见小曰明，守柔曰强。用其光，复归其明，无遗身殃，是为习常。

第五十三问： 我的企业聘请行业高端人才团队预测未来市场的发展方向，据此投资建厂，可是没有得到市场认可，反而给企业带来巨大损失。这是为什么？

第五十三解 抢占先机路不通 过度偏向不成功

诗曰：高端团队来预测，宏图规划好景色。
投入巨资建工厂，产品上市不认可。

深圳一位企业家朋友，为了抢占市场先机，聘请了业内的高端人才组成团队，对行业市场进行了前瞻预测。然后，他根据预测结果制订了企业发展规划，投入巨资建立了厂房，开发了新产品。可是，新产品投放市场时销路不畅，达不到盈亏平衡。这个团队预测一年后会有大的盈利，可是，一年半过去了，产品还是没有旺销的迹象。于是，他邀请我前去帮助想想办法。

针对新产品在市场上的认可度，以及受聘团队对市场的前瞻性预测，我对市场进行了调研。我发现高端人才团队的预测没有错，按照行业市场发展趋势，应该是他们预测的这个状态，但是实际上却不是。

老子说："使我介然有知，行于大道，唯施是畏。大道甚夷，而人好径。"所有的预测都未必是准确的。人类要对自然规律保有敬畏，规律不能全部认知，只能部分认知。"大道甚夷"，企业发展规律是千变万化、看不清楚的，无法完全认知的。"而人好径"，人类习惯沿着一开始的方向、自己认为的方向一直向前。大道是曲折迂回的，不能一直向前。不是今天发展到这样，以后仍然这样。所以高端人才团队预测不可能精准，因为大道是看不见的，不能准确预知的。

老板的思维要从根本上调整，"差之毫厘，谬之千里"，社会随着时间的推移在变化，多维度地影响着你所在的行业，行业发展是不可预知的。例如一些材料、职业在人们还没有做好充分准备的时候被淘汰了，一些新事物在人们还没有准备好的时候就突然来临了。在市场竞争激烈的环境下，前瞻性预测是必须的，但前提是不能盲目，要科学规划，不违背规律。

正确的前瞻性对策应该是：根据预测拟定应对方案，经过科研开发，试制出小批量的新产品，在适当的时机投放市场，根据市场认可程度再确定投资的产能，操之过急不行。

“服文采，带利剑，厌饮食，财货有余，是谓盗夸。非道也哉！”在调研中我还发现高端人才团队的决策给企业其他系统带来弊端。在人力资源方面，招聘员工一定要高学历、有国外留学的优先。在员工考核方面，制定了许多前瞻性详细标准，有很多不是现有的工作内容。在员工培训方面，高端人才团队制定的培训方案，采用国际知名公司的绩效考核办法，汇报一律采用规定的PPT模板，过度追求形式。“朝甚除，田甚芜，仓甚虚”，过度地修整田地，使田地荒芜，粮仓空虚，脱离企业实际，过度地追求形式，企业终将失去发展的活力。

真正适用的方案，是要守住企业的根本。根据预测方案采用循序渐进的方式，用多品种、小批量产品测试市场，待时机成熟后快速跟进打开市场。

在我的建议下，他们找到了高端人才团队前瞻预测方案的缺陷，重新调整了方案内容和整体思路，去除了脱离企业实际的内容。经过一段时间的努力，企业挽回了损失，新产品逐步占领市场，企业稳步迈向行业前列。

《道德经》第五十三章　企业启示

企业家要知道，企业所拥有的资金、软件、硬件等一切都不是一成不变的，都会随着事物发展的进程有所改变。企业的任何行为都必须在企业发展规律内不断地修正，适时地调整自身不适应规律部分，不断地向企业规律靠近。我们在实施任何一个创新、改进行为时，都要怀有对企业发展规律的敬畏，不敢越雷池一步。

企业发展规律是看不见、摸不着的，是不可能完全认知准确的，当你发现任何一个距离企业发展规律较近的方法时，可能已经时过境迁，彼时的发现已经距离实际相差甚远。有的企业家实施企业运营行为时，不但不能完全遵循已经认知的企业发展规律，而且还天真地简化自己的运营行为，势必造成自身的行为与企业发展规律实际相差甚远。

企业过分的行为和管理，就如同过度地锄地、间苗一样，把认识不清、判断不明、按照企业发展规律自然而然成长起来的思维萌芽除掉。这样过度的运营和管理使企业遭到重大损失，使企业大幅减少具有发展生命力的因素。

一个企业家要知道，过度追求企业表面的形式，过度追求严苛管理，盲目追求先进奖励机制，这些都属于企业运营管理的过度行为，都是不符合企业发展规律的。

《道德经》第五十三章　家传道德经参悟之一

“使我介然有知，行于大道，唯施是畏。”如果说能够对“道”有一点点的认识，那就是按大道行事的结果，唯独对大道施加影响是使我畏惧的。

“大道甚夷，而人好径。”大道难以认清，而人们总是喜欢沿着自己认定的路行走。

“朝甚除，田甚芜，仓甚虚。”朝朝暮暮每天都过度除掉一些禾苗，久而久之，田地上的禾苗就会稀少，田地荒芜，这样就会导致粮仓的空虚。

“服文采，带利剑，厌饮食，财货有余，是谓盗夸。非道也哉！”追求衣服饰物和华而不实的文采，追求佩戴锋利的宝剑，对饮食贪得无厌，大量存储钱财和货物。这些都是“道”以外的作为，等同于夸奖盗贼一样。这都不是正“道”。

有诗为证：介然有知行大道，唯施是畏险途遥。
好径田无仓空虚，食厌货余终不保。

《道德经》第五十三章　家传道德经参悟之二

“使我介然有知，行于大道，唯施是畏。”人们对“道”（自然规律）的认知一直以来是非常微少和幼稚的，如果说人们能够通过“道”与人中介的表象，能够了解认知一点点的“道”，那也是离真正的“道”相差甚远。只要是我们有所作为，即使是在“道”以内的作为（我们自认为是在“道”以内所为，是对的），我们也要怀着对“道”的无限敬畏之心，小心谨慎，好像在川谷的边缘行走一样，不越雷池一步。这样才能减少一些违反“道”（自然规律）的错误。

“大道甚夷，而人好径。”存在于万事万物中的“道”（自然规律），它的绝大部分是不可被人们认知的，我们看不见它，摸不着它，感觉不到它。它介于“道”与人的表象之间，不能完全被认知。由于人们对“道”的认知微小、片面，即使对这些认知也不能及时加以修正，使人们的认知不能随着客观环境的变化而变化，造成作为的偏差，往往根据经验、喜好，固执地选择他们认为对的路径。

“朝甚除，田甚芜，仓甚虚；服文采，带利剑，厌饮食，财货有余，是谓盗夸。非道也哉！”人们每天早早起来劳作，过度开荒耕种土地，过度施肥浇水，让地力不堪重负；花费大量的财力、物力、人力，建造奢华的宫苑、楼宇，毁坏耕地和禾苗，使大量的田地荒芜，粮仓空虚，使人们正常的生存受到威胁。

“服文采，带利剑，厌饮食，财货有余，是谓盗夸。非道也哉！”对“道”的认知偏差导致人们欲望的膨胀。人们追求华丽的服饰和浮夸的言辞，佩戴锋利的宝剑崇尚征伐，对基本民生不够敬畏。过度奢侈浪费大量食物，过度贪婪积累财富，使自己的欲望超出了“道”，超出了自然规律。这些都比强盗入侵的危害更大，不是人们应该遵循的人类生存发展的常道。

《道德经》第五十三章　今通行本

使我介然有知，行于大道，唯施是畏。大道甚夷，而民好径。

朝甚除，田甚无，仓甚虚；服文采，带利剑，厌饮食，财货有余，是谓盗夸。非道也哉！

《道德经》第五十三章　王弼本

使我介然有知，行于大道，唯施是畏。大道甚夷，而人好径。

朝甚除，田甚芜，仓甚虚；服文采，带利剑，厌饮食，财货有余，是谓盗夸。非道也哉！

第五十四问： 我的企业从管理到生产，完全比照行业内一家最优秀的企业，为什么我的产品市场信誉度和企业效益却远不如这家企业?

第五十四解　业内样板为楷模　利润效益走下坡

诗曰：学习照抄好经验，一模一样全照搬。
管理经营不走样，追求荣耀求领先。

一位广州的企业家朋友，一心想把企业带入业内领先的行列。他带领团队努力学习行业领先企业的经验模式，甚至于全面照抄照搬，可是依然在各方面都与领先企业存在较大差距。他对此非常着急，找我商量对策。

接受邀请后，我对他的企业和那家领先企业进行了调研，发现他的企业管理形式和管理内容确实跟他所学习的企业一样，就连他的产品和生产工艺都和这家企业一样。但是为什么效益却有这么大的差距?

最重要的原因是，那家企业在产品出现问题的时候，会在第一时间从根本上解决问题，确保问题不再次出现。而他的企业在发现问题后也能及时解决，但是以后问题还会再次出现。他的企业没有把先进企业的管理内化到他的企业之中，出现了一块石头绊倒几代人的现象。他的企业注重学习形式的东西，把自己企业的积累丢掉了。比如，产品出现了质量问题，售后服务人员去解决了，但是没有把问题反馈给设计部门和生产部门，这个问题没有带来经验，再出现同样问题还是要重新探索。这就是只学习表面，没有内化到企业系统，没有内化到企业高管思想中，没有内化到企业员工思想中，最重要的是没有内化到老板的思想中。

什么是内化?内化就是把企业多年积累的经验作为可检索、参考、利用的数据存入数据库中，在新的项目和问题出现之时，及时地检索并加以借鉴，及时、准确地解决问题。更重要的是在实施同类项目时，可以利用检索机制，直接利用有效数据，避免重新开发同类项目，可以节约大量的人力、物力、财力。

这就叫内化。

老子说："善建者不拔，善抱者不脱，子孙以祭祀不辍。"企业家要使企业的各个部门、各个方面的管理人员继承企业之前的经验教训，传承之前的成功管理，并且形成一个循环往复的新陈代谢机制。学习其他企业的经验，不能丢掉自己的多年积累，自己的企业不能变形变味，而是要在原有的管理基础上去发展。"修之于身，其德乃真；修之于家，其德乃余。"把学来的经验真正融入老板的思维中、高管的管理中、员工的行动中。

老板听取了我的建议，组织高管以老子的哲学思维重新调整了学习方案，制订了非常详细的企业内化措施和流程。经过一段时间的努力，这家企业终于成为行业一流企业。

《道德经》第五十四章　企业启示

企业家在开创基业的时候，要顺应周边的环境，遵循周边能够作用于本企业的自然规律，不能干扰和毁坏企业现有的状态和周边的环境。要知道，借助已有的趋势是企业成功的必由之路。

企业家要做到建立自身企业的营利系统、良性循环系统，与周围的各项有利因素有机融合，你中有我、我中有你。深层次地紧密结合，是不可以互相分离的。一个企业家做到不拔、不脱就会实现可持续发展，实现企业的良性循环。

企业家必须懂得修炼自身，不断学习和思考，借助规律的趋势、勇于开拓进取。顺应规律地营利，符合规律地发展，这是企业真正的成长力。

企业家要懂得大视野、大格局的重要性，这样的企业才会长久。企业家还要站到符合自然发展的高度，使企业各项发展都符合自然发展规律，这样才能使企业无限靠近自然规律，这样企业才能实现良性的新陈代谢，符合自然循环的规律。

《道德经》第五十四章　家传道德经参悟之一

"善建者不拔，善抱者不脱，子孙以祭祀不辍。"善于建设的人不会破坏自然环境，善于抱定的人不会使其脱离，子孙祭祀他们的活动从来不会中断。

"修之于身，其德乃真；修之于家，其德乃余；修之于乡，其德乃长；修之于国，其德乃丰；修之于天下，其德乃普。"修为于自身，其在"道"以内所得到的，是真正长久的；修为于一家人，家族在"道"以内所得到的，是用之不竭的；修为于家乡，其在“道”以内所得到的，是朴实的适合的；修为于城邦，在“道”以内所得到的，是丰厚的；修为于天下，在“道”以内所得到的，是普世的、恒常的。

“故以身观身，以家观家，以乡观乡，以国观国，以天下观天下。吾何以知天下然哉？以此。”所以，以我身，就可以观他身；以我家，就可以观他家；以我乡，就可以观他乡；以我邦，就可以观他邦；以我们族群所处的天下，就可以观察其他族群所处的天下。我怎么能足不出户就知道天下自然之道呢？就是用这种方法。

有诗为证：善建不建天命留，厚德齐家身长修。
观己即知国天下，不脱不拔自无忧。

《道德经》第五十四章　家传道德经参悟之二

“善建者不拔”，善于建设、修为的人，他在别人眼里从不显得与众不同，不使他人产生妒忌和猜疑；他的修为与周边生态环境融为一体，自然而然实现良性循环，成为周边环境和人群的一部分；他的修为对周边的事物和人群不造成伤害和不利，没有人主动想要把他从人群中去除；他的建设、创新、获取和修为始终遵循客观规律，因此，不会被规律淘汰。

“善抱者不脱”，善于抱定自然规律作为的人，他的作为不会脱离周边的客观环境，不会脱离与周边事物的联系，不会脱离与周边生态的互动和循环。

“子孙以祭祀不辍”，善于修为的人，不会脱离周边客观环境，不会脱离与周边事物的联系，不会脱离与周边生态的互动和循环。只有这样，事物才可持续发展，一代接一代的人才会不断地传承、繁衍，他的子孙以祭祀不辍。

“修之于身，其德乃真。”我们要不断地找到人类生存发展规律。人类生存发展规律、人类生存发展事物的客观规律、人类生存发展行为的客观规律，三个规律有机地统一起来，叫作“修”。能够在三个规律有机统一中良性循环叫作“善”。一切以适合人类生存发展为基础，把三个规律有机地统一在一起，并与自身相结合，认真遵循其行事就是“修”。我们自身与三个规律有机相结合，认真遵循其行事，就能够在“道”(自然规律) 以内获得真正所要获得的。

“修之于家，其德乃余。”把三个规律有机地与家相结合，并使家庭成员认真遵循行事，就能使家庭和睦，接踵而至的福报，就会让每个家庭成员应接不暇。

“修之于乡，其德乃长。”把三个规律有机结合，并使乡里成员认真遵循其行事，就能够睦邻友好，让团结互助、尊长爱幼、和气谦让的风气长久。

“修之于邦，其德乃丰。”把三个规律有机结合，并能使城邦成员认真遵循其行事，则民风淳朴、安居乐业，百姓获得丰厚收获。

“修之于天下，其德乃普。”把三个规律有机结合，使天下的人认真遵循行事，就能够使天下太平，免除征伐，自由往来，公平交易，人们得到普遍的尊重和幸福。

“故以身观身，以家观家，以乡观乡，以邦观邦，以天下观天下。”我们生存的方式是以个人、家、乡、邦、天下的形式出现的，我们要不断地寻找出现的偏差，不断地加以修正，让自身在“道”以内良性循环发展。我们还要在家、乡、邦、天下的范围内不断地寻找运行三个规律出现的偏差，不断加以修正，使之能正常新陈代谢和良性循环。

“吾何以知天下之然哉？以此。”我们只有这样做，才能符合万事万物的自然规律。

《道德经》第五十四章　今通行本

善建者不拔，善抱者不脱，子孙以祭祀不辍。

修之于身，其德乃真；修之于家，其德乃余；修之于乡，其德乃长；修之于邦，其德乃丰；修之于天下，其德乃普。

故以身观身，以家观家，以乡观乡，以邦观邦，以天下观天下。吾何以知天下之然哉？以此。

《道德经》第五十四章　王弼本

善建者不拔，善抱者不脱，子孙以祭祀不辍。

修之于身，其德乃真；修之于家，其德乃余；修之于乡，其德乃长；修之于国，其德乃丰；修之于天下，其德乃普。

故以身观身，以家观家，以乡观乡，以国观国，以天下观天下。吾何以知天下然哉？以此。

【注释】辍 chuò：本意是指中途停止。废止，放下，舍弃，撤销，撤除，取出，拿出等。

第五十五问： 我的企业重视营销，加强营销团队力量，想方设法开拓市场，可是效果总是不理想。这是为什么？

第五十五解　市场销售遇冷清　订单减少陷困境

诗曰：企业产能逐年强，产品销路不顺畅。
营销出错效率低，生存发展受影响。

唐山一位企业家朋友，他的企业已经运营15年了，他的企业生产能力较强，产品产量逐年在提高。可是，随着产能的扩张，销售遇到了瓶颈，产品订单跟不上生产节奏，他想了许多办法都不奏效。于是，他邀请我帮忙诊断。

我调研了企业营销团队的现状和工作情况，还对企业现有客户与潜在客户进行了深入了解，发现所有营销工作只是以市场上的表象需求为依据，缺乏开拓进取精神。在招投标网站上看搜集招投标信息，参加投标，中标机会很少，这是主要营销模式。还有是经过朋友介绍，哪个地方有需求，他们再去与客户交流，参加招标，这样中标的机会也不多。还有就是把产品委托给全国几个经销商去经销，经销人员管理经销商，这种方式承揽的订单也不多。再有就是靠一些老客户维持订单。可是这些老客户也在进行招投标，能否拿到这些老客户的订单也是问题，企业面临着丢失老客户的潜在危机。

在与这位企业家和企业高管们交流时发现，从老板到高管和营销人员对营销深层次规律认识不足，我根据老子《道德经》第五十五章的哲学思维提出建议。

老子说："含德之厚，比于赤子。蜂虿虺蛇不螫，猛兽不据，攫鸟不搏。"企业要使客户认可，长期不离不弃，才能拿到该客户的稳定订单。"比于赤子"，让客户觉得你像他的孩子一样，争取让客户喜爱。第一是喜爱，第二是需要，第三是共同成长，第四是让客户的未来发展对你有所依赖。

客户喜爱，可以是建立在需要上的喜爱，也可以是建立在喜爱上的需要。如何让客户喜爱：第一，要让客户了解你，需要营销人员从不同角度、深层次地介绍企业的文化、产品，企业长远规划，企业产品设计的优势在哪里，生产工艺优势在哪里，质量保障优势在哪里，售后服务贴心点在哪里，企业产品质量和企业管理螺旋上升点在哪里。

第二，要让客户信任你，把企业诚信的案例不断讲给客户听，在与客户接触过程中促成、产生新的诚信案例。

第三，深入挖掘客户深层次的需求，解决客户的棘手问题，与客户一起制订解决这些问题的方案，并加以实施。

第四，向客户介绍新技术发展趋势，找到开发创新的共同点，探索无缝隙合作模式和产品开发前移。

要让客户喜欢你、信任你，像客户的家庭成员一样，对你寄予希望，不用防备你对他的伤害。这就是成功销售的秘诀。“蜂虿虺蛇不螫，猛兽不据，攫鸟不搏。”剧毒的毒虫和凶猛的禽兽都不会伤害自己的幼崽，还会百般呵护自己的幼崽。

客户不选你的产品，因为客户对你没有深入的了解，没有认可你的服务，对产品持怀疑态度，更谈不上喜欢你。如果你做到了“含德之厚，比于赤子”，你就会赢得客户的信赖，赢得市场。

在我的建议下，老板和高管、营销团队一起学习交流了老子的《道德经》，并用老子的哲学思维审视了企业的营销工作，制订了新的营销策略和营销方案。企业的营销逐步有了起色，在一年多时间里，与五个潜在目标客户达成了共同开发合作协议，企业订单大幅增加，产品供不应求，老板又计划收购制造同类产品的企业。

《道德经》第五十五章　企业启示

万事万物都是由阴阳组成的，阴阳是基本平衡的，任何一方面独大，都是自身的主观臆想。企业要在瞬息万变的市场中立于不败之地，练好内功达到自身的阴阳平衡十分重要。要顺应规律，不断积累各个方面的营利方法与手段，这种营利不是滥用自己的主观智巧，而是让客户把这个企业当作他生存发展的一部分，有意或无意地给予丰厚利涯，客户也不会主动损害自身的利益（你的企业发展会给他的企业带来益处）。

企业家要知道，即使自身各个系统很科学、先进，也无法掌握用户发展的关键。只有真正地深化与用户的合作，才能获得长期可持续的订单。企业家要了解合作双赢的真谛，即做到我中有你、你中有我，又做到各自营利系统独立。这是企业发展的恒常规律。

创新要从企业自身的深层次内部迸发出来才会具有生命力。企业最忌讳的是内卷式发展，简单的扩大再生产会使企业貌似壮大，实则缺乏内生动力。

《道德经》第五十五章　家传道德经参悟之一

“含德之厚，比于赤子。蜂虿虺蛇不螫，猛兽不据，攫鸟不搏。”符合自然规律，在“道”以内生存，好比初生的幼崽。蜂、虿、虺、蛇不会螫伤它们的幼崽，攫鸟猛兽也不会攻击伤害自己所生的幼崽。

“骨弱筋柔而握固，未知牝牡之合而全作，精之至也。”要使自己的刚强地方好似柔弱，使自己关键的中枢命脉柔韧，要持久把握并不断巩固自己的强健和柔韧。未知阴阳交合而能朘作，是由于精气纯正（借喻在不知道阴阳交合天理之时，就能够顺其自然保持在“道”以内的作为，是由于自身符合天道属性所决定的）。

“终日号而不嗄，和之至也。”小儿终日哭叫而嗓子不沙哑，是因为符合常道才做到的（自己正常在道以内所得的作为，不突破自己的常道而不伤害自身）。

“知和曰常，知常曰明，益生曰祥，心使气曰强。”符合常道才能保持长久，知常道才能明察。对生命有益才能带来吉祥。要保持内心对生命的定位，时刻保持自己的生命力，如此才叫强大。

“物壮则老，谓之不道，不道早已。”事物的强大意味着即将衰老，不按“道”行事，就会过早被“道”所淘汰。强壮意味着衰老即将到来，这是因为物体在强壮的过程中有不符合“道”的因素造成的，不符合“道”的成分在物体强壮之时就早已存在了。

有诗为证：赤子德厚虫不蛰，骨弱筋柔精气合。
号而不嗄知常明，物壮则老强梁折。

《道德经》第五十五章　家传道德经参悟之二

“含德之厚”。要顺应自然，学会在“道”（自然规律）以内去获得自身生命新陈代谢所必需的物和事，并且还能学会随着客观环境的变化，随着互动对象的变化而及时调整自身，按其变化后的叠加规律，在叠加后的“道”以内获得自身所必需的物和事。

含，发现、学会、拥有，按着客观环境和互动对象的叠加规律获得。要获取足够的供给生命生长的物和事，必须在“道”以内得到这些物和事。厚，不是获取过多，而是连续不断拥有生命必需的、在“道”以内得到的事物。这种连续不断为厚。

“比于赤子”，用刚刚诞生的生命做比喻，这个刚刚诞生的生命包括人类和动物。“毒虫不螫，猛兽不据，攫鸟不搏”，在自然界中，虫蝎和毒蛇都不会螫咬自己的幼崽，再凶狠的豺狼虎豹也不会攻击自己的幼崽，再凶猛的飞禽也不会伤害自己的幼崽。这是自然规律使然。

“骨弱筋柔而握固，未知牝牡之合而全作，精之至也。”人类的婴儿和动物的幼崽一样，虽然骨弱筋柔，但他们紧紧握住了作为他们生长、存活的规律，他们不知道这个规律是阴阳的平衡，但他们能够牢牢地抓住这个规律，这个规律就是他们的父母都是千方百计地爱护他们的婴孩和幼崽，这个规律就是生命的精。

“终日号而不嗄，和之至也。”刚出生的婴儿总是在不停地哭喊，嗓子却不会沙哑，因为他的哭喊没有超出自身的规律，在规律范围内，与客观环境互动，保持阴阳平衡，没有超出极限。

“知和曰常，知常曰明，益生曰祥，心使气曰强。物壮则老，谓之不道，不道早已。”知道、坚守、维护、修正这个“和”才能达到常态，才是常道。达到常态，知道、维护、坚守这个常态，才算明白。如何坚守这个叠加规律，一定要掌握叠加规律，才能保持生命正常生存繁衍。只有保持生命繁衍，才能给人类带来祥瑞。人类要生存发展，一定要从内心发出生命之气，以生命之气引导生命的增强之气，会使生命逐渐壮大和老去。因为这种心底增强之气的发展规律就是使你逐渐老去，这种心底增强之气使人不断地在“道”以外作为，是谓“不道”。这是一对阴阳矛盾，人类本身的行为规律与客观环境互动对象规律相矛盾，这是两个不同的自然规律，人类只能取双方都能够接受的规律。但是，双方规律或多或少一定会存在彼此不接受的部分，这些不接受的部分不断淘汰对方，这就是物壮则老的道理，是谓“不道”。这种冲突，从世界和人类产生的时候就早已存在了。

《道德经》第五十五章 今通行本

含德之厚，比于赤子。毒虫不螫，猛兽不据，攫鸟不搏。骨弱筋柔而握固，未知牝牡之合而朘作，精之至也。终日号而不嗄，和之至也。知和曰常，知常曰明，益生曰祥，心使气曰强。物壮则老，谓之不道，不道早已。

《道德经》第五十五章 王弼本

含德之厚，比于赤子。蜂虿虺蛇不螫，猛兽不据，攫鸟不搏。骨弱筋柔而握固，未知牝牡之合而全作，精之至也。终日号而不嗄，和之至也。知和曰常，知常曰明，益生曰祥，心使气曰强。物壮则老，谓之不道，不道早已。

【注释】虿 chài：蛇、蝎类的毒虫的古称。 虺 huī：古代中国传说中的一种毒蛇，常在水中。 攫 jué：鸟用爪迅速抓取。 嗄 shà：声音嘶哑。

第五十六问：为什么我的企业总是不走运？

第五十六解　小微企业要做大　期望无果运不佳

诗曰：一心求变做强企，努力开拓尽全力。
　　　止步不前终认命，机不逢时没福气。

广州一位企业家朋友经营一个小微企业，他一心想把企业做大，用了许多心思，想了许多办法，企业就是止步不前，于是他就抱怨生不逢时、时运不济。我在一次走访中来到了他的企业，他把他的想法和盘托出，向我询问有没有什么良策。

我在对他的企业及周边市场环境进行深入调研后，决定用老子《道德经》第五十六章的哲学思维来帮助他解决思想认识问题。

老子说："知者不言，言者不知。"所谓的运气，就是市场中出现的对企业有利的一些机会，把握住并利用好这些机会，企业就会上一个台阶。

市场上往往会出现多种征兆，有的对你的企业有利，有的对其他企业有利。识别和判断出有利的征兆，首先要扩大企业的运气，扩大对你企业有利征兆的范围，从另一个角度说，就是你必须有效识别对你企业有利征兆的范围和深度。

企业各个系统要有效识别客户需求，哪些客户需要的产品在市场上还没有，这个产品还是空白。"塞其兑"，你来填补这个空白。"闭其门"，找到客户最棘手的质量问题并最大限度地予以解决。"和其光，同其尘，是谓玄同"，把客户的需求确立为企业的努力方向，急客户之所急，你的发展方向就是解决这些客户亟待解决的问题。

运气是靠与客户深入交流得来的。不与客户深入交流，就不了解客户真正的需求，客户的技术要求只是一个最低限度，需要你深入挖掘，找到深层需求，采用新技术填补。

"故不可得而亲，不可得而疏；不可得而利，不可得而害；不可得而贵，不可得而贱。故为天下贵。”企业发展规律是一个公正的规律，不会无故产生好的运气和征兆，需要你去争取，企业各个系统要深入客户需求，在这个过程中才能得到自己的运气。运气不青睐任何企业，能够积极主动与客户互动，填补市场的空白，企业才会走运。

经过分析交流，老板的认识有了提高。他带领管理团队学习讨论了老子《道德经》第五十六章，纠正了自己的思想偏颇，制订了一系列深入客户开展工作的方案。例如，深入市场和客户，了解客户对产品耐用性的期待。企业剖析了这款产品，发现采用传统原材料和传统工艺生产的产品，耐用性已经不能满足客户新的需求，于是大胆尝试了新材料和新工艺生产这款产品，成倍地提高了产品的耐用度，虽然产品成本有所增加，但是这款产品在市场上供不应求，为企业带来可观的效益。

企业转变了思维模式，不是碰运气、等时机，而是主动练好内功，融入客户，深入市场，去寻找、发现、把握、放大市场有利企业的征兆，创造企业效益的增长点，自然运气连连，企业成为业内小巨人。

《道德经》第五十六章　企业启示

一个好的企业家要善于对企业的运营进行把控，要知道无论用多么贴切和详尽的语言也无法使企业的规章制度描述全面、细致、深入，已经制定好的规章制度一定有不全面、不细致、不深入的地方。

企业的发展规律存在于企业的每一个细微之处，顺应这些规律，可以阻塞企业进入错误的路径，阻止企业过分冒进，去除企业的傲气，理清企业繁杂的问题，明确企业方向，修正企业错误。研究掌握应用这些规律，就可以找到用户的需要。企业逐步向这些规律靠近，与这些规律愈近，企业发展愈好。这些规律对任何企业都没有亲疏远近，顺之则昌，背之则亡。

在企业的发展规律、市场发展规律、科技发展规律面前，所有的企业都是平等的，遵循顺应这些规律是企业发展的必由之路。

《道德经》第五十六章　家传道德经参悟之一

“知者不言，言者不知。”对“道”有认知的人，是不能够用语言把“道”完全表述出来的，自认为可以用语言把“道”完全表述清楚的，是没有真正认知“道”。

“塞其兑，闭其门，挫其锐，解其分，和其光，同其尘，是谓玄同。”“道”的运行会把一切的微小孔隙塞住，会把一切门径关闭，会把一切尖锐挫平，会把一切纷繁复杂解开，会使一切光芒聚合，会使一切尘埃趋同，这就是万事万物同时在无限地向“道”靠近。

“故不可得而亲，不可得而疏；不可得而利，不可得而害；不可得而贵，不可得而贱。故为天下贵。”每个人都不可以单独得到，“道”对你有所亲顾和疏远；每个人都不可以单独得到“道”的利害；每个人都不可以因得“道”而感生贵贱。这就是天下的“道”，贵在一视同仁。

有诗为证：知者不言为真知，和光同尘玄即尺。
亲疏利害得贵贱，万物归一无生死。

《道德经》第五十六章　家传道德经参悟之二

“知者不言，言者不知。”人类所能认知的事物和客观规律是不能够完全用文字、语言及其他表达方式表达出来的；文字、语言及其他表达方式，不能够完全表述人类认知的事物和客观规律；人类还不能够完全认知自然规律，我们的认知还不很准确，还带有一定的片面性。

“塞其兑，闭其门”，自然规律、客观规律在万事万物中普遍存在，对万事万物的修正从未停止、从无遗漏。无论在多么微小的孔洞缝隙中，还是在宽阔广袤的空间中，自然规律都不会让不符合自然规律的事物发展、延续、循环下去。

“挫其锐，解其分”，不符合自然规律的事物，不管来势多么凶猛、激烈，自然规律都会把它的锐气挫平，让它顺应自然规律和自身规律。在我们人类看来十分纷繁复杂、混乱无序的事物，自然规律都会把它排解、梳理得错落有致、井井有条，按各自特有的规律发展运行。

“和其光，同其尘”，在我们人类看来与众不同的，特性、特点突出的事物，自然规律都会把它们分门别类、按部就班地安排好，不使它们有丝毫的、不和谐的对规律的逾越。万事万物最终的归宿只有一个，就是进入产生、发展、死亡、重生的循环。

“是谓玄同”，自然规律会使万事万物不折不扣地、毫无偏离地、坚定不移地、持续循环地沿着客观规律循环往复地发展。在此过程中，无论万事万物如何出现偏离，但是万变不离其宗，它们最终都必将被客观规律所修正，这种修正是永无停歇的。

“故不可得而亲，不可得而疏”，所以，万事万物的演变发展在自然规律面前都是一样的，任何事物都不会被自然规律亲近或者疏远。

“不可得而利，不可得而害；不可得而贵，不可得而贱。故为天下贵。”任何事物都不能得到自然规律的利益，也不能受到规律的伤害。任何事物不可能得到自然规律的推重，也不可能受到自然规律的轻贱。这就是天下自然规律得以永不停歇运转循环的机制，天下万事万物都按其规律正常运转，规律对万事万物总是不偏不倚、无亲无疏、无利无害，所以成为天下的遵循。

《道德经》第五十六章　今通行本

知者不言，言者不知。塞其兑，闭其门；挫其锐，解其分，和其光，同其尘，是谓玄同。

故不可得而亲，不可得而疏；不可得而利，不可得而害；不可得而贵，不可得而贱。故为天下贵。

《道德经》第五十六章　王弼本

知者不言，言者不知。塞其兑，闭其门，挫其锐，解其分，和其光，同其尘，是谓玄同。

故不可得而亲，不可得而疏；不可得而利，不可得而害；不可得而贵，不可得而贱。故为天下贵。

第五十七问： 顺应当前科技发展潮流建立的高科技企业，为什么迟迟不见产生预期的效益？

第五十七解 建立新企高科技　迟迟不见高效益

诗曰：聘用高人治新企，发展迟滞陷低迷。
　　　客户难寻遇冷清，新品上市多碰壁。

江苏泰州一位企业家朋友，企业经营得顺风顺水，市场占有率一直很稳定。他看好市场发展，把工作重点放在了创新，新建了一个高科技企业，聘请了一位行业当中出类拔萃的 CEO 作为管理者，认为这样会带来可观的回报。可是，经过一段时间运营，这个高科技企业发展进入了低迷状态，企业生产和市场开发都进入了死胡同。

老板认为，新建的高科技企业顺应了当前创新发展的大势，可是为什么发展不起来呢？他请我来帮忙分析原因所在。

我对这个高科技企业及老板所领导的本体企业进行了调研。根据调研结果，我与老板及新建的高科技企业高管们一起学习《道德经》第五十七章，用老子的哲学思维来统一认识。

老子说："以正治国，以奇用兵，以无事取天下。"以正治国，就是企业要找到自身发展规律，不断向规律靠近。老板的企业已经发展得顺风顺水了，用顺风顺水的管理、业绩来检验，企业做到了以正治国，而以奇用兵则没有做到。高管们认为出奇兵，就是用领先的技术、创新的产品去占领市场，这是不对的，这也是新建高科技企业常犯的错误。老子所说的以奇用兵，借用到企业，是指要找到市场中各个企业、各个产品平衡过程中出现的错位，这个错位叫奇，然后牢牢抓住市场产品错位给出的机会，迅速用企业的产品开发能力、市场开发能力去捕捉错位所产生的机会。就是说，建立高科技企业必须抓住市场错位这个奇，来确立高科技企业运营范畴和时机。

老板所建立的这个高科技企业不是针对市场出奇而建立的，而是根据人为预测所建立的，方向错了，越努力离目标越远。这位CEO领导的高管团队还制订了一系列不符合市场发展规律的短期措施，更加快了这个高科技企业走入死局的速度。

“以无事取天下”，企业增加了经济增长点，扩大了势力范围，应该采用原有的经过多年实践检验的管理方法，新建企业本来就面临新市场、新产品、新用户、新团队，各个系统间缺乏磨合，如果再采用一些人为设计的管理方法、书本上的管理方法，会把企业带入陌生地带。以无事取天下，就是要采用经过企业长时间实践证明了的、使企业顺风顺水的管理方法，这样才能无事、取天下。建立高科技企业的关键是老板要亲自组织领导，探索高科技企业发展之路，最好是以原企业老班底为主。新建企业会遇到许多新问题，新人和新制度是企业不成功的原因之一。

老板和高管团队提高了认识，他们确立了新的方向和目标，找到了市场的奇，研发生产了5个系列的新产品，填补了市场的空白，赢利大大超过了原来的企业。

《道德经》第五十七章　企业启示

企业要不断地立正、玄正、守正、养正、修正。立正，就是要根据自身特点和市场实际研究判断出自身应该遵守的规律。玄正，就是要使企业行为不断向自身发展规律靠近。守正，就是要坚守有自身特点的发展规律。养正，就是要按照自身发展规律投入有形或无形的支撑。修正，就是在企业运营的活动中，不断发现适合自身发展的新规律，不断发现不适宜的老做法，摒弃这些不适宜的旧规律、老做法，推陈出新，找到并采用适应企业发展规律的新做法。当企业发现市场的均衡被打破，产生了新的需求时，要当机立断，及时抓住机遇勇于开拓进取。企业家要深刻领会，一个企业发展和保持良性循环的根本，是保持企业正常、稳定的新陈代谢。

《道德经》第五十七章　家传道德经参悟之一

“以正治国，以奇用兵，以无事取天下。”以自然常道来治理国家，时刻保持国家阴阳平衡，决不先发制人。外敌侵略之时也就是对方阴阳失衡之时，此时用兵可以获得事半功倍的效果。以不在“道”以外为，不在“道”外做事，以取得天下常道的包容。

“吾何以知其然哉？以此。”我怎么知道治国用兵取天下是否顺其自然呢？用以上事例就能知晓，看他是否以正、以奇、以无事治理国家。

“天下多忌讳，而民弥贫。”天下很多人为的“道”以外的忌讳束缚，这样就会影响、干扰、破坏百姓正常在“道”以内的所为，必然导致荒年贫穷和叛乱。

“民多利器，国家滋昏。”百姓崇尚拥有兵器和多余财物，以这些为目标在“道”以外所为，国家逐渐昏暗败落。

“人多伎巧，奇物滋起。”人们崇尚追求智慧技巧，不可避免在“道”以外为，与平常不同的奇异器物就会逐渐出现，这样，就会遭到常道的修正。

“法令滋彰，盗贼多有。”人们崇尚追求法制，但法律也会有许多遗漏，许多损害人类利益的作为没有被包含其中，就会滋生很多的盗贼。

“故圣人云，我无为而民自化，我好静而民自正，我无事而民自富，我无欲而民自朴。”所以圣人说，我们不在“道”以外为，百姓就能在自然的环境下按常道得到教化；我坚守常道，百姓就会将“道”以外的作为归于常道；我不在“道”以外多事，百姓按“道”所行必然富足；我没有“道”以外的欲望，不崇尚奢华，百姓就会遵循常道，使民风淳朴。

有诗为证：治国用兵取天下，正奇无事民自化。
伎巧奇物毁社稷，好静无欲民富甲。

《道德经》第五十七章　家传道德经参悟之二

“以正治国。”正，正气，常道，符合自然规律的、适应人们正常生存的正道，要以正道治国，就要以阴阳趋于平衡为基础的思维方式治理国家或较大的族群，使国家或较大的族群发展趋近平衡。因为任何事物都不存在绝对的阴阳平衡，接近或趋近平衡，社会就和谐安康。

“以奇用兵。”奇，是缺、是乱、是祸。一个国家、一个族群出现了奇，出现了人为的祸乱，就是阴阳出现了较大的错位。在阴阳不平衡的趋势越来越明显的时候，只有动用军队，用强力来恢复阴阳的平衡。

“以无事取天下。”用阴阳平衡的思维方式在自然界中生存，由于阴阳趋近平衡，阴阳错位较小，事物矛盾小，称为无事。只有用阴阳趋近平衡思维行事，不人为多事，才能顺应自然规律，管理治理好国家和族群，使人们自然生存。

“吾何以知其然哉？以此。”我为什么知道这些道理呢？主要是因为下面这些事例。

“天下多忌讳，而民弥贫。”人类生活在自然界中，由于人为地规定了许多禁忌，这些禁忌与自然规律有较大的差异，这个差异就会生出许多事端，而这些事端会妨碍人们的正常生活和劳作，造成人们生活资料短缺，造成人们的普遍贫困。

“民多利器，国家滋昏。”由于人们过多追求正常生活以外的欲望，造成频繁的争执，使社会昏庸。

“人多伎巧，奇物滋起。”镂金雕玉、华服美景，人们普遍追求智慧技巧，崇尚奇巧之物，奇巧之物就会滋生蔓延，基础的生态环境会被破坏，田园荒芜，自然平静生活将被扰乱。

“法令滋彰，盗贼多有。”过于追求酷刑和严苛的法律，而忽视社会人格、道德、文化的建立和管理，就会滋生更多的强盗和窃贼。

“故圣人云：我无为，而民自化。”所以，那些顺应自然规律的人，不被自然规律淘汰的人总结出来的经验是，人类应该最大限度地顺应自然规律，人们就会按照自然规律得到教化。

“我好静，而民自正。”每个人都应该以阴阳平衡为追求目标，大家都这么做了，整个社会就会趋于阴阳平衡。

“我无事，而民自富。”每个人都追求阴阳平衡，不在“道”以外滋生事端，族群当中每个人就会有更多的精力通过劳作获得生存物资，靠充足的物资带来富有。

“我无欲，而民自朴。”我们每一个人都戒除正常生活以外的欲望，顺应自然规律，整个族群就和谐，与生态环境良性循环，民风就能归于淳朴。

《道德经》第五十七章　今通行本

以正治国，以奇用兵，以无事取天下。

吾何以知其然哉？以此。天下多忌讳，而民弥贫；民多利器，国家滋昏；人多伎巧，奇物滋起；法令滋彰，盗贼多有。

故圣人云：我无为，而民自化；我好静，而民自正；我无事，而民自富；

我无欲，而民自朴。

《道德经》第五十七章　王弼本

以正治国，以奇用兵，以无事取天下。

吾何以知其然哉？以此。天下多忌讳，而民弥贫；民多利器，国家滋昏；人多伎巧，奇物滋起；法令滋彰，盗贼多有。

故圣人云，我无为而民自化，我好静而民自正，我无事而民自富，我无欲而民自朴。

【注释】弥 mí：本义为放松弓弦。又可引申为满、广、终极和久远等。伎 jì：技巧，才能。

第五十八问： 我善待企业合伙人，可是他不但弃我而去，还带走了企业的技术、人才和客户，使企业遭到灭顶之灾。这是为什么？

第五十八解　瞬间惊变无前兆　企业散伙灾祸到

诗曰：朋友相待终如一，托付重任心不疑。
带走人才与客户，好端企业两分离。

武汉一位企业家朋友紧急找我，向我述说了一件使他心灰意冷的事情。原来他的企业一直做得很好，他总是想扩张他的企业。三年前，他的同学找到了他，要与他合伙把企业做大。同学投入的资金比他多，占 60% 的股份，当总经理，管理企业技术研发、产品开发和产品销售。他作为企业法人、董事长，管理企业生产和售后服务。合作后，企业得到了较大发展，市场份额不断扩大，利润大幅度提高。他逐渐地放手，把企业的大部分权力都交给了同学掌管。三年过后，在毫无征兆的情况下，同学突然向他摊牌，要分手各干各的，迅速撤出资金，带走企业成熟的技术和一些技术骨干，还带走了部分企业客户。很快同学的企业就开始运营了，他的企业还是生产合伙时的产品，原来的客户纷纷与同学的企业签订订单，他的企业面临倒闭。

这位老板说，他对同学非常好，就像亲兄弟一样，万万没想到会出现这样的问题。受此打击，他一蹶不振，感到再无翻身的能力，想要放弃企业不做了。

我对他的企业现状和面临的问题进行调研后，与老板和留下来的管理人员一起学习了老子《道德经》第五十八章，交流了思想，提出了我的建议。

老子说："祸兮，福之所倚；福兮，祸之所伏。"同学来了，带来了资金和人力资源，这是福。但是，这位老板没有认识到福是祸端的开始，没有采取积极的防范措施，拱手把市场和技术交给同学。老板认为他诚心诚意对待同学，同学也能真心实意对待自己。"其无正。正复为奇，善复为妖。人之迷，其日固久。"老板的认识是错误的。每个人的思维方式是不一样的，价值取向也是不同的，受环境影响和条件的变化，价值观会随之改变。老板把这个企业完全交给同学经营管理后，在企业利润比原来企业大得多的时候，这个同学会认为利润大多都是他挣来的，老板对企业贡献不大，但是挣的钱比他多了，不公平。由于他掌握了开办企业的技术、人力、人脉资本，私欲膨胀，不顾情面，拆了老板的台，干起了自己的企业。

“祸兮，福之所倚。”同理，祸也是福的开始。虽然他的同学单干了，把企业技术和一些骨干带走了，把一些老客户也给带走了，但毕竟这个企业是老板一手创办的，多数技术管理骨干还是留下来了。如果老板能重整旗鼓、发愤图强，就可以变被动为主动。老板一直是抓生产的，于是组织团队在市场上宣传自己产品的加工工艺，产品质量过硬，抓住老客户，扩展新用户。经过一段时间，同学的企业开始暴露出一些问题，产品加工工艺达不到要求，产品质量下降，客户出现不满，企业成本增加。

经过学习交流，老板和管理团队提高了认识、树立了信心，老板亲自带领团队对产品开发和市场营销进行攻关，对老客户原来产品的问题主动服务，对失去的客户不断跟踪服务，被带走的客户逐渐又都回来了，企业利润大增。同学的企业产品质量下降，客户丢失，最后在经营不下去的时候又来找老板要求合作。老板学习了《道德经》，懂得福祸的变化规律，能够理性正确对待合作伙伴，重新接纳了同学，企业得到了更好、更大的发展。

《道德经》第五十八章　企业启示

企业领导人在规范制定企业各项管理制度时，既要明晰严格，又要遵循个体人的行为常道，做到了这些，员工就会敢于履职担责，使各个部门及人员之间的真空地带不复存在，夯实企业竞争基础。

企业领导人如果过于严苛规定岗位的职责范围，过度依赖使用绩效考核方法，对员工实施苛政，会使企业员工缺乏自觉履职的精神，失去准确创新的意愿，企业缺失生机和活力。

企业运营的失败，往往始于企业领导者良好的愿望和企业赢得胜利的时刻，企业的灾祸多是来自企业改造的措施和方法，企业危机时时起源于企业的成功时刻。

一项看似好的措施可能会给企业造成混乱和失衡。管理者要知道，管理需要掌握恰当的尺度。企业管理不存在放之四海而皆准的统一标准，如果一味追求学习哪个企业的管理方法并以此为标准，必然会使企业整体不和谐的情况发生。如果一个企业善于学习套用其他企业运营方式，短时间内可能貌似繁荣兴盛，长此以往就会失去企业发展的生命力。

企业家在市场竞争中要有勇有谋，要大胆直率、一往无前，也要沉稳谨慎，不要过早暴露企业的战术，不要成为市场上的众矢之的。

《道德经》第五十八章　家传道德经参悟之一

“其政闷闷，其民淳淳；其政察察，其民缺缺。”国家的政令接近于常道，百姓就会自我教化向常道趋近；国家的政令一丝不苟，百姓就会由于盲目遵守而失去自身的常道。

“祸兮，福之所倚；福兮，祸之所伏。”灾祸蕴含着福祉，福祉蕴含着灾祸。

“孰知其极？其无正。”人们无法掌握福祸各自发展到极端而互相转化的尺度。永远不会单方面存在福，或者单方面存在祸。

“正复为奇，善复为妖。”归于正道循环往复也会出现偏差于“道”的作为，善于追求“道”以内的作为，过多、过甚、往复就宛如妖孽一样，对自己、他人及自然环境有害。

“人之迷，其日固久。”人们的迷惑已经持续很久了。

“是以圣人方而不割，廉而不刿，直而不肆，光而不耀。”所以，存在得久的人，坚守自身的“道”，对周边环境没有抵触和伤害。正常收获果实，同时对周边或自身没有伤害，率直而不肆无忌惮，光彩照人而不耀眼。

有诗为证：民朴风淳其政闷，政察民缺行不稳。
福祸伏倚人之迷，光而不耀为本真。

《道德经》第五十八章　家传道德经参悟之二

“其政闷闷，其民淳淳。”政令、政策应该顺应自然规律，合乎世俗、文化、习惯，适应生存的生态环境，使人们感觉不到政令、政策对他们的生存造成束缚和妨碍，甚至感觉不到它的存在。人们在政令、政策的引导下，劳作自然，关系和睦，民风淳朴。

“其政察察，其民缺缺。”政令、政策违背了自然规律，过度严厉苛刻，与人们不相适宜，就会束缚妨碍人们的生产生活，使人们缺乏生产生活的乐趣，缺乏创造性和幸福感，缺失和谐和睦的氛围。

“祸兮，福之所倚；福兮，祸之所伏。”对人们不利的，对人们造成伤害的事物，同时存在有利的一面，如人们在逆境中磨炼了意志，增长了才干；水患加以利用可以灌溉良田，不利转化为有利。对人们有利的事物，同时存在不利因素。一旦人们在成功和胜利面前忘乎所以，骄傲自满，祸端也就会接踵而至，有利转化为不利。

“孰知其极？其无正也。”没有谁能够知道，有利和不利何时、何地、何种情况下相互转化，这种转化是难以预测的，是不会按照人们的预想去发展的。

“正复为奇，善复为妖。”人们认为正的，可以转化为奇的、斜的、缺的。人们认为友善的，可以转化为邪恶的、欺诈的、凶狠的。

“人之迷，其日固久。”人们对福祸转化认识不清，这种情况从古至今始终存在。什么时候转化，什么情况下转化，转化后的结果什么样，谁也预想不到。

“是以圣人方而不割，廉而不刿，直而不肆，光而不耀。”做事符合自然规律的人，政令、政策有规定的边界，不与民俗、习惯、文化发生冲突。政令基于人们的行为、思维更好地顺应自然规律，而不对族群生存、发展、繁衍、循环产生破坏和伤害。政令简洁、清楚、直接，不会让人们无所适从。政令为人们指明了思维方向和行为方式，人们把政令自觉付诸行动而不感到拘束。

《道德经》第五十八章　今通行本

其政闷闷，其民淳淳；其政察察，其民缺缺。祸兮，福之所倚；福兮，祸之所伏。

孰知其极？其无正也。正复为奇，善复为妖。人之迷，其日固久。是以圣人方而不割，廉而不刿，直而不肆，光而不耀。

《道德经》第五十八章　王弼本

其政闷闷，其民淳淳；其政察察，其民缺缺。祸兮，福之所倚；福兮，祸之所伏。

孰知其极？其无正。正复为奇，善复为妖。人之迷，其日固久。是以圣人方而不割，廉而不刿，直而不肆，光而不耀。

【**注释**】刿 guì：刺伤，划伤。割开，切口。　肆 sì：放纵，任意行事。

第五十九问：为什么我的企业顺应潮流进行了转型升级，效益却下降了？

第五十九解　转型升级顺潮流　效益下滑前景忧

诗曰：投资上线机器人，布点营销下力狠。
　　　绩效考核严实施，脱离实际丢本真。

青岛有一位企业家朋友，他的企业进行了全面的转型升级，可是效果十分不理想，企业效益不仅没有提升，正常运行反而出现了麻烦。

我对他的转型升级工作、周边环境及行业现状进行了调研。老板的企业的转型升级工作主要做了三项：第一，生产上引进了一批机器人，把机器人放置在不同的生产点位上；第二，企业营销上加大了投入，增加了人员，在国内5个重点城市增加了销售网点；第三，重新修订了员工绩效考核机制，提高按绩效考核结果奖惩的执行力度。根据调研情况，结合企业的实际，我运用老子《道德经》的哲学思维分析问题的原因，给他提出了意见和建议。

老子说："治人事天，莫若啬。"企业转型升级的目的，是使企业可持续发展，既要求现阶段的发展，又要求未来的发展，要总体考虑企业各种管理要素和外部环境的协调，从总体上把握企业的可持续性发展。

企业转型升级要根据企业当时的现状和市场的需求，企业转型升级要适应这个需求，以满足这个需求为目标。在转型升级中步子一定不要迈得过大，因为企业进入一个新的工作状态，会有许多失误和错误。比如，企业引进的机器人代替了部分员工的工作，提高了一定的工作效率，但是，有一些工位用机器人不能全面完成加工工艺，这些工位用机器人代替人工后，表面上提高了生产率，可是由于机器人加工不到位，产品的返工率大大增加，无端造成了更大的浪费。其他企业机器人使用效果好，是根据企业生产实际需要和加工工艺的实际要求，在保证质量的前提下大幅度提高生产率。再如，企业销售布点没有考虑产品的知名度和市场占有率，没有依据对市场中远期发展的预测制订企业销售策略，造成盲目扩大销售面，增加了投入，消耗了宝贵的人力、物力资源。“重积德，则无不克”，正确的方式是重积德，即待企业的知名度、企业产品市场占有率、企业客户积累到一定程度，才能扩大布点。他布点的失误在于，没有根据企业自身状况和实际需求，德（得）没有积累到位。又如，实际上一个企业很难通过绩效考核工作量化指标，左右企业利润的升降。就是说，增强企业能力很难用指标标定，用绩效测量不出实际的工作，有的工作实际做了，但是不在考核之内，不能得到应得的奖励，影响员工积极性。

要使绩效考核真正发挥其作用，第一，该量化的指标量化细化，用件数、次数、时间等；第二，不能量化的内容，可以采用企业以往的、长期有效的管理方法，制定规则机制。绩效考核的真正目的是治人，要以人性为准则，按人的常道来管人。把人治理好了是企业根本，按人的基本特性来增进员工与老板之间的感情，调动员工的积极性，发挥员工的主观能动性，形成企业发展的合力。

做好销售，要与企业的忠诚客户、大客户、潜在客户按规律互动，达到互相认知、认可、认定。“有国之母，可以长久。是谓深根固柢、长生久视之道。”这样，企业订单源源不断，企业与用户需求互相交织在一起，不断维护、稳定和加固关系，保持企业长久发展。

经过我的分析和建议，老板亲自组织销售团队与客户互动，开拓市场，根据实际需求布点；取消了部分不能达到工艺要求的机器人，按实际需要调整机器人布局，升级智能化系统，解决了制约企业生产的瓶颈问题。在绩效考核项中增加了员工工作业绩评审小组，使绩效考核机制更加完善，更加人性化。完成了此三项工作，企业的转型升级步入正轨，企业效益得到稳步提升。

《道德经》第五十九章　企业启示

运营企业最重要的就是要遵守企业发展基本规律，遵守企业发展基本规律要顺应自然规律、社会发展规律、市场经济规律。由于人类认知的局限性，我们对这些规律不能全面认知和把握，在企业运营中会出现一些偏离这些规律的错误，所以在运营企业过程中不能盲进，步伐要小一些、行动要缓一些，只有步伐小和行动缓，才能不断地修正偏离这些规律的错误部分。只有得到了一定的积累，行动结果得到了一定的验证，企业能量得到正常释放，企业才能沿着新陈代谢、良性循环的轨道运营。

使企业沿着良性循环的轨道循环往复，是通过不断积累适合自身发展的运营方法来实现的。做到了这一点，企业就能够战胜艰难险阻和挫折，也会克服一些企业影响企业发展的未知因素，逐渐形成自己在市场中的合理位置。有了合理的市场地位，奠定了稳固的经营基础、管理基础，企业就如同根深叶茂的树木一样不可撼动。

《道德经》第五十九章　家传道德经参悟之一

“治人事天，莫若啬。夫唯啬，是谓早服，早服谓之重积德。”人类一定要顺应做人的普遍规律。人道就是按人道治理自己，在顺应人道治理的过程中一定要顺应天道，人道是在天道之下，人如果违背了天道，就会被天道所抛弃。只有在顺应人道的同时敬畏天道，人类才能得以生存。

“重积德，则无不克；无不克，则莫知其极；莫知其极，可以有国。”人们顺道而行，要对自己设定的目标留有余地。做任何事情不奢侈，要知道藏，要储蓄自己的精力。只有留有足够的余地，才不会冒进，不过多损耗，才可以形成自身的良性循环。实现良性循环的重要条件，就是要重视在“道”以内的所得，积累在“道”以内的所得（德），这样就没有克服不了的偏离“道”的难事。偏离“道”的极限恶果不能出现，就可以实现多数人和谐聚居家园和人们自身的安康。

“有国之母，可以长久。是谓深根固柢，长生久视之道。”只有坚守人道、天道、自然之道，保存精华，不贪持俭，就能够实现根基牢固的长盛不衰，这是人之生存的长久之“道”。

有诗为证：治人事天应敛藏，积德养心莫狂妄。
遵道守内根柢固，早觉远虑能久长。

《道德经》第五十九章　家传道德经参悟之二

“治人”，一是按照人的生存、成长、发展规律行事，做好自己的个体，同时与他人相符合、相融洽、相和谐。二是看别人、学别人、帮助别人，看到别人没有按照规律行事，主动与其交流，让他的行为方式回到你认为的正确方向上来。如果在交流中发现他人的行为举止更加符合自然规律，自己也可以向他人学习，使自己的行为更加符合自然规律和人生规律。

“世天”，每一个人都要尊重天道，敬重万事万物生长自然之道，做任何事情都要符合、顺应、侍奉天道，用做人的自然规律侍奉天道，为国家和族群尽自己的义务和能力。

“莫若啬。”人的个体要顺应人类的规律前行，无论人类的个体如何努力向做人的规律靠近，也都会有偏差。无论人类如何努力纠正这个偏差，这个偏差依然存在。人们往往忽略了这一点，无限扩大欲望，一味地追求速度不加以节制，必然耗尽自身精气而达不到目的。所以，人类应该有所节制、控制欲望、清廉俭约，守护自己的精气，谨小慎微地沿着自然规律前行。

“夫唯啬，是谓早服。”只有守护自己的精气，谨小慎微地沿着自然规律小步伐前行，才叫作最佳、最靠近和顺应自然规律，服从自然规律。

“早服谓之重积德。”最佳的、最近的、最准的、恰到好处地服从做人的自然规律，才叫作充足的积累，在“道”以内获得生产、生活及精神资料。

“重积德，则无不克。”获得的生产、生活及精神资料和这种趋势，能够战胜由于我们对人的自然规律理解偏差所带来的弊端。

“无不克，则莫知其极。”战胜了任何我们对人的自然规律理解的偏差所带来的弊端，不让这些弊端发展到危及人类生命的极端程度。

“莫知其极，可以有国。”人类个体有效地克服了认知偏差所带来的弊端及其他极端现象，这时就可以用这个思路聚集较大的族群。

“有国之母，可以长久。”用这个思路聚集较大的族群就可以长治久安。

“是谓深根固柢，长生久视之道。”这个思路就像树木深深地扎根一样，成为族群发展的牢固根基。“治人事天，莫若啬”的道理，是我们人类生存和发展永远要遵循的常道。

《道德经》第五十九章　今通行本

治人事天，莫若啬。

夫唯啬，是谓早服；早服谓之重积德；重积德则无不克；无不克则莫之其极；莫之其极，可以有国。有国之母，可以长久。是谓深根固柢，长生久视之道。

《道德经》第五十九章　王弼本

治人事天，莫若啬。

夫唯啬，是谓早服，早服谓之重积德。重积德，则无不克；无不克，则莫知其极；莫知其极，可以有国；有国之母，可以长久。是谓深根固柢，长生久视之道。

【注释】柢 dǐ：树木的根，引申为基础。

第六十问：为什么我的企业总是问题频发，很难做强做大？

第六十解

问题频发难做大　一筹莫展无办法

诗曰：做鞋起家有雄魂，改行机械行不稳。
高管英才学百强，新方不灵伤自尊。

浙江温州有一位企业家朋友，他的企业是一个家族企业。他的家族是一个大家族，从做鞋起家，后转为机械加工行业。他做企业 20 多年，很想把企业做强做大，想了许多办法，企业董事长、总经理、高管多次去 500 强企业学习，也加强了企业的管理。可是，企业总有解决不完的问题，按下葫芦浮起瓢。虽然这些问题都不大，却成了制约企业发展的瓶颈。因此老板找我帮忙出出主意。

调研发现一些问题。第一，企业规章制度不严密，致使高管和员工不能履职担责，一些新制定的规章制度也难以执行。第二，企业的主要客户不愿意同他的营销和售后服务人员打交道，认为他们人情味淡漠。第三，企业高管团队颁布的临时应急管理措施不够严密。第四，企业的一切管理以金钱说事。根据这些问题，我提出了意见和建议。

老子说："治大国若烹小鲜。以道莅天下。"治理企业要像烹饪小鲜一样注意掌握火候，火候大了、小了都会失去小鲜的最美味道。一定要遵循企业发展规律来治理企业，企业制定的规章制度、主要经营理念、文化都应该符合企业发展规律和人性的基本规律。企业最大的问题是金钱第一，任何环节工作奖罚都拿钱来说事。努力工作，提高经济效益都是为了员工的幸福，唯金钱论而不顾员工幸福，就是没有以"道"莅天下。

"其鬼不神。"企业的规章制度没有涉及的，员工行为不算违规。如果以人性为原则，就会避免其鬼不神，员工自觉自愿地遵守企业规章制度。任何企业的规章制度都不可能涵盖员工行为的所有内容，必定有规定达不到的地方，还有人的懒惰特性等。“其神不伤人”，当企业根据市场发展变化制定政策的时候，即使有不合适的地方，也不会伤及企业。因为企业以人性为原则，没有经过检验的措施也不会伤害企业。“圣人亦不伤人”，企业员工、客户、高管及管理制度都有利于企业，企业就会实现一定范围内的利益最大化。

老板听了我的建议后认识到，企业小的进步靠技巧，大的发展靠做人。老板组织企业高管团队，用了三个月的时间仔细推敲，重新制定了企业的经营思想、管理理念、管理方式和各项规章制度，突出了人性和遵循企业发展规律。此后，我又不定期地与企业老板和高管团队互动，推进用哲学思维改进企业，终于使企业各个方面都能做到履职担责，企业内部、外部突出人性化管理，形成内部互相帮助、外部互相理解的良好人际关系。过了一段时间老板告诉我，企业难解的问题越来越少，企业效益有了很大提高。

《道德经》第六十章　企业启示

一个企业家要像大厨烹饪小海鲜一样运营治理一个规模较大的企业，就一定要掌握运营、营销、管理、技术、产品、质量、财务等多方面的专业知识，同时还要尽可能多地了解一些哲学、自然科学、社会学等其他知识。只有这样，才能在企业战略上精准把握方向，在企业具体战术上准确把握尺度。

企业家要以符合企业共性发展规律和特殊发展规律为企业之本，企业在市场竞争中所遇到的波折就不会给企业带来大的伤害，技术的变革也不会给企业带来过大的损失。

《道德经》第六十章　家传道德经参悟之一

“治大国若烹小鲜。”治理大国，一定要重积德，量力按“道”、顺“道”使用自身的能力，就如同烹饪小海鲜那样得心应手，才可以治理大国。

“以道莅天下，其鬼不神。”以自然常道为遵循，那些偏离“道”所产生的鬼怪凶神就不会起什么作用。

“非其鬼不神，其神不伤人；非其神不伤人，圣人亦不伤人。”鬼怪凶神起不了什么作用，顺“道”而行的作为也不会在“道”以外所为，致使常道也不会伤人，不但常道不伤人，圣贤之人也不在“道”以外作为，也不伤人。

“夫两不相伤，故德交归焉。”所有的阴阳之“道”都不互相伤害，“道”内行“道”，使鬼神圣人交织在一起基本平衡，人们享受幸福太平。

有诗为证：治国若定不彷徨，神圣德交两无伤。
阴阳消长信为真，道莅天下得安康。

《道德经》第六十章　家传道德经参悟之二

“治大国，若烹小鲜。”治理大国、大邦、大的族群，治理领导者如果能够顺应民意，顺应自然规律，时时刻刻地修为自身的人格、思想、知识、才能，并能身体力行，坚持恒常地教育、引导、感化所带领的成员，使群体成员能够统一思想意识，心情舒畅地服从领导，认可你设定的目标会给他带来好处和利益。这样，治理大国就能够像烹饪小鲜一样轻松自如。

“以道莅天下，其鬼不神。”治理大国、大邦、大的族群，要善于发现这个群体的发展规律，并且以这个发展规律来治理这个族群。这样，影响这个族群发展的反面因素就不会成为族群的主流，不能阻碍族群正常发展。

“非其鬼不神，其神不伤人。”不是这些反面因素没有破坏力，而是人们能够识别、判断、防范、消除它，所以它不能产生对族群的伤害。

“非其神不伤人，圣人亦不伤人。”不仅影响族群正常发展的反面因素不能够对族群产生破坏作用，即使是社会主流中的不符合客观规律的部分，也不能起到阻碍族群正常发展的作用，族群首领和被族群尊崇拥戴的信誉威望高的人，他们的一些不符合客观规律的思想和行为，也不会对族群正常发展造成阻碍。

“夫两不相伤，故德交归焉。”所以，以“道”莅天下，大国、大邦、大的族群都在顺应自然规律发展。鬼和神，反面因素和正面之中的不符合客观规律的因素，都不能阻碍族群的正常发展。大国、大邦、大的族群都按照自身的意愿收获自己的所得，这个得，即最大限度地满足了人们需要，也最大限度地符合客观规律，形成了可持续发展的良性循环。

《道德经》第六十章　今通行本

治大国，若烹小鲜。以道莅天下，其鬼不神；非其鬼不神，其神不伤人；

非其神不伤人，圣人亦不伤人。

夫两不相伤，故德交归焉。

《道德经》第六十章　王弼本

治大国若烹小鲜。以道莅天下，其鬼不神；非其鬼不神，其神不伤人；非其神不伤人，圣人亦不伤人。

夫两不相伤，故德交归焉。

第六十一问：我的企业引入竞争机制后，为什么反而衰退了？

第六十一解 优胜劣汰行过激 系统出错人低迷

诗曰：一心做强抓管理，全员竞争拼实力。
留下精英气不振，错在重物缺情义。

合肥一位企业家朋友，向我告知他的企业出了大麻烦。原来，他急于把企业做大做强，企业引进了竞争机制，全体员工实施竞聘上岗，优胜劣汰，想以此来激发员工的潜能，留下精英，淘汰能力差的员工。可是经过一段时间后，企业发展明显后劲不足，这场全员竞争没有达到预期目的。他对此有些困惑不解，于是找我寻求帮助。

我对留下的员工、离职的员工、淘汰的员工进行了随访调研，根据了解的情况，我用老子《道德经》的哲学思维，帮助他分析问题的原因并提出了我的建议。

老子说："大国者下流，故大国以下小国，则取小国；小国以下大国，则取大国。"大国真正找到你下一步发展的方向，就可以取小国；小国真正找到你下一步发展的方向，也可以取大国。这个方向就是人内心之所向，就是水向下流的特性，就是势。企业经营的根本，最重要的就是抓住企业员工心之所向，就如同了解水，无论处在什么情况下，都是向下流动，了解企业员工内心，顺其势发展，才是企业根本。

企业引入内部竞争机制，违背了企业员工稳定生活的意愿，各个系统员工的相对和谐局面被打破。竞争机制要在一定的范围内推行，超过度就会适得其反，不能用人为的想当然限制员工的自然发展。

企业自然的正常发展是多年形成的，过度地人为干预限制，必然对企业发展起到阻碍作用。老板担心如果不引入竞争机制企业员工就会失去斗志，从而削弱企业的竞争力，这种想法是对的。但是，应用起来要在适度的范围内，最好是引导企业员工创新产品，研发新工艺，实施靠近客户的无间隙服务。这些思维的方向，是企业员工内心之所向。新方向激发员工的竞争创新欲望，引导员工竞争的激情。

在对淘汰的员工访谈的过程中，我发现这些员工绝大多数是本职工作的优秀执行者，他们无一例外地告诉我，刚从这个企业被淘汰时有些失落感，到了新企业之后立刻就被人性化管理所征服，被新工作环境中互相理解、互相关心、互相帮助的人性化氛围所感动，现在非常庆幸有机会离开了原来的企业。在对主动离职的员工访谈时，虽然离职原因各有不同，但是有一个共同的感觉，那就是没有归属感。他们担心无论怎么拼死拼活地干，稍一疏忽就会被竞争机制淘汰，莫不如趁自己还年轻，换一个有归属感的企业。

我把访谈了解到的情况同老板和管理团队进行了交流探讨，引起了管理层的激烈争论。一方认为，企业就应该引入竞争机制，激发员工的狼性，实现员工的优胜劣汰，使企业员工队伍越来越强；另一方的意见是，应该人性化管理，做一个让员工有归属感的企业，以此激发员工的竞争意识，从而增强企业的竞争力。我认为两种说法各有道理，但遵循哲学思维才是根本道理。我们已经试过引入竞争机制了，并且给企业带来了一系列损害，我们不妨改用一下人性化管理方法，在具体实施中取长补短。竞争机制中一些被证明有益的做法仍然可以采用，在兼容并蓄中找到适合企业发展的正确途径。企业随即开始了人性化管理大讨论，综合大家的意见，制定了一系列发挥每位员工能力的激励方法，从正向激发员工的竞争意识。

在新的人性化管理机制执行一年后，企业不但没有一名员工离职，还吸引了许多业内和社会的优秀人才竞相来到企业，企业各项经济指标也有了大的提升。

《道德经》第六十一章　企业启示

管理一个规模较大的企业，更要遵循企业一般发展规律、自身特殊的发展规律，并且还要适应市场规律。企业的普遍发展规律就是企业的竞争规律。

企业的运营和创新一定要适应企业实际，不能自以为是。企业运营的主旋律，是要保持现有状态正常的良性循环，企业的创新是在这个基础上的锦上添花，失去了牢固的基础，任何的创新都是无本之木。

规模较大的企业要格外注重像水往下流一样，顺应事物发展的趋势。大企业之所以能做大，是因为它顺应市场，取代了那些小企业的市场地位。规模较小的企业抓住市场规律，也可以抢占大企业的市场份额。

规模较大的企业应该把握好企业运营的尺度，不妨碍员工正常的生活、发展和成长，为员工提供一些优惠条件，让员工充分享受到企业效益带来的好处。规模较小的企业把握企业运营的尺度是尽量满足员工基本生活需求。大企业和小企业只要顺应市场发展趋势，都能获得自身应有的市场份额。规模较大的企业更要放下架子，要时时修正自身，始终顺应市场发展规律，顺势而为。

《道德经》第六十一章　家传道德经参悟之一

“大国者下流，天下之交，天下之牝。牝常以静胜牡，以静为下。”大国顺应常道发展的趋势，如同水流趋势一样，只有在下，百川才能汇集，士和民众才能聚集。天下是由阴阳交合产生的，阴恒常保持静和柔的常道，以此胜任与阳的交合，唯有保持静和柔的常道，顺应静和柔的常道趋势，在“道”以内所为，如同水向下流一样，在下可以有更大的作为。

“故大国以下小国，则取小国；小国以下大国，则取大国。故或下以取，或下而取。”所以，大国包容小国发展的常道，则取得小国的认可和归顺；小国顺应大国发展的常道，则取得大国的认可和庇护。

“大国不过欲兼畜人，小国不过欲入事人。”大国没有超过常道的欲望，它所有的作为兼顾使人道逐渐丰满，小国没有常道以外的欲望，在人道以内做事。

“夫两者各得其所欲，大者宜为下。”大国、小国各自能够得到，实现“道”以内的欲望，所以，成就大道者应该遵从常道的方向，如同水向下流的常道一样。

有诗为证：居下守静天下归，畜养事人两相随。
谦德内修长安乐，大国小国无尊卑。

《道德经》第六十一章　家传道德经参悟之二

“大国者下流。”大国，可以是较大的族群、邦、国。能够成立、聚集在一起较大的族群、邦、国，都是能够顺应成员意愿的，族群聚集的意愿顺应自然之势。这个意愿和势头表现为政治清明、社会和谐，符合人的生存发展规律，更符合自然规律。这种谦下吸引了无数水流汇聚，使其成为大。

“天下之交，天下之牝。牝常以静胜牡，以静为下。”世界是由阴阳交替循环产生的，这种交合是顺应自然之势，阴常以归静赢得阳之交合，归静是它的势。天下人民能够友好往来，都符合自然、谦、柔之道。这种自然、谦、柔之道，常常以它的守静、不争而胜过刚烈、强势、霸道，发展较好的国、邦、族群都是遵循守静这个趋势。

“故大国以下小国，则取小国；小国以下大国，则取大国。”所以，大国是由小国顺应自然之势发展而来的，小国顺应自然之势也可以分解大国。“故或下以取，或下而取。”所以，有的族群是由顺应自然之势聚集起来的，有的族群是没有顺应自然之势被分解的。

“大国不过欲兼畜人，小国不过欲入事人。夫两者各得其所欲，大者宜为下。”大国之所以能够保持大，是由于其顺应自然之势，符合民众意愿，不放纵欲望，容纳包容族群成员，社会安定和谐，人们有良好的生存环境，能够兼并小国，养育小国的人们。小国能够得以聚集也是顺应自然之势，不放纵欲望，族群的聚集能够更好侍奉族群成员，不与大国争强，保持自身的和谐稳定发展。大国、小国都应该始终保持顺应族群成员意愿这个势头，顺应自然之势，坚守“下”这个自然、谦、柔之道，就能够不断地聚集发展。

《道德经》第六十一章　今通行本

大邦者下流，天下之牝，天下之交也。牝恒以静胜牡，以静为下。

故大邦以下小邦，则取小邦；小邦以下大邦，则取大邦。

故或下以取，或下而取。大邦不过欲兼畜人，小邦不过欲入事人。夫两者各得其欲，大者宜为下。

《道德经》第六十一章　王弼本

大国者下流，天下之交，天下之牝。牝常以静胜牡，以静为下。

故大国以下小国，则取小国；小国以下大国，则取大国。故或下以取，或下而取。大国不过欲兼畜人，小国不过欲入事人。夫两者各得其所欲，大者宜为下。

第六十二问： 我的企业根据社会和市场的发展预测制订了三年规划，并且在三年中不折不扣地执行，可是三年过后没有实现目标。这是为什么？

第六十二解 预测市场定目标　投入巨大收获小

诗曰：瞄准需求新行情，三年规划早锁定。
人财物力多投入，携手并进大步行。

山东泰安一位企业家朋友，他的企业根据预测制定了三年规划并严格执行，可是结果却偏离了规划目标。我对他的企业规划和规划执行情况进行了调研，在此基础上用老子的哲学思维给出了我的建议。

老子说："道者，万物之奥。"万物之中的"道"是最为复杂的，千变万化、奥妙无穷。找到自身企业发展的"道"不是一次性能够完成的。想要一次性找到规律，毫不变通地执行，一定是会出错的。企业发展规律的"道"，是由企业发展过程中多个系统、多个规律叠加组成的。它们纠缠在一起，互相干扰、互相融合、互相转化，不确定性非常高。企业发展要受到人员、产品、设备、资金、政策、环境等多种因素影响，还要受到同行业、科学技术、市场需求等方面的影响。企业要找到正确的发展规律，是在既定目标基础上，根据外因影响程度，对规划目标和执行措施进行调整、优化、修正的一个过程。通过一个阶段发展发现偏离预定目标很大，这是正常的，不能因此而丧失信心。

"善人之宝，不善人之所保。"找到企业的发展规律，就如同获得了一个至宝，你不善于应用，只要你没有过分违背这个规律，这个发展规律趋势依然会对你有一个良好的指引。"美言可以市，尊行可以加人。"况且，过分的语言偏离了企业发展规律有不利的一面，也有有利的一面，偏离过分的行为在某种程度带来不利影响，正好考验企业员工的行动力。没有完全找到自身发展规律是正常的，因为寻找自身规律是一个根据各种影响因素不断修正的过程，不应该因一时不见显效就放弃。

“故立天子，置三公，虽有拱璧以先驷马，不如坐进此道。”企业设置董事长、董事、总经理、副总经理及各个层级的管理者，就是为了通过分工和制衡避免违背规律。为了及时优化和修正目标，不如坐进此“道”，仍然要争取动态地优化企业的目标管理。

“古之所以贵此道者何？不曰以求得、有罪以免耶？故为天下贵。”在这个过程中，由于认识能力和市场等其他因素的干扰，出现失误和偏差都是正常的。在制定企业发展目标的过程中一定要充分留有修正优化的余地，要认清不断优化修正过程的重要性。

他的企业在三年规划中，制定一年上一个台阶的目标，每个目标设定了产能，为了实现这个目标每年都要有一定的资金投入。为了扩大产能，还建立一个分公司，专门生产在市场中长期制约总成装配的零件，但是这个零件已经落后市场需求了，他没有及时根据市场变化来修正规划，原规划执行三年以后，这个产品已经被淘汰，造成企业重大损失。企业完全可以在实施这个规划过程中，根据市场需求信息，适时调整旧产品，开发新产品，避免三年以后无法挽回的损失。

这个企业认真反省了以前的工作方法，调整思路，重新制定了企业发展三年规划，并制定了详细的实施计划，给目标留有余地。在实施规划过程中，根据实际情况不断优化修正，经过三年运营，企业各项经济指标大幅增长，企业成为本行业的小巨人企业。

《道德经》第六十二章　企业启示

企业运营的根本是遵循企业发展规律。企业发展规律中包含企业的普遍发展规律和特殊发展规律。企业发展规律是企业发展变化转型升级的源泉，企业最重要的工作就是不断努力探寻和遵守这一规律，牢牢掌握和运用这一规律的方式方法。一个运营发展好的企业，自身的战略规划策略及各项管理都是遵循企业发展规律的。这就是遵循企业发展规律可以使企业正常运营，不遵循企业发展规律的企业被淘汰的原因。

企业家绞尽脑汁设立部门高管及骨干团队，让他们学习舶来的先进管理模式，不如潜心研究自身实际情况，找到适合自身企业的发展规律。古今中外，很多企业都在花大力气重点研究自身特点与企业发展规律的契合，并顺应企业发展规律，不被各种冒进和保守的思想诱惑和干扰。即使做到了这一点，也仍会有许多地方不符合企业发展规律，对这种不符合企业发展规律的微调是企业的日常工作，这种偏差也不会使企业遭到较大的损失。

《道德经》第六十二章　家传道德经参悟之一

“道者，万物之奥。”“道”是万物奥妙的来源，万事万物其中都蕴含着“道”，“道”同时包含着万事万物，奥妙无穷。

“善人之宝，不善人之所保。”“道”是能够达到自身良性循环的善人所顺势应用的法宝，也是不能够达到自身良性循环的人需要努力去保持的。

“美言可以市，尊行可以加人。”经过修饰的美丽的语言可以换来别人的尊敬，经过修饰的行为可以增加别人对你的认可。

“人之不善，何弃之有？”美言和美行的人都是达不到良性循环的，对于不能够达到自身良性循环的人也不能立即抛弃，应给予一定的修正机会。

“故立天子，置三公，虽有拱璧以先驷马，不如坐进此道。”所以，治理国家需要天子置立的三公，有治理国家的纲领原则，也有事先准备好的战车辎重，如此这般不如将治理国家的每一项作为都纳入常道。

“古之所以贵此道者何？”这就是从古至今为什么人们如此重“道”的原因。

“不曰以求得、有罪以免耶？故为天下贵。”不能不说，在追求“道”以内所得有偏离常道的罪过，常道也会给予纠正的机会。所以，在“道”以内所为是天下最宝贵的。

有诗为证：奥藏万物容恶善，美饰言行世多赞。
拱璧驷马为浮云，坐进大道终无憾。

《道德经》第六十二章　家传道德经参悟之二

“道者，万物之奥。”遵守“道”的人，可以借用万事万物的奥秘、规律来规范自身的语言和行为，遵守“道”的人是使万事万物对自身有利的奥秘。遵守“道”的人自身藏有万事万物的奥秘。

“善人之宝，不善人之所保。”遵循自然规律偏差比较小的人，始终努力不离开自然规律，把遵循自然规律视为自己的行为准则和珍宝。遵循自然规律偏差比较大的人，他们在急难之时也会遵循自然规律以自保，自然规律在一定范围内也会给予他们滋养、修正。

“美言可以市，尊行可以加人。”顺应自然规律的语言可以获得多数人的认可，顺应自然规律的行为，可以有很多其他人效仿并加入，与其一道来用自然规律规范自己的行为举止。

“人之不善，何弃之有？”这个世上总有一些人有违反自然规律的地方，这些人不明白他们的语言和行为会给社会带来危害，在很多情况下不能去主动改正这些错误的言行，也不知道如何舍弃这些语言和行为。

“故立天子，置三公，虽有拱璧以先驷马，不如坐进此道。”所有的国、邦、族群都设立了最高统治者，设置了各层级的管理者。虽然所有的国、邦、族群都具有规范的法律法规和约定俗成的道德世俗，但仍然有些人在欲望的驱使下对法律法规不能遵守，破坏道德世俗，还有执行者掌握法律法规和刑罚不准，更有甚者徇私枉法。为了纠正、制止这些偏差，所有的国、邦、族群还采取了一些人为的强制措施和手段。即使是这样做了，还有不能适应自然规律的地方，还不能使人们自觉自愿地去遵守法律法规和约定俗成的道德世俗。这样做，不如坐进此“道”，这个“道”就是自然规律和人类社会发展规律。只有将自然规律深深地植入人们的思想，人们才能时时刻刻地根据实际情况自我修正、自我改进，主动地去顺应自然规律，适应人类社会的发展变化。

“古之所以贵此道者何？不曰以求得、有罪以免耶？故为天下贵。”为什么从古至今人们都贵重、崇尚自然规律？这样做不但能实现人们在“道”以内有求必得的目的，还能不断修正、改正错误，避免更大的错误和罪过的发生。所以人们能够珍视自我修正、自我改进、根据实际情况向自然规律靠近的思维和言行。

《道德经》第六十二章　今通行本

道者万物之奥。善人之宝，不善人之所保。美言可以市尊，美行可以加人。

人之不善，何弃之有？故立天子，置三公。虽有拱璧以先驷马，不如坐进此道。

古之所以贵此道者何？不曰：求以得，有罪以免耶？故为天下贵。

《道德经》第六十二章　王弼本

道者，万物之奥。善人之宝，不善人之所保。美言可以市，尊行可以加人。

人之不善，何弃之有？故立天子，置三公，虽有拱璧以先驷马，不如坐进此道。

古之所以贵此道者何？不曰以求得、有罪以免耶？故为天下贵。

第六十三问：接手一个撤资外企后，企业越来越难做。我该怎么办？

第六十三解

撤资外企被遗弃　受信接手遇难题

诗曰：运营停摆心着急，利润微薄要倒闭。
　　　技术缺乏钱不足，聚散去留意分歧。

合肥一位企业家朋友，原本是一家外资企业的副总经理，由于某种原因外国老板撤资了，他接手了这家企业。开始，企业还能运转，可是随着市场竞争愈发激烈，企业出现了危机。由于他接手的企业还在做原来的产品，核心技术是外国的，利润薄，企业越来越做不下去了，他产生了解散企业的想法。这个时候他找到了我，让我帮他拿主意。

经过对企业行业、市场、地域环境的调研，对企业现状及员工状况进行分析，我向他提出了意见和建议。

老子说："图难于其易，为大于其细。天下难事，必作于易；天下大事，必作于细。"企业现在留下了 90 多人，既缺乏技术，又缺乏资金，有难事是正常的，要解决难事必须先从易事入手。第一，找到原企业相关技术人员为我所用；第二，引进人才一起做，给予人才股份；第三，寻找有研发能力的企业联合开发。这三种方式有一种能成功，就可以继续深入把事情做细。做事情要从容易和细致的地方着手，开始没有效果也是正常的。企业的产品是仿制国外公司的，产品单一，解决这个问题需要建立营销部门，深入进行市场调研，锁定新产品进行阶梯式开发。老的产品不断，新的产品跟上衔接，用易和细分解困难，再大的困难最终也会被逐渐攻破。

根据我的建议，他与高管团队在学习了老子哲学思维的基础上认真商讨研究后，采取了几项具体措施。第一，由产品开发部门牵头，把现有的拳头产品进行分解，哪些是自身能干的，哪些是本身不掌握技术的，不掌握的技术去国外购买，或者引进相关人才，至少要找到 4 ～ 5 家相关企业洽谈。第二，寻找国内相关开发研究部门，合作开发核心技术。第三，营销部门针对该产品外委情况，在市场上摸底选择能准时供货且价格合理的企业合作；对企业所做的产品成立优化工艺团队。从企业原来的竞争对手处引进人才，解决核心技术难题，并在当地取得专利，对原有产品进行优化。第四，招商引资。

企业在正常运营中，老板又把我找去，和我商量企业下一步的发展方向。“是以圣人终不为大，故能成其大。”我建议他不能骄傲自满，不能一味以做大企业为目标，而是要紧紧盯住国际市场的先进技术，培养企业自己的技术人才，把握市场动向，有的放矢地开发新产品。资本市场资金要逐步退出，逐步收购为企业配套的零部件企业，稳固市场，使企业自然而然地做大。

最终他的企业逐步进入强企行列。

《道德经》第六十三章　企业启示

企业转型升级和技术工艺创新，一定要尽量减轻对原有系统的影响，因为调整等于破坏了以前企业有机的生态平衡。大的进步从小的适应开始，多的积累是从少的合理运行开始，任何埋怨客观环境都是不适应客观规律的表现，要努力找到适合自身发展、适应客观环境的做法。每一项企业战略和具体工作都要从比较容易的工作开始，从细微部分开始，遵循由小到大、由细到广的客观规律，这就是大企业做成大事业的原因。

任何企业的转型升级都不是简单的事情，都是一个由小到大、由细到广的迭代系统工程，不能一蹴而就。急于将企业做全面的装饰性的改变，急于将企业做全方位的升级，等同于给企业积累灾祸。成熟的企业家要把企业转型升级当作一个复杂艰巨的大工程来对待，在战略上重视它，同时在战术上将它分阶段化解为许多便于执行的、精细的方案。

《道德经》第六十三章　家传道德经参悟之一

“为无为，事无事，味无味。”我们要在“道”以内为，不能在“道”以外为；我们要在“道”以内做事，不要在“道”以外做事，没有“道”以外的事；所有的味道都是“道”以内的味道，我们不能追求“道”以外的味道。

“大小多少，报怨以德。”世界万事万物都是由阴阳组成的，有大就有小，有多就有少，大是由小累积而来，小是由大分裂而来。我们要对怨回报以德，如果对遭到的怨回报以怨，就会使此怨积少成多、难于化解，将小怨变成大怨。如果对遭到的怨回报以德，就会有效减少大怨，使大怨变为小怨，小怨得到消除，转化为德也就指日可待了。

“图难于其易，为大于其细。天下难事，必作于易；天下大事，必作于细。”解决难事，要从容易解决的地方入手，想做大事要从细小的地方开始。天下难事，必须从解决每一件容易解决的事情做起，天下大事必须由细小的事情做起。

“是以圣人终不为大，故能成其大。”圣人从不直接从大事做起，都是先从细小的事情做起，所以能做成大事。

“夫轻诺必寡信，多易必多难。是以圣人犹难之，故终无难矣。”轻易地承诺，必然因做不到而失去信誉，把事情看得太容易，必然在做事的过程中遇到难以解决的问题。圣人解决难事会非常小心地从细、从小、从易开始做起。如此，所有的难事都会化作易事、细事、小事，难事就被解决了。

有诗为证：报怨以德无大小，图难于易事多了。
轻诺寡信非君子，圣人自然为刚好。

《道德经》第六十三章　家传道德经参悟之二

“为无为。”为与无为是人们对“道”（自然规律）的认识、感知、理解的范围和程度，是人们遵循“道”（自然规律）而做事的评判标准和尺度。人们所有的行动都是从为到无为。在“道”(自然规律）以外做事称作“为”，在“道”(自然规律）以内做事称作“无为”。例如，一个人每天中午习惯吃4两饭，这是他用餐的正常规律。可是，有一天因为食物丰盛，他吃了6两饭，这种打破常规的用餐就是在“道”以外为。他每天都吃4两饭，都在他的用餐规律之内，都是在“道”（自然规律）以内做事，我们把在“道”以内的为称为无为（老子把顺应自然规律的作为称其无为。老子主张的无为，指的是遵循、顺应自然规律去做事，而不是什么事都不做)。“事无事。”违反自然规律做事，伤害他人和破坏自然环境做事，平白无故滋事、肇事，按照自己的主观意愿做事，都是为，都是事。遵循自然规律，顺应事物发展规律，符合人们正常生产、生活需求做事都是无为，都是无事。“味无味。”给人们正常生活带来危害的“味”指毒品、过量的食品添加剂、酒、烟等。“无味”指适量的、对健康有益的、来自有益香料的味，人类发展规律以内的味称“无味”。

“大小多少，报怨以德。”世间事物的形状有大有小，世间事物的数量有多有少。大是由小逐渐集聚发展而来，小是由大逐渐损失而变为小。多是由少逐渐积累而成其多，少是由多逐渐减损而成其少。大和小、多和少是在时刻变化的。在人类发展过程中，我们对形状的区间感觉为大和小，对数量区间感觉为多和少。超出人们需求为大、为多，没有达到人们的满足和需求为小、为少。人和人之间的关系就是怨和德的关系。人们常常把别人对自己的怨恨和埋怨也用相同的怨恨和埋怨回报，这是由于没有站在对方的立场看待问题。其实我们应该静下心来，站在对方的角度，想一想对方为何怨恨和埋怨，然后在符合自然规律以内给予回应，这样做不但能修正对方与自然规律的偏差，也能修正自身与自然规律的偏差。存在着一定的积怨，如果能采用在“道”（自然规律）以内所得的行为方式对待，这些积怨就会变少、变小。用不断在“道”（自然规律）以内所得的行为方式去回报大的怨恨，可以将大的怨恨化为小的埋怨，直到消失。用不断在“道”（自然规律）以内所得的行为方式去回报小的埋怨，不使小的埋怨发展成大的怨恨，也会使小的怨恨消除至无有。

企业应该不断地收集市场上用户对自身产品的抱怨，然后对这些抱怨加以分析，采取改进措施，把经过改进的产品推向市场，用好的产品消除用户的抱怨。

“图难于其易，为大于其细。”我们所要完成的事都有大、小、多、少、难、易的范围和程度，完成难事往往都不是一蹴而就的。每一个难事都是由若干个易事组成，只要我们先从解决易事着手，逐一解决易事，把大的困难化小、化无，直到我们完成难事。大事都是由小事、细事组成的，我们要完成大事，就要从细微之处做起，逐渐完成一件件小事、细事，直至大事完成。

“天下难事，必作于易；天下大事，必作于细。”普天下难事必须从容易之事做起，普天下大事必须从细微之处做起，将难事逐渐化为易事，将大事逐渐化为小事。

“是以圣人终不为大，故能成其大。”这就是得“道”的人，始终不去做看似轰轰烈烈的大事，而是从难事、大事的易处、细微之处着手，做好每一件着小事、细事，最终成就大事。

“夫轻诺必寡信，多易必多难。”没有经过深思熟虑和细致的谋划就轻言承诺办大事，这样的承诺必然失去可信度，也将失去多数人的信任。许多容易解决的事情没有及时解决，必然积累成为难事。把大事、难事看得过于简单，必然给完成大事、难事造成更多的困难。

“是以圣人犹难之，故终无难矣。”这就是得“道”的人，总是把困难想得多一些，小心谨慎对待难事、大事，从组成大事、难事的易事和细事入手，逐渐解决难事、大事。所以，对他们来说就没有什么解决不了的大事和难事。

《道德经》第六十三章 今通行本

为无为，事无事，味无味。大小多少，报怨以德。

图难于其易，为大于其细；天下难事必作于易；天下大事，必作于细。

是以圣人终不为大，故能成其大。夫轻诺必寡信，多易必多难。是以圣人犹难之，故终无难矣。

《道德经》第六十三章 王弼本

为无为，事无事，味无味。大小多少，报怨以德。

图难于其易，为大于其细。天下难事，必作于易；天下大事，必作于细。

是以圣人终不为大，故能成其大。夫轻诺必寡信，多易必多难。是以圣人犹难之，故终无难矣。

第六十四问： 我的企业在市场竞争中不过多地去争，而是把主要精力放在原有状态的维持上，可是维持一段时间以后，原来的客户不断流失，企业很难再维持下去了。这是为什么？

第六十四解 小富即安心意足　维持现状停脚步

诗曰：思维保守少竞争，强手如林自知明。
　　　不费精神无用功，但求前行路稳定。

江苏泰安一位企业家朋友，企业中等规模。他为人做事谨小慎微，做企业也是一样，小富即安，没有非分之想。他认为现在市场竞争激烈，有实力的企业层出不穷，做再大的努力也没有意义，能维持企业现有状态就心满意足了。可是经过一段时间，他发现企业很难维持下去，原来的老客户渐渐地都离他而去。他十分焦急，向我咨询解决问题的办法。

经过对企业和客户的调研和行业环境分析，我向他指出问题原因并提出改进建议。

企业的问题都是源于维持现状。第一，企业只是努力减少浪费，提高产品产量，没有进行新产品开发，缺乏创新能力，现有产品仅仅停留在满足客户表面的、简单的、暂时的需求上，没有考虑要超出客户预期的需求。同类产品生产企业不断优化产品性能，不断推出新产品，正在蚕食着市场的份额。第二，传统生产方法老旧，没有适时采用新技术和新工艺，产品质量不稳定，人工成本高。比如，其他企业引进了加工中心，原来需要十几道工序、多台设备、多名员工 8 小时加工的产品，现在加工中心仅需 1 台设备、1 名员工、30 分钟就可以完成，而且大大优于传统加工质量。第三，销售部门只盯着老客户，没有跟踪市场开发新客户。其他企业不断开发新客户，同时向他的老客户渗透，订单逐渐地被别的企业拿走。

通过以上问题看到，主要是老板的思想出现了偏差，致使企业发生一系列问题。企业和市场不断地发展变化，主观设定的目标是无法在变化的市场中实现的。老子说："其安易持。"使你安定的最好办法，就是要保证排除不安定因素。不断排除这些随时出现的不安定因素，才能维持现状。只有维持产品的先进性和稳定性，才能使企业安定。"其未兆易谋"，在不安定因素还没有显现征兆的时候，能够找到不安定因素，在它还没有造成影响的时候，就已经谋划在先，把它解决在萌芽状态中，使错误不能发生，或者提前铸牢防护堤，使它不能造成伤害。做企业不要怕，不要感觉自己与别人差距大，拼搏进取的精神永远不能熄灭。

"合抱之木，生于毫末；九层之台，起于累土；千里之行，始于足下。"不要怕创新的步伐小，不要嫌改革思维的火花小，不要担心产品改进小，只要不断进步，始终如一地向前发展，定能积累小成而变大成。

"以辅万物之自然，而不敢为。"企业不要感觉发展的路途遥远而不可即，万事顺其自然，利用好你当下的一切能利用的资源，有时机和机遇就向前发展，不怕步子小。

听了我的分析和建议后，他彻底改变了原来维持现状的想法，根据企业现状和能力，大胆开拓创新，实施了许多新举措，企业振作起来，企业效益逐步好转，最终实现了较大的发展。

《道德经》第六十四章 企业启示

企业各项管理比较稳定，才便于企业家的运营。当市场变化还没有出现征兆的时候，才便于谋划改变。企业的各个部分要形成相对稳定的结构，员工各自为政、没有形成相对稳定的格局，容易造成组织分裂。

企业家要在不利现象出现之前，按市场规律、社会规律、企业规律去作为；在企业各项管理没有出现混乱之前，就要采取有效的治理方式。企业家一定要认识到，事物的发展必须遵循客观规律，都有一个循序渐进的过程，即使是不安定因素，也有从小到大逐渐扩大发展的过程。企业要时刻绷紧防微杜渐的这根神经。

企业家一定要认识到，"勿以恶小而为之，勿以善小而不为"。正确的思想火花再小也要坚定不移地走下去，并及时修正，企业就会逐渐长成合抱之株、九层之台。企业的成功源自坚定不移地执行正确的运营方法，不断根据客观实际修正错误，排除万难才能最终取得成功。

《道德经》第六十四章　家传道德经参悟之一

“其安易持，其未兆易谋。”事物安静时容易把持，事情没有出现不详先兆的时候容易谋划解决。

“其脆易泮，其微易散。”祸乱在孕育中还没有成形的时候容易平定，微小的错误还没有酿成大患的时候容易清除。

“为之于未有，治之于未乱。”在危险还没有萌生的时候，就要谋划阻止其出现的策略。治理国家和修为自身都要在祸乱未发之时，做到防患于未然。

“合抱之木，生于毫末；九层之台，起于累土；千里之行，始于足下。”几个人合着才能抱拢的粗大树木，是由小树苗一点点成长的；九层的高台，是由一筐筐土逐渐堆积而成的；千里远的路途，都是由第一步开始的。

“为者败之，执者失之。是以圣人无为，故无败；无执故无失。”在“道”以外的作为必然失败，在“道”以外的把持必然失去。圣人没有“道”外所为，所以没有失败，没有“道”以外的所执，也就无所谓失去。

“民之从事，常于几成而败之。慎终如始，则无败事。”人们在做事情的时候，经常在接近成功时失败。如果在接近终结的时候也像开始一样谨慎，就不会功败垂成。

“是以圣人欲不欲，不贵难得之货；学不学，复众人之所过。”这就是圣人有“道”以内的欲望，没有“道”以外的欲望，不以追求难得之货这一“道”以外的欲望为目标。学习“道”以外不应该学习的事情，就会重复多数人犯过的错误。

“以辅万物之自然，而不敢为。”人类只能顺应万物的自然大道而为，不能有任何“道”以外的所为。

有诗为证：治于未乱细微求，慎终如始无其咎。
不贵不学人之过，顺应自然贵在修。

《道德经》第六十四章　家传道德经参悟之二

“其安易持，其未兆易谋。”万事万物在安静的时候容易维持正常的循环，当万事万物要偏离规律或有可能偏离规律，但还未出现实质性偏离的时候，容易促成其回归自身正常的规律。事物运行的规律有无数条，当事物还在人们所期望的规律中运行的时候，你可以在符合它自身的规律内把握它、规定它、谋划它、修正它，不断促成其达到设定的目标。但是如果它偏离已远，再要改变它就很困难了。例如，当河水还没有泛滥，还在正常循环时，人们可以按照生存、生产的需求，筑好堤坝，对河水加以引导利用。但是，一旦发生洪灾，给人们带了生命和财产的损失，那时候筑堤坝就来不及了。

“其脆易泮，其微易散。”万事万物柔韧、趋弱，能顺应环境而变化，它就具有生命力。刚强的事物不能顺应自然规律去发展就会容易脆裂消亡。万事万物都是由微小到壮大，其特性就是由小到大、由少积多。如果不注重这个特性，忽略了事物的微小之处，事物就会不易察觉地从微小之处开始减损，直到事物的消散消亡。

“为之于未有，治之于未乱。”我们的所为一定要在“道”以内，在万事万物的客观规律以内，在没有对我们产生不利因素之前。任何事物的发展都会遵循一定的规律，当发现事物可能向不利于我们的方向发展，但还没有发展到混乱的时候，我们要及时、准确地修正它，使其不偏离对我们有利的规律。

“合抱之木，生于毫末；九层之台，起于累土；千里之行，始于足下。”几人牵手合抱的参天大树是由细小的幼苗逐渐长成的；九层耸立的高台是由一捧土积累而成的；纵行千里是一步一步走出来的。这就是事物由小到大、由少到多的规律。

“为者败之，执者失之。是以圣人无为，故无败；无执故无失。”违背和改变以上规律必然失败，要想固执地保持原有的状态不变，必然会失去这个事物。所以，遵循自然规律的、遵守“道”的人，做事情不违背这些规律，不在“道”以外去作为，所以不会失败。不要固执地把持已经获取的成功，而是随着客观环境的变化不断改变和修正自身，就不会有所失去。

“民之从事，常于几成而败之。慎终如始，则无败事。”人们做事情往往还差几成没有完成就停下来了，最终以失败告终。如果一直像刚开始那样认真、谨慎，努力把事情做完，就不会有失败。

“是以圣人欲不欲，不贵难得之货。”遵循自然规律的、遵守“道”的人，有欲望但不超出自然规律。他不看重难以得到的东西，追求它容易违反“道”(客观规律)。

“学不学，复众人之所过。”遵循自然规律的人，时刻保守学习状态。他不以学习来的知识为准，而是以客观规律为准，学习来的未必是规律，他不重复多数人所犯下的错误，不会教条地应用学习来的东西。

"以辅万物之自然，而不敢为。"他把欲望、难得之货和学习来的知识都用来辅助万事万物的自然规律，不能逾越自然规律。

《道德经》第六十四章　今通行本

其安易持，其未兆易谋；其脆易泮，其微易散。为之于未有，治之于未乱。合抱之木，生于毫末；九层之台，起于累土；千里之行，始于足下。

为者败之，执者失之。是以圣人无为故无败，无执故无失。民之从事，常于几成而败之。慎终如始，则无败事。

是以圣人欲不欲，不贵难得之货；学不学，复众人之所过。以辅万物之自然而敢为。

《道德经》第六十四章　王弼本

其安易持，其未兆易谋；其脆易泮，其微易散。为之于未有，治之于未乱。合抱之木，生于毫末；九层之台，起于累土；千里之行，始于足下。

为者败之，执者失之。是以圣人无为，故无败；无执故无失。民之从事，常于几成而败之。慎终如始，则无败事。

是以圣人欲不欲，不贵难得之货；学不学，复众人之所过。以辅万物之自然，而不敢为。

【注释】泮 pàn：本义是指古代天子诸侯举行宴会或作为学宫的宫殿。也称泮宫。基本释义：散，解。融解，分散。

第六十五问： 企业各个部门的管理者都是能人，每个人都有过硬的本领和精湛的专业技能，他们各自主动带领团队创新工作，却没有收到很好的效果。这是为什么？

第六十五解 能人诸多出弊端 目标不一现混乱

诗曰：创新主动意志坚，大胆开拓路数偏。
各自为政显神通，企业发展难向前。

山东泰安有一位企业家朋友邀请我去帮助解决部门各自为政的问题。他的企业能人多，这些能人都在主持部门工作，而且这些能人都能积极主动地创新。经过长时间的积累，这些能人都坚持自己的主见和各自系统的发展方向，这些部门各干各的，很难统一意见，造成了对企业总体战略的干扰。老板不敢深说，怕打击他们的积极性。他向我咨询如何协调这些部门之间和企业主体的关系，如何统筹企业主要经营目标实施和分系统创新发展的关系。

我认为老板怕影响骨干的积极性，保护他们主动思考和积极创新的能力，这种想法是对的。但是，必须把企业的经营思想和发展目标统一起来，各个部门应该统一到企业主体目标和经营思想上来，在此基础上发挥各自主动思考和勇于创新的积极性。

例如，企业两年内主要的经营目标是提升现有产品的质量、降低产品成本、优化产品工艺、巩固现有客户、减少产品售后服务问题。而营销部门没有以贯彻实施企业总目标为重点，没有做好巩固企业现有客户的工作，盲目开发新市场、新客户，造成了老客户流失、新客户不继的尴尬局面。开发新客户应该在巩固老客户的基础上去做，要区分工作的主次。

再如，产品设计开发部门在现有产品关键问题没有完全解决的情况下，投入大量人力、物力去研发三年后的迭代产品，而研发这一产品应该在完全解决现有产品问题后去考虑。由于重研发、轻改进，导致现有产品的市场竞争力弱，迭代产品也无法借力，很难确定三年后市场对迭代产品的需求。

又如，生产部门没有潜心研究现有产品的工艺缺陷，而是投入较大资金和人力开发智能化生产系统。智能化生产系统应该是在优化现有工艺的基础上根据需求安排的项目，而不应该是根据人为的猜断。智能化升级关乎整个企业的升级改造，应由企业总体决策，不是部门应考虑的事情。

老子说："古之善为道者，非以明民，将以愚之。"要经营好一个企业，既要明确企业主体经营总目标和经营策略，又要使企业各个部门的目标和努力方向都统一到这个总目标上。在企业总目标和总策略范围外的积极性必然使企业受到伤害，在企业总目标和总策略范围内发挥聪明才智能使企业平稳发展。正所谓"知此两者，亦稽式。常知稽式，是谓玄德"。

用企业的总目标衡量各个系统的分目标，使分目标向总目标靠近。"玄德深矣远矣，与物反矣，然后乃至大顺。"各个系统的分目标瞄准总目标不断修正，不断向总目标靠近，不以一时一事论成败。企业的总目标也要根据客观实际情况不断修正，要充分符合企业发展规律，这样企业发展就会顺利，这就是企业追求大顺的状态。

通过交流，老板认识到了问题的根源，打消了顾虑。经过广泛征求意见，制定了企业的总体目标和发展策略，以及适时纠正总目标与市场偏差的机制。各个部门根据企业的总目标和发展策略，规划了各自的目标和行动方案，同时根据实际情况不断修正偏差。

放下了思想包袱，采取了可行措施，不但没有挫伤部门主动思考和创新的积极性，还使企业各个系统形成了合力，企业有了更快的发展。

《道德经》第六十五章　企业启示

企业家在遵循客观规律、制定战略计划的时候，在设定各系统工作边界的时候，一定要坚持有利于企业利益最大化的原则，以便于员工在职责边界根据市场环境和企业部门工作实际，在有利于企业整体利益的前提下开展具体工作。

企业家合理地制定企业具体工作守则，给予员工一定的自主权，是企业得以良性发展的福音，过于死板和过于放权都会给企业带来不利的影响。

不断地向企业发展良性规律靠近，既是日常工作，也是企业长久的目标，它要求企业每时每刻从每个微小的事件做起。从表面看，企业这样做在短时间内可能创新少、发展慢，但从长远看，企业这么做会获得长期发展的动力。

《道德经》第六十五章 家传道德经参悟之一

“古之善为道者，非以明民，将以愚之。”从古至今，在“道”以内所为者，不是让百姓对所遵循的常道完全明白。常道是百姓日常所不知的，也是不可能被完全认知的。过多地解释常道，会因为把握不准，使常道偏离的部分误导百姓。圣人总是避免错误地解释常道，而主张百姓顺其自然靠近常道。

“民之难治，以其智多。”百姓之所以难于治理，是因为顺应常道是无为之治，如果百姓错误地理解“道”，以其离“道”甚远的巧智来指导作为，是不符合自然的。

“故以智治国，国之贼；不以智治国，国之福。”所以，以人类片面的智巧、认知的“道”治理国家，是国家走向衰落的开始；不以人类片面的智巧治理国家，是国家的福气。

“知此两者亦稽式。常知稽式，是谓玄德。”以智治国和不以智治国是两种不同的典型方式。以这些典型方式为参考，才能够维持“道”以内的良性循环，无限地靠近“道”。

“玄德深矣，远矣，与物反矣，然后乃至大顺。”无限向“道”靠近是非常深奥的，与我们日常的认知经常是相反的（无限地向“道”靠近可能一会儿偏向左，一会儿偏向右）。无限向“道”靠近就能比较顺利地发展。

有诗为证：巧智明民国之祸，返璞归真福祉多。
两者范式至大顺，周而复始入玄德。

《道德经》第六十五章 家传道德经参悟之二

“古之善为道者，非以明民，将以愚之。”从古至今，在“道”以内的、善于理解“道”、善于顺应“道”、善于应用“道”的聪明人或族群首领都不是用自己的意识、观点、思想和能力，去具体规范、规定、影响、约束、限定他人或群体的意志和行为。因为每个人的意识和观点除了具有普遍性外，还存在着特殊性。明确规定人们的意识和行为就会混淆了这种普遍性与特殊性，把人们个体的意识囿于这些规范、规定中，人们就不能按照自然规律去思考和行动，造成与自然规律偏差较大。具体的规范太多，影响了人们的生活和能力的发挥。所以，善于遵循“道”的人，尽量减少这些具体的规定、规范，逐渐减轻、减少直至消除出于个人意愿对人们的约束和损害。

“民之难治，以其智多。”人们之所以有很多地方不遵守规范，是因为人们需要按照其属于自身的自然规律行动作为。不论是族群首领还是百姓自身，其智巧违背自然规律的部分，都是这个族群发展的阻碍因素。

“故以智治国，国之贼；不以智治国，国之福。”以“道”以外的、规律以外的智巧去治理国家，如像盗贼一样损害这个国家的和谐和财富。不以“道”以外的、规律以外的智巧去治理国家，是这个国家的福气，会给这个国家百姓带来幸福。

“知此两者，亦稽式。”以智治国和不以智治国是国家发展的不同范式。

“常知稽式，是谓玄德。玄德深矣远矣，与物反矣，然后乃至大顺。”符合自然规律的认知，可以源源不断地取得符合自然规律的收获。这些获得广泛、深远、奥妙、丰厚；这些获得也会损耗、枯萎、减少、消亡。应用这个范式要不断地修正、认知，再修正、再认知，使其不断地靠近自然规律，较大程度地符合自然规律，这样才能使族群、国家获得更大的生存空间。

《道德经》第六十五章　今通行本

古之善为道者，非以明民，将以愚之。民之难治，以其智多。故以智治国，国之贼；不以智治国，国之福。

知此两者亦稽式。常知稽式，是谓玄德。玄德深矣，远矣，与物反矣，然后乃至大顺。

《道德经》第六十五章　王弼本

古之善为道者，非以明民，将以愚之。民之难治，以其智多。故以智治国，国之贼；不以智治国，国之福。

知此两者，亦稽式。常知稽式，是谓玄德。玄德深矣远矣，与物反矣，然后乃至大顺。

【注释】稽 jī：查核；稽考，稽查。停留；迟延。　稽 qǐ：古人的一种跪拜礼节。

第六十六问：我的心思都在企业上，勤勤恳恳精细管理，大事小情事必躬亲，为什么多数人不理解甚至指责我？

第六十六解 精细管理惹祸端　弹劾老板求放权

诗曰：董事股东齐发难，员工离职出麻烦。
部门系统一手抓，吃苦受累遭白眼。

天津一位企业家朋友，他的企业是一个股份制公司，他占大股，担任公司的董事长和总经理。最近一段时间，董事会其他董事和一些股东建议他不要当总经理。这一时期企业出现了一些问题，一些员工和技术骨干纷纷离职，企业运行出现困境。老板对企业发生的这些问题十分不理解，企业没有采用股份制的时候发展顺利，采用股份制以后自己管理得更加精细。他不明白，为什么他对员工公平合理，工资水平不低，没有做错什么，为什么管理层和员工对他都持怀疑态度呢？他找我帮忙查找问题的原因。

我对企业管理层、董事、部分股东和离职的员工进行了调研，把调研情况和我的看法和建议向老板进行了反馈。

企业在没有外部参股时运行稳定，主要是因为企业规模小，员工都是沾亲带故，心里不满也不敢对他说三道四，企业因此一直比较稳定。

引进外部资本以后，企业规模扩大了，员工多了，人才也多了。老板仍然采用原来的小作坊式管理，这时企业问题开始显现。旧的管理方式对企业各个系统、各个部门管理过细，中层管理人员自由度小，阻碍了他们发挥聪明才智的积极性。企业考核教条死板，许多创新工作和智慧化工作无法计量，积极创新、主动献计献策不能及时得到奖励，挫伤了员工积极性。

老子说："江海所以能为百谷王者，以其善下之，故能为百谷王。"高管团队和员工都能感觉到老板亲和，不受束缚，企业的目标不会与个人诉求相冲突，这样的老板才能受到拥戴。

没合股的时候，你的存在使管理层和员工感觉到有压力，但因为那时是你个人的企业，问题没有表现出来。一旦情况发生了变化，要维持你的领导地位，一定要像江海善下。这个善下，就是顺应大家的思维趋势。

一是对各个层面没有充分放权，权力都集中掌握在自己手里。例如，对营销系统管控僵化，销售工作严格按照老板的计划完成，没有根据市场变化拿到计划外订单的机会，优秀的销售人才陆续离职。

二是生产系统必须按照既定的生产工艺，新的想法也没有实验的机会，优秀的技术人员不愿意干，也没有探索提升技术的平台。

三是产品开发系统只能按老套路执行计划，往往计划落后市场，但开发部门没有研究市场的空间。

四是管理僵化。老板规定各部门管理人员每月要上交两份工作计划和总结，要求每个管理者对手下所有员工进行细致的绩效考核，细到一切考核指标经济量化，如果执行不好影响管理者绩效。末位淘汰制给员工造成很大压力，员工普遍厌烦这种不切实际的考核。

经过我的分析，老板认识到了善下的道理，一改过去的管理作风，与高管和骨干们一起研究和制定了新的管理制度和措施，充分放权，发挥部门管理者和员工的积极性。经过一段时间的运营，老板高兴地告诉我，现在企业不但运营良好，工作也比以前轻松了，再也没有人提议让他让贤了。

《道德经》第六十六章　企业启示

企业家运营企业，不宜苛刻规定企业各部门的职责范围和履行职责的尺度和方法，这样会使高管和员工机械遵从，失去了具体问题具体解决的灵活性。

员工行为没有达到理想状态，是因为企业规定浩瀚庞杂，不便记忆和遵守；企业规定朝令夕改，无所适从；企业规定漏洞百出，跋前疐后、动辄得咎；企业界定职责过于严苛，无法联合处理问题。如果不消除这些弊端，就会出现有意或无意的违反者。

《道德经》第六十六章　家传道德经参悟

“江海所以能为百谷王者，以其善下之，故能为百谷王。”江海之所以能占据峡谷百川，是因为它们善于顺应水的常道向下流。

“是以圣人欲上民，必以言下之；欲先民，必以身后之。”顺应接近“道”的人，言行举止都要像水往低处流一样，顺应“道”的发展。想要先于别人接近“道”，必须行动要慎之又慎，必须要先策划后行动。

“是以圣人处上而民不重，处前而民不害。”圣贤之人处在国家的管理位置上，不会让百姓感觉负担沉重。圣贤之人处在优先于百姓的层次上，不让百姓感觉到对他们有害。

“是以天下乐推而不厌。以其不争，故天下莫能与之争。”这就是天下百姓乐于推崇圣贤之人而不厌其烦的原因。圣贤之人，不在“道”以外去争，处处顺应常道，所以天下没有什么人能与其相争。

有诗为证：江海善下百谷王，圣人无害谦德藏。
天下乐推顺民意，以其不争能久长。

《道德经》第六十六章　今通行本

江海之所以能为百谷王者，以其善下之，故能为百谷王。

是以圣人欲上民，必以言下之；欲先民，必以身后之。

是以圣人处上而民不重，处前而民不害，是以天下乐推而不厌。以其不争，故天下莫能与之争。

《道德经》第六十六章　王弼本

江海所以能为百谷王者，以其善下之，故能为百谷王。

是以圣人欲上民，必以言下之；欲先民，必以身后之。

是以圣人处上而民不重，处前而民不害，是以天下乐推而不厌。以其不争，故天下莫能与之争。

第六十七问： 我做企业既保守谨慎又节俭，为什么还是遭遇了技术骨干辞职、市场份额丢失、企业效益下滑？

第六十七解 仁慈节俭又谨慎　骨干跳槽伤人心

诗曰：上游下游多让利，稳步前行性不急。
节省资金守旧制，维持传统不丢弃。

多年前，涿州有一位企业家朋友，他的企业遇到了大麻烦。他的企业是一个比较传统的企业，也是一个比较典型的家族企业，其产品在国内有一定的知名度。他做事非常谨慎，对自己的上游供货方和下游的客户很好，员工工资待遇也高过当地的其他民营企业。他认为自己做的是传统的定型产品，长时间内不会发生大的变化，不需要大的创新，不需要聘用要价高的技术人员，不需要智能化设备，尽量节省企业开支，降低企业运营成本。他认为自己已经做得比涿州其他企业老板好，可还是遭遇技术骨干跳槽、老客户丢失，企业正常运营难以维持。这让他困惑不已。

针对老板的想法和企业面临的问题，我走访了他的企业和跳槽的员工，调研了产品涉及的行业及市场环境，还对部分涿州一些民企情况进行了了解。

造成这些问题的主要原因是：第一，老板认为自己的工作很到位了，但只是参照涿州的一些民营企业。当时的情况是这里相对落后，他没有把企业放到社会和市场快速发展的大环境中做比较，结果造成认识偏差和决策失误。

第二，他的企业利润高，产品市场信誉度高。但是，随着市场变化和科技发展，这个行业也有了较快的发展，他没有根据变化的情况对客户让利，他得到了高回报，但是客户的利益受到了影响。

第三，他的企业多数都是老员工，辛辛苦苦跟他干了半辈子，得到的回报较低。老板认为自己给的报酬比涿州一些企业给的高多了，但是比照都是一些技术比较落后的企业。与国内同行业企业比，他的员工工资其实明显偏低。

第四，他把节俭用错了地方，该投资的地方没有投，跟不上技术的发展，技术力量储备不足，影响后期发展。

他没有认识到当时市场已经发生了非常大的变化，劳动力市场也在不断地发展，他还困守着企业老旧模式和思维定式。可是，企业规模大了，市场、社会、科学技术、人们的思维都在进步，企业不能满足员工的需求，员工是一定会离开的。离开的技术骨干自己成立了一个公司，也做同类产品，产品价格低、质量好，原来的企业老客户纷纷与这家新公司签单。

这家新公司能够成功，就是做到了老子所说的："我有三宝，持而宝之。一曰慈，二曰俭，三曰不敢为天下先。慈，故能勇；俭，故能广；不敢为天下先，故能成器长。""慈"，产品价格定位低，给上游供应商和下游客户充分让利，给员工的工资高；"俭"，投资定位准确，没有浪费；"不敢为天下先"，他做的是传统行业，相对技术更新不是太快，他不去盲目追求规模和高科技，而是稳步前行。

老板认识到了错误原因，改变了原来的思维方式和做法。他对上游供货商和下游客户进行了较大力度的让利，提高员工的工资标准，增加了奖励措施，提高奖金额度。他还延长了产品保质期至两年，两年内免费维修保养。这个产品因使用环境恶劣，产品维修保养是大问题，这一措施吸引了许多客户。企业投入一定资金对产品的环保功能进行了开发，二代产品具有环保性能。这个企业原来实力较强，经过这次改进，企业产品销往了欧洲市场。

《道德经》第六十七章　企业启示

任何一个企业都必须适应社会发展规律。每个企业都有各自特点，企业人员构成不同，面对的环境不同，所以没有一模一样的模式和方法可以照抄照搬。即使是根据企业运营实际总结出来的管理思想和管理方法，也不可能适应企业发展的所有阶段，也不可能适应企业发展的各个方面。企业能够时刻结合自身实际制定管理策略，就会比较接近社会发展规律，使企业越做越好。即使两个企业发展模式和管理模式比较相似，随着时间的推移和企业的发展，这种相似之处也会逐步淡化。

企业在发展过程中要坚守慈、俭、不为天下先。坚守慈，就是善待供应链；坚守俭，就是企业的投入能够满足企业良性循环正常运营就可以了，不需要余食赘行；坚守不为天下先，就是潜心打磨自己日常的技术和管理，对于创新要非常谨慎。

有的企业之所以产品遍布市场，是因为善于顺应消费者的需求，不断改进自己的产品。企业要想做到行业领先，外在的行动和内在的理念都必须顺应消费者的需要。这就是自然规律、社会规律、市场规律都会时刻助力企业的原因。企业不在规律以外去冒进，保持自己的良性循环，市场的意外情况也不能干扰其正常发展。

《道德经》第六十七章　家传道德经参悟

“天下皆谓我道大，似不肖。”天下都说我的这个“道”太大了，大到不可描述。

“夫唯大，故似不肖；若肖，久矣其细也夫！”所有的人都不能描述我说过的“道”，所以说“道”大。如果可以描述，很早就会很详细地把“道”描述清楚了。

“我有三宝，持而宝之。一曰慈，二曰俭，三曰不敢为天下先。”我长久拥有三件法宝。第一件叫作慈，人体外部良性循环叫慈；第二件叫作俭，刚好满足“道”以内的欲望叫俭；第三件叫作不敢为天下先，不在“道”以外作为。

“慈，故能勇；俭，故能广；不敢为天下先，故能成器长。”为了实现良性循环而作为是顺应大道的，所以能激发人的勇气。不在“道”以外为，顺应大道可以实现“道”以内的得，最大限度地与“道”以内的客观环境互动。不在“道”以外作为，能够成就本身长久的属性，像一个可以长久稳定的器皿一样。

“今舍慈且勇，舍俭且广，舍后且先，死矣。”舍弃慈而盲目勇敢；舍弃刚好满足欲望和需求去争取扩大占有；舍弃跟随“道”之后不断认知“道”而先于“道”，追求“道”以外的占有，就会进入灭亡的循环。

“夫慈，以战则胜，以守则固。”所有的慈坚守之，以慈为目标去努力征战，就会取得靠近“道”的胜利，坚守慈，社会就稳固。

“天将救之，以慈卫之。”天道将会持续巩固为慈而战所得到的成果，以至于达到良性循环。再以慈为目标，不断地巩固向“道”靠近所取得的成果。

有诗为证：三宝道大持之坚，慈俭不为天下先。
战胜守固器能长，慈卫天救成圣贤。

《道德经》第六十七章 今通行本

天下皆谓我：道大，似不肖。夫唯大，故似不肖。若肖，久矣其细也夫！

我有三宝，持而宝之：一曰慈，二曰俭，三曰不敢为天下先。慈故能勇；俭故能广；不敢为天下先，故能成器长。今舍慈且勇；舍俭且广；舍后且先；死矣。夫慈，以战则胜，以守则固。天将救之，以慈卫之。

《道德经》第六十七章 王弼本

天下皆谓我道大，似不肖。夫唯大，故似不肖；若肖，久矣其细也夫！

我有三宝，持而宝之。一曰慈，二曰俭，三曰不敢为天下先。慈，故能勇；俭，故能广；不敢为天下先，故能成器长。

今舍慈且勇，舍俭且广，舍后且先，死矣。夫慈，以战则胜，以守则固。天将救之，以慈卫之。

第六十八问：企业举全员之力，投入人力、物力、财力，强化管理，一心想使企业上市。可是，为什么企业却出现了效益连续下滑的尴尬局面？

第六十八解 千方百计为上市　投资包装枉费力

诗曰：扩大规模严管理，招揽能人强本企。
　　　开拓市场多策略，瞄准目标志不移。

广东惠州一位企业家朋友，他的企业是一家土生土长的民营企业。他肯吃苦又能干，白手起家把企业逐渐做大。为了使企业向更大规模发展，他引进了外部资金，联手7个合伙人，建成了股份制企业。八位股东为企业早日上市，首先，把企业各项管理进行升级包装，完全打造成企业界公认的流行管理模式；其次，从同行业企业挖来骨干人才，或是通过高薪招揽吸引人才，增强企业的技术力量；再次，扩大营销团队，增加资金投入，维护目标客户，通过降价吸引新客户，加大开拓市场力度。表面看来，企业管理规范，领导带头，上下一心，员工干劲十足，企业环境面貌、精神面貌焕然一新。可是，表面的繁荣景象没有给企业带来效益。他们请了多家咨询公司的专家把脉调理，企业效益还是连续下滑。我在深入企业调研后，向股东和管理团队提出了我的看法和建议。

我告诉企业老板，正是因为你各方面做得很好，很多地方超出了你应该做的，正所谓“过犹不及”。老子说：“善为士者不武，善战者不怒，善胜敌者不与，善用人者为之下。”“善为士者不武”，企业要随着正常发展，结合实际设定自己管理模式，不能简单套用别人的管理模式。一个企业最好的管理是最适合它的管理，不是表面看上去非常漂亮，非常漂亮就是过头了。企业如果靠管理来给员工施压，靠先进的管理激发员工的积极性，其实已经晚了。成功的管理是在还没有“感觉到管理”的时候，员工够竭尽全力为企业出力。这样的管理如同一个好的武士，没有动武就已经将对方征服了。

“善战者不怒”，在具体工作中，不能意气用事，在情绪化状态中做的事往往都是错的。

“善胜敌者不与”，企业之间的竞争胜败是由平时一点一滴的积累决定的。产品竞争靠的是产品平时一点一滴的改进；市场竞争靠的是平时一点一滴的服务积累。一点一滴积累起来，就会拉开企业间的距离。

“善用人者为之下”，企业老板要善于用好高管团队，员工充分发挥各自的主观能动性。最好的团队是把每个人最大的潜力发挥出来，而不是去争取不适合自身的目标，所有的成功都是在自然而然发展和点滴积累中得到的。

企业发展规律是客观的，不能人为创造。老板和团队顺应自然规律而不是别出心裁。能够经久不衰的企业，从来都是顺应自然规律做到的。

经过我们交流探讨，老板、股东和高管们调整了经营策略和思维观念，重新规划了企业的发展方向和目标，采取了能够适合自身企业和当前市场的一系列措施，企业有了较大的发展，最终实现了上市的愿望。

《道德经》第六十八章　企业启示

企业领导人要有不武、不怒、为之下的修为。不武，就是不要醉心于花哨的管理，不去仅仅针对竞争对手制定长期的对策；不怒，就是在企业遇到波折时要镇定，要有无端加之而不怒的风范；为之下，要顺应市场发展规律，顺应行业科技发展规律、社会发展规律和员工思维发展规律。

竞争一定要遵循企业发展之道，跳出互相诋毁的短视行为。第一，企业不要在企业发展规律之外去争；第二，善于营造内部企业员工尽心尽力的工作局面，重视外部资源的充分利用；第三，把企业纳入国内循环的业内循环；第四，做精拳头产品，努力成为行业的领导者。

在激烈的市场竞争中，企业可以划分为三类：第一类，老守田园，对市场变化不敏感，基本不随客观环境变化而变化；第二类，对市场环境变化敏感，能够很好地跟随市场上其他的企业变化而变化；第三类，切合社会发展规律，起到行业领导作用。第三类企业往往竞争能力强，能够实现企业效益最大化和企业的发展壮大。

《道德经》第六十八章　家传道德经参悟

“善为士者不武，善战者不怒，善胜敌者不与；善用人者为之下。”善战的将领，不要只是等待使用武器；善于作战的将领，不能因为任何非理性的事情发怒；善于战胜敌人的人，不能等待正面交战时打败他；善于用人的人，要利用人性，就像水往下流一样，获得事半功倍的效果。

“是谓不争之德，是谓用人之力，是谓配天，古之极。”这就是不在“道”以外去争，在“道”以内获得的方法。这就是充分利用好人力，自古以来人力遵循天道，是实现有利于人类发展的、靠近人类发展之“道”的最近途径。

有诗为证：不武不怒能胜敌，用人之力下在己。
不争之德善领先，天道合一配天极。

《道德经》第六十八章　今通行本

善为士者，不武；善战者，不怒；善胜敌者，不与；善用人者，为之下。
是谓不争之德，是谓用人之力，是谓配天古之极。

《道德经》第六十八章　王弼本

善为士者不武，善战者不怒，善胜敌者不与；善用人者为之下。
是谓不争之德，是谓用人之力，是谓配天，古之极。

第六十九问： 我的企业发展到了一定程度后，我采取了许多措施，想让企业进一步发展，可是，事与愿违，这些措施却都以失败告终。我该怎么办？

第六十九解 强化管理学外企 发展受阻效率低

诗曰：急于提升快改变，计划行动都超现。
考核员工简单化，改观产品不如前。

浙江台州有一位企业家朋友，他不满足现状，一心想要提升企业的发展速度，用他的话说，要让企业在原有的基础上再前进一步。可是试了多次，这一步就是迈不出去，总是达不到预期效果。他向我咨询提升企业发展速度的良方。

我对企业改革和创新的情况进行了调研了解，在此基础上向他指出了问题的原因并提出了建议。

第一，他对国外企业的管理非常认可，认为国外企业的管理既简单又好操作。于是对全体员工实行绩效考核，一律采用评分制考核员工，考核简单化。

老子说："用兵有言，吾不敢为主而为客，不敢进寸而退尺。"为客，就是退一步观望。看好企业下一步应该往哪个方向发展，顺应企业发展规律，然后切合企业自身特点来确定目标和方法，而不是看中哪个方法就用哪个。你的想法往往与企业耐受度相差很远，没有研究方向就大刀阔斧地干了，这样的做法无异于缘木求鱼。"是谓行无行，攘无臂，扔无敌，执无兵。"企业改革不能过激，要在员工不知不觉中改变。最严重的祸患莫大于轻敌，轻敌几丧吾宝。你认为很简单，轻敌了，行动改革就失败了。不但没达到目标，还给企业带来了伤害。绩效考核适用于技术含量低、从事简单重复劳动的企业，你的企业技术含量比较高，应该增加高管团队评定才可以。

第二，这位企业家经常接触到国外企业的先进管理和先进产品，他的另一项提升措施就是大幅度提升企业产品的外观。他的产品中有几种是非加工产品，产品表面粗糙，外观不好看。他开始采用喷漆对产品进行外观处理，可是时间一长，漆会脱落，产品更难看，漆和油污混合还容易对环境造成污染。鉴于这种情况，他再次改变了做法，增加了一道加工工艺，但是又带来了其他问题。外观好看了，但是容易生锈，原来粗糙的表面其实可以防止零件生锈。他没有从零件的使用特性出发而是人为改变，犯了主观主义的错误。

第三，他认为增加产品的耐用性，定能因此增加市场份额。他优化了产品的材质，产品的使用寿命比原来延长了一倍半，企业成本增加了30%。可是，经过市场调研发现，他的产品是主机中的一个零部件，需要与其他零部件匹配使用，而所有零部件是有使用寿命的，到年限需要同时报废，延长使用年限毫无意义。

这几项改进失败，错在没有从自己的角度考虑市场的真正需要。还错在轻敌，把企业提升想得过于简单，在创新中缺乏定力。“故抗兵相加，哀者胜矣。”要充分了解和认清周边环境和自身企业的特点，设定具有前瞻性的方针策略，稳步实施具体措施。“是谓行无行，攘无臂，扔无敌，执无兵。”自然而然地顺应企业发展的势，才能使企业获得成功。

老板听取了我的建议，摆正了主和客的位置，重新部署了企业的改革创新，根据企业特点和市场需要调整了方向和目标，经过一段时间，企业有了较大的提升。

《道德经》第六十九章　企业启示

企业的运营管理工作最忌讳朝令夕改，企业的基础性运营管理需要稳定。企业的外界干扰因素是非常多的，要破除迷雾抓住核心，随之适当地改进自身的管理，切记大刀阔斧、一蹴而就的改革方式。

企业真正的敌人不是竞争对手，而是企业家偏离“道”的思维方式。任何一个企业现有的管理方法都是企业比较适应的，转型升级要慎之又慎，适应企业现状的管理方法是企业的保障，是企业生存的根本。改变这些已经适应的管理方法，无所适从是企业真正的敌人，切不要小看这些不适应，积少成多就可以动摇企业的根基。只有提前采取措施防止这些问题的发生，企业才能顺利向前发展。

《道德经》第六十九章　家传道德经参悟

“用兵有言，吾不敢为主而为客，不敢进寸而退尺。”用兵有记载的好方法说：我们不能主动发起进攻，双方交战时我们不能首先盲目前进，而要先退后一段距离，以便观察谋划而采取适合的战术。

“是谓行无行，攘无臂，扔无敌，执无兵。”使自己的用兵策略不过早暴露，用兵的重点不被对方知晓。执掌战争的主动权不在于表面，而在于没有开战的时候就已经策划好的排兵布阵，使对方没有取胜的可能。

“祸莫大于轻敌，轻敌几丧吾宝。”没有比轻敌更大的祸患，只要轻敌就等于丧失了我方的元气。

“故抗兵相加，哀者胜矣。”势均力敌的交战要处处小心，要假设在最坏的处境中加以防范，如此才能最终获胜。

有诗为证：为客退尺执无兵，以逸待劳顺而静。
好勇求广娇必败，慈哀之心战之赢。

《道德经》第六十九章　今通行本

用兵有言：“吾不敢为主，而为客；不敢进寸，而退尺。”是谓行无行，攘无臂；扔无敌；执无兵。祸莫大于轻敌，轻敌几丧吾宝。故抗兵相若，哀者胜矣。

《道德经》第六十九章　王弼本

用兵有言，吾不敢为主而为客，不敢进寸而退尺。

是谓行无行，攘无臂，扔无敌，执无兵。祸莫大于轻敌，轻敌几丧吾宝。故抗兵相加，哀者胜矣。

【注释】攘 rǎng：排斥；抢夺；捋起袖子。

第七十问： 有一个让我羡慕的企业，明明我的企业各方面都不比他差，可就是无法形成那样良好的氛围。这是为什么？

第七十解 羡慕他企风气好 找出差距急赶超

诗曰：崇尚对手好口碑，一心比照劲白费。
骨干离职去他企，不为高薪情感贵。

河北唐山一位企业家朋友，向我咨询一个让他十分困惑的问题。他十分羡慕一个竞争对手企业，这个企业非常强，企业上下一心，没有跳槽的员工。其他企业对此都有较高的评价，市场客户也看好这个企业。他说，我的企业各方面都不比他差，资金比他雄厚，员工的待遇也比他高，可是我的企业就是形不成对手那样的良好氛围。有一位技术骨干跳槽到了那个企业，待遇比在我这里低，但他还是觉得在那个企业干得舒心。这是为什么呢？

我对他的企业进行了调研，同时又对他所羡慕的那个企业及跳槽的技术骨干进行了了解。经过调研，我分析了问题的原因，并提出了我的看法和建议。

老子说："吾言甚易知，甚易行；天下莫能知，莫能行。言有宗，事有君。"你制定的经营思想自认为很明确，也很清楚了，大家应该很容易执行了。而实际上，谁也不清楚老板对方针政策范围的界定和对执行尺度的判定标准；同样，老板也无法判断高管团队对方针、政策的和执行尺度的理解程度。企业方针政策在企业高层就有认识的偏差，传导到全体员工那里偏差会更大。这种偏差在企业中造成许多裂痕。工作中就有这样一个实例。售后服务人员在客户反映产品问题后对产品进行了修复，可是当新产品交付客户时发现问题还在。于是，企业开始追责。售后服务人员说是生产部门的责任，生产部门说是设计部门的问题，设计部门说是营销部门的问题，营销部门说是客户要求不切实际。问题转了一圈又回到了客户身上。按照企业的有关规定，看似这些部门都没有问题，所有人都没有履职担责，互相推诿，这就是最大的问题——企业文化的问题。

“夫唯无知，是以不我知。”老板和高管对对手企业的认知很有限，对那个企业的方针政策界定标准、执行范围、界定规则、执行尺度的认知也是有限的。同时，对本企业方针政策、规则策略的理解也是有限的。企业员工对老板和高管团队的理解也是很有限的，这样执行起来一定会有偏差。

“知我者希，则我者贵，是以圣人被褐怀玉。”对方企业之所以做得好，是因为企业老板、高管团队、员工互相理解多一些。那些做得比较好的企业，总能够找到让老板、高层、中层、普通员工互相能够接受彼此的办法。

我建议老板，要想改善现状只有一个办法，那就是加强企业文化建设，这个文化建设实质和核心就是让老板、高层、中层、员工彼此了解，通过相互深入了解达到一致，团结一心，赢得客户的信任和尊重。

我在接触企业跳槽员工的时候，问他为什么跳槽到一个工资低的企业。开始，这位员工也没找到答案。最后，他告诉我，那个企业形成了员工归属感，每年年底都会召开一个员工和家属一起参加的联欢会，这个联欢会使员工产生归属感。

在了解中我发现，这个企业的员工对企业方针政策的理解，跟老板、高层、中层基本一致，而且相信企业好了他们就会好。

老板听从了我的建议，从员工相互认知上下功夫，努力跟全体员工交往，深入了解员工对企业发展的看法，逐渐形成了企业员工归属感和认同感，有了对企业未来的憧憬。企业逐步地形成了上下一心的良好氛围，同时企业形象也有了大幅的提升。

《道德经》第七十章　企业启示

管理者对诉求的表述常常会被别人误解。他人的诉求，企业的管理者也常常会有所误解或理解不全面。

每一个企业都有自身发展的特点，没有哪一个管理模式是可以照抄照搬的，任何一个管理方法都有适合和不适合本企业的地方，不要忽视看似简单的管理方法，有时候就是这个看似简单的方法对企业最管用。

《道德经》第七十章　家传道德经参悟

“吾言甚易知，甚易行。”我讲述“道”的语言，表面上非常容易被人认知，好似非常容易使人循道而行。

“天下莫能知，莫能行。”实际上，天下所有的人都不能够完全认知“道”，天下所有的人都不能够完全循“道”而行。

“言有宗，事有君。”语言有意义本质，事物有特有属性。

“夫唯无知，是以不我知。”所有的不能被认知的也包括我不能认知的，同时还包括我知道别人不知道的，我认知别人不能认知的。

“知我者希，则我者贵，是以圣人被褐怀玉。”认知我说的“道”是非常宝贵的，我说的“道”不那么光彩照人，行“道”的圣人衣着朴素，但他们都怀揣着美玉。

有诗为证：易知易行用者希，世俗多欲入尘迷。
被褐怀玉最为贵，知行合一是真谛。

《道德经》第七十章　今通行本

吾言甚易知，甚易行；天下莫能知，莫能行。言有宗，事有君。夫唯无知，是以不我知。知我者希，则我者贵，是以圣人被褐怀玉。

【注释】被褐怀玉 pī hè huái yù：成语，身穿粗布衣服而怀揣美玉，比喻外表普通但内在优秀。

《道德经》第七十章　王弼本

吾言甚易知，甚易行；天下莫能知，莫能行。言有宗，事有君。夫唯无知，是以不我知。知我者希，则我者贵，是以圣人被褐怀玉。

第七十一问：为什么我的企业在创新中总是找不准方向？

第七十一解 领先企业争排头 全力创新跟潮流

诗曰：寻求前景问路径，开拓进取难前行。
凝心聚力遇迷茫，定位何方心不明。

广东番禺一位企业家朋友，他的企业属于行业内的领先企业。这位老板紧跟创新潮流，要求各个部门都要创新。但是，各个部门的创新工作长时间没有任何进展，在创新问题上老板也很迷茫，他也不知道从哪里下手好，担心创新工作步伐慢了，会失去行业的领先地位。于是把我找去，请教如何创新的问题。

我对各个部门创新工作进行了调研，提出用老子的哲学思维指导创新，并提出了自己的建议。

“知不知，上。”老子这句话对创新工作有两点启示。一是不论你知道多少，肯定还有不知道的地方。这就告诫你不能自满，不能取得一点点成绩就骄傲。即使现在走在同行业的前列，仍然会有许多需要改进的地方。二是在选择创新方向上，一定要沿着应该知道但现在还不知道的方向进取。

我在调研中发现，企业各个部门把创新工作当成分外工作，没有方向，没有目标，这样的所谓创新必然失败。

“不知知，病。”企业不知道下一步应该学习的是什么，这是一个危险的信号。

“圣人不病，以其病病。”企业各个部门没有明确的方向和目标，是因为他们不知道下一步应该努力做什么。

为此我提出以下建议。

一是根据企业具体实际情况开展企业科技创新、工艺创新、服务创新、质量创新。二是根据竞争对手的长处进行拓展。三是根据行业发展去创新。四是根据客户直接需求、潜在需求和未来需求去创新，据此设定具体创新目标。

“圣人不病，以其病病，是以不病。”这个企业的可贵之处在于，它能及时发现自身弊端，也就有机会挽回摇摇欲坠的竞争力。

企业老板和高管团队对企业创新有了正确的认识，找到了明确的方向目标，建立了一整套的创新流程，使企业各个系统、各个部门的创新工作有条不紊、循序渐进地向前发展，出现了许多成功的实践。

例如，一客户迫切需要产品轻量化，并且刚性不减。虽然客户需求的产品技术难度极大，但是有的先进企业已经能够做到了。老板认为可以把这个需求确定为目标，集中精力创新，攻克难关。通过学习借鉴先进技术，由此开发出一系列热处理和铝合金加工工艺，产品超出了客户的预期，同时打开了几个区域市场。

创新突破口找到了，企业充满了活力，市场竞争力大增，企业稳稳站在了行业前列。

《道德经》第七十一章　企业启示

每一个管理方法都有未知的弊端，管理者要努力使新管理方法收益最大化，使利益大于弊端。在不同时期和环境中利弊会互相转化，同样一个管理方法，对有的企业可能有利，对有的企业可能不利；同样的管理方法对于同一个企业，可能在这一阶段是有利的，但在另一个阶段则有害。管理者要趋利避害，善于选择恰当的管理方法和时机，应用到恰当的实践中。

《道德经》第七十一章　家传道德经参悟

“知不知，上。”你以为知道的内容中其实有很多不知道的，在你知道的以外还有许多你不知道的，能认识到这一点才是高明的。

“不知知，病。夫唯病病，是以不病。”没有意识到你所知道的以外还有许多你不知道的，就会出现很多缺点和毛病。

“圣人不病，以其病病，是以不病。”圣人知道，知道的内容中很多其实不知道的，知道以外还有许多不知道的，所以圣人没有缺点。

有诗为证：知为不知下为上，不知为知病膏肓。
以病为病未能治，防病未然能久长。

《道德经》第七十一章　今通行本

知不知，尚以；不知知，病也。圣人不病，以其病病，夫惟病病，是以不病。

《道德经》第七十一章　王弼本

知不知，上；不知知，病。夫唯病病，是以不病。圣人不病，以其病病，是以不病。

第七十二问： 为什么我的企业在规模较小的时候发展顺利，可是达到一定规模后却做不下去了？

第七十二解 家族企业发展难　心灰意冷不想干

诗曰：寻找机遇总不见，失去信心苦不言。
　　　希望渺茫做不大，市场竞争太过险。

河北沧州有一位企业家朋友，他的企业是一个家族企业，规模比较小，员工基本上都是亲属和跟随他多年的朋友。他想把企业关掉不干了，找个地方去打工。我问他为什么，他说实在是太难了，总是找不到企业发展机遇，随时有被市场淘汰的可能，干不下去了。他在准备关掉企业的时候听朋友讲，我曾多次用老子《道德经》帮助企业诊脉，所以把我找来咨询。

调研企业和行业环境、市场环境后，我认为企业可以发展下去，只要付出一定的努力，企业仍有较大的发展空间。我向他提出了我的看法和建议。

老子说："民不畏威，则大威至。"企业要发展，一定要找到发展的机遇，找不到机遇，大的危险就到了。你要关门不干，就是没有找到机遇。所以，你必须要找到发展的方向，主要有以下两点。

一是你最羡慕的企业高度，就是要找的机遇，就是努力的方向。看人家是怎么干的，从中寻找方向和机遇。

二是你现在要关门不干了，这里必定有一个主要原因。主要原因找到了，解决问题就是企业发展方向，也就是企业发展机遇。

在调研中发现他的主要问题在于，一是流动资金不足，二是缺少一个锐意进取的合作伙伴，三是技术老化。当务之急是寻找一个有资金实力、有进取心的合作伙伴。对寻求新的合作伙伴不要有顾虑，不要觉得庙小养不了大和尚。你认为小，人家可能认为正好，千万不要给自己设限。

"无狎其所居，无厌其所生。夫唯不厌，是以不厌。"不能厌烦你现在的状态，要努力进取，往往胜利都在于最后的坚持。你对自己企业的看法代替不了别人的看法，“是以圣人自知不自见，自爱不自贵。”你一定要有信心，耐心寻找新的机会。企业多年没有招聘新员工，就会如一潭死水般缺乏生机。企业生产传统产品，有固定的客户，所以企业没有销售部门，坐等客户上门。如此看来，企业不是没有发展机遇，而是缺乏寻求机遇的信心和行动。

经过我的分析，老板放下了思想包袱，坚定了信心，开始了寻找发展机遇的努力。通过朋友介绍，在一年多以后又找到了理想的合作伙伴，企业终于找到了发展机遇，有了较大的发展。

《道德经》第七十二章 企业启示

企业要对自然规律怀有敬畏之心。如果对自然规律缺乏敬畏之心，违反自然规律就会带来的巨大的风险。企业家不要抱怨资金不足、市场环境不好、没有遇到好的机遇，要在现有状态下找对企业发展规律，顺应企业发展规律，按照企业发展努力进取。

《道德经》第七十二章 家传道德经参悟

“民不畏威，则大威至；无狎其所居，无厌其所生。”百姓不畏惧真正的危险，真正的危险就会发生。不要追求没有瑕疵的居所，不要厌烦简陋的生活环境。

“夫唯不厌，是以不厌。”就是因为自身不厌烦简陋的居所和生存环境，所以天地自然之道，才能不厌烦你生活在其中。

“是以圣人自知不自见，自爱不自贵。故去彼取此。”圣人知道的比较多，但不会固执己见，珍爱自己的生命而不贪恋身外之物。

有诗为证：以威立威民不畏，无狎其居知足贵。
自爱寡欲不厌生，随遇而安能进退。

《道德经》第七十二章 今通行本

民不畏威，则大威至；无狎其所居，无厌其所生。夫唯不厌，是以不厌。

是以圣人自知不自见，自爱不自贵。

故去彼取此。

《道德经》第七十二章　王弼本

民不畏威，则大威至；无狎其所居，无厌其所生。夫唯不厌，是以不厌。是以圣人自知不自见，自爱不自贵。

故去彼取此。

【注释】狎 xiá：亲近而态度不庄重；轻视。

第七十三问：为什么我朋友的企业实力很强，拓展海外市场却失败了？现在又有好的拓展机遇，我的企业能否去尝试？

第七十三解　海外市场好机遇　前车之鉴令犹豫

诗曰：两位朋友搞拓展，投资海外信心满。
　　　水土不服亏损大，败回国内失颜面。

广州一位企业家朋友，有一个机会可以去开拓海外市场。他有两个要好的朋友，也是两个大企业的老板，曾经去开拓海外市场。一开始他们雄心勃勃，过了一段时间后亏损严重，只好回来了。朋友的失败令他警醒。但是，海外市场的诱惑力又使他跃跃欲试。因为以前我曾给他的企业讲过课，他想听听我的意见。

我应邀来到了他的企业，对他现在的情况和海外市场机遇进行了解，并详细了解海外市场开拓失败的两个企业。经过调研，我提出了一些建议。

老子说："勇于敢则杀，勇于不敢则活。"作为一个企业老板，要有十足的勇气去拓展海外市场，做你想要做的事，做你应该做的事。但是，在有勇气的同时，对企业发展规律要有足够的敬畏，在此前提下谨小慎微地、遵循市场规律去运营企业。如果有勇气、失敬畏、违反常规，那就等同于自杀，你的勇气把自己杀了。有勇气又尊重规律，做了充分的准备，小心翼翼地按照规律作为，企业就会正常存活并发展起来。

"天之所恶，孰知其故？"许多自然规律不被人类所认知，有些当前发生的也不能被认知，有些只能认知其中的一点点，企业要充分理解这一认知规律的特性。

在调研两个失败的企业时，我发现他们有一些共同的特点，即血气方刚、勇气十足，感觉自己有十足的能力，但不够小心，没有对当地特点、规律、风俗进行研究，他们的拓展给当地市场带来了冲击，当地认为是抢他们的饭碗。

“天之道，不争而善胜，不言而善应，不召而自来。”他们在当地进行企业和产品的宣传，被认为给当地带来很大威胁。两个企业夸大宣传，还特别做了人力资源招聘优惠条件的宣传，当地企业普遍害怕自己的人员会因待遇的问题被这两个企业挖走。他们没有做到“繟然而善谋”，没有做到尊重当地的法规和乡土人情。

由于明显的外在竞争表现，他们的企业遭到当地企业联合会、同行业企业、宗教团体的抵制，给企业在当地招聘员工、购买原材料、建厂房都带来不便，甚至当地的环保评估、安全评估都给他们设置了障碍，致使企业在当地陷入困境。根据这些教训，我给老板提出了建议。

第一，要“勇于敢”，机遇难得，产品有优势，但一定要对当地的情况进行深入研究，吸取前两个企业的教训。

第二，不争而善胜。争取当地企业联合会的支持，让他们感到你的到来可以在技术、工艺上与当地企业相互促进、取长补短，不会对当地企业造成威胁和不利。

第三，与当地企业合资合作，取得在当地的发言权。

第四，企业管理与文化与当地风俗习惯融合，弥合管理、文化方面的差异，取得当地政府和宗教团体的支持。

在此基础上，详细规划企业运营、市场运作、材料资金、人力资源实施方案，不能有所遗漏。老板认为我的建议有道理，与企业高管团队协商后，制定了严谨的海外创业规划。由于准备充分、措施得当，仅用三年多时间就成功实现海外市场拓展，企业成为具有一定实力的跨国企业。

《道德经》第七十三章　企业启示

企业的创新要基于正常规律，不能违背社会发展、企业发展常规去创新，如果违反规律，就会被淘汰。企业的发展要顺应自然规律，不能有任何侥幸心理，勿使自身发展速度超越自然规律。

《道德经》第七十三章　家传道德经参悟

“勇于敢则杀，勇于不敢则活。”人们在“道”（自然规律）以外的勇敢，会遭到“道”（自然规律）的修正和淘汰，人们不在“道”（自然规律）以外妄为，就会受到“道”(自然规律)的顺势呵护，可以活得更长久一些。

“此两者或利或害。天之所恶，孰知其故？是以圣人犹难之。”此两种选择，顺势而为有利，偏离常道而有害。天道自然所淘汰的，人们掌握不了全部的奥秘。

“天之道，不争而善胜，不言而善应，不召而自来，繟然而善谋。”天道自然，是不在“道”以外去争，而能适应自身内部良性循环，不停留在表面语言而应用自如，不用召唤而自始至终就在万物之中。人类要在“道”的面前坦然顺应接纳，要善于谋划如何顺应天道自然。

“天网恢恢，疏而不失。”天道的大网既大又广，看不见、摸不着，但它从不会失去对每一个广大和微小事物的作用。

有诗为证：勇遭杀伐不勇活，两者利害难评说。
不争善胜顺自然，天网恢恢无一脱。

《道德经》第七十三章　今通行本

勇于敢则杀，勇于不敢则活。此两者，或利或害。天之所恶，孰知其故？是以圣人犹难之。

天之道，不争而善胜，不言而善应，不召而自来，繟然而善谋。天网恢恢，疏而不失。

《道德经》第七十三章　王弼本

勇于敢则杀，勇于不敢则活。此两者或利或害。天之所恶，孰知其故？是以圣人犹难之。

天之道，不争而善胜，不言而善应，不召而自来，繟然而善谋。天网恢恢，疏而不失。

【注释】繟 chǎn：宽绰，舒缓。繟然：坦然，宽舒的样子。

第七十四问：我的企业想提高员工考核力度，提高企业的生产效率，为什么却受到员工的抵制，甚至有的员工离职去了其他企业？

第七十四解 学来考核新标准　效率降低伤根本

诗曰：量化指标细到人，员工生怨情不稳。
消极怠工又离职，管理出错乱难分。

温州一位企业家朋友打电话向我咨询，他从别的企业学来一套员工绩效考核办法。这套办法在那个企业很灵验，用此办法管理，员工的积极性高，干劲十足，因此企业获取很高的利润，这位企业家朋友也想效仿。可是采用这种办法不久，却极大地挫伤了员工的积极性，企业效益大不如前。我没有立即根据以往的经验回答他，因为每个企业的实际情况都不同，只有对症下药才能解决问题。

我来到他的企业，对考核办法进行了详细的了解，又去那个样板企业调研。根据实际了解到的情况，我对老板提出了意见和建议。

老子说："民不畏死，奈何以死惧之？若使民常畏死，而为奇者，吾得执而杀之，孰敢？"考核管理一定要让员工敬畏而不是畏惧。实际上，人性的畏惧是假的，达到一定的条件是无所畏惧的，有敬才有畏。员工考核标准要求，需要在员工认可的前提下，需要在员工的能力范围内。如果让员工感觉到你是在想尽办法剥削他，或是你所设定的目标超出了他的能力范围，他会想办法抵制你的考核。如果你设立的指标违背了人性，剥夺了员工的时间和权力，使他在你这里感到痛苦，他就会离你而去。任何人在基本生活的基础上都会寻求快乐，这是人性。

我在调研中发现，考核中要求生产部门在节约材料上设定指标，要求每名员工完成每月节约的量化指标，这个指标无论员工如何努力根本就实现不了，因为这个产品在下料环节上留有的加工尺寸余地本身就很小，节约指标脱离实际。员工不怕完不成，因为根本无法完成。那个模板企业对员工考核也有这一条，但是人家规定完成这个指标给予奖励，而且不是必须完成项，产品工艺也是不同的。考核指标还要求废品率为零，这个指标也是根本达不到的，因为他的产品材料是铸铁，只要有砂眼就是废品，这是人为控制不了的。还有一项考核使员工最为反感，就是规定只要企业有紧急任务就要加班到晚上10点，这个企业的紧急任务非常多，平均全年只有2～3个月没有紧急任务，这种加班让员工吃不消，于是白天缓慢干，下班后对付干，这种加班对完成紧急任务没有帮助。

“常有司杀者杀，夫代司杀者杀，是谓代大匠斫。夫代大匠斫者，稀有不伤其手矣。”企业各项规定一定要敬畏人性。设立的指标要使员工能够达到，惩罚要适度合理。加班一定要给予合理的报酬，如果报酬不合理，员工心理不平衡，一有机会他就会离开企业。制度政策一旦失去了员工的敬畏，会给企业带来无法挽回的伤害。

听了我的建议和分析，老板重新对企业考核的方式方法和指标进行了认真的修订，又反复走访样板企业，不但学习人家的管理制度，还认真体会人家是如何让员工认可和敬畏制度。经过与员工反复的沟通，终于使员工接受了经过改进的管理方式，企业效益也有了较大的提升。

《道德经》第七十四章　企业启示

如果企业过多设立克扣员工的名目、经常性地克扣员工，长此下去员工就不怕违规而被克扣了，要么对抗，要么逃离。要想博得员工心灵深处的支持，只能按照人的道德思维规律，真正爱护员工、关心员工、为员工排忧解难，这样员工就会全身心地投入工作，并积极努力创新。

《道德经》第七十四章　家传道德经参悟

“民不畏死，奈何以死惧之？”如果百姓不畏惧死亡，你就不能用死亡去恐吓他们了。

“若使民常畏死，而为奇者，吾得执而杀之，孰敢？”百姓畏惧死亡是习以为常的，不畏惧死亡的人是极少数，这些极少数不畏惧死亡的人犯了法，就会被执法者抓住杀掉。把这些犯了法的人杀掉，就会对百姓产生警示作用，百姓就会产生畏惧，不敢铤而走险。

“常有司杀者杀，夫代司杀者杀，是谓代大匠斫。”常道对偏离“道”、违背“道”、不畏惧死亡的人进行淘汰，这等于是代执法者对犯法的人进行惩罚。

“夫代大匠斫者，稀有不伤其手矣。”如果我们人为地去代替“道”，对偏离“道”、违背“道”、不畏惧死亡的人进行淘汰，就好比代替巧匠雕琢器物，很少有不伤害自身的。

有诗为证：民不畏死苦至极，使民畏死治其奇。
司杀天弃乱之首，代行杀戮伤自己。

《道德经》第七十四章　今通行本

民不畏死，奈何以死惧之？若使民常畏死，则为奇者，吾得执而杀之，孰敢？

常有司杀者杀，夫代司杀者杀，是谓代大匠斫，夫代大匠斫者，希有不伤其手矣。

《道德经》第七十四章　王弼本

民不畏死，奈何以死惧之？若使民常畏死，而为奇者，吾得执而杀之，孰敢？

常有司杀者杀，夫代司杀者杀，是谓代大匠斫。夫代大匠斫者，稀有不伤其手矣。

【注释】代大匠斫：斫 zhuó，用刀、斧砍削木头。大匠，技艺高超的木工。代替木工砍木头。比喻超越范围去处理别人所管的事。

第七十五问：我的企业花费高薪挖来创新人才，他们在原来的企业里都是创新的能手，来到我的企业怎么就发挥不了作用呢？

第七十五解 挖来能人来创新　生产依旧枉费神

诗曰：在彼企业多业绩，高薪请来少灵气。
埋怨环境束缚多，建功不成无奈离。

河北保定一位企业家朋友向我请教一个使他非常困惑的问题。原来，他的企业一直以来创新乏力，为了提升创新能力，他花费高薪挖来了多名创新人才。可是，人才到他企业之后，长时间不见出成果。情急之下，他催问了那几个人，其中两人在他催问后离开了他的企业。这些人在原来企业都是创新的能手，来到他的企业怎么就发挥不了作用呢？

我首先对还在他企业工作的创新人才进行了访谈，又对离职的人才进行了解和访问，最后对这几个人的原企业进行了调研，最终回答了老板的疑惑，并给出了解决问题的建议。

老子说："民之饥，以其上食税之多，是以饥。"这个老板对聘用的人才有一个规定，人才创新所得到的奖励，创新个人得30%，创新个人所在部门得70%，理由是你在这个部门创新的，利用了这个部门的资源。这种做法严重挫伤了创新者的积极性。我问老板，这个人如果不在这个部门，这个部门能创新吗，老板说不能。所以我说，创新个人应得70%，创新个人所在部门应得30%。

"民之难治，以其上之有为，是以难治。"在调研中我还发现，企业委派一位副总专门负责领导企业创新工作。副总对分管工作认真负责，经常对创新员工直接指导，但是，由于这位副总对创新项目和创新规律的认识不到位，对创新方向指引、创新范围限定常常出错，造成对创新工作的阻碍和员工对创新工作的反感。

“民之轻死，以其求生之厚，是以轻死。”几个聘来的人才离职，我问他们为什么离职，他们说在这个企业生存太难了，各种规章制度太多太繁杂，稍不留神就会触犯规定被罚款。对创新也有不能让人接受的规定，虽然给予创新的奖金数额高，可是不容易拿到。例如，在功能创新的问题上规定，原来这个产品上没有这个功能，开发出一个新的功能才算创新。如果这个产品原来有这个功能，你在此基础上优化了这个功能不算创新。其他企业认可优化创新，所以其中一名引进的创新人才去了其他企业，在其他企业能实现自身的价值。他在那个企业对原来的生产工艺进行了优化，使两道生产工序改为一道生产工序，节约了人力，减少了工时与装夹的次数，提高了产品质量和效益。可是，他的创新这个企业评定中被定为优化，没有得到应得的奖金。

“夫唯无以生为者，是贤于贵生。”员工们反映，企业规定的请假制度也不合理，制度规定，在一年内请一天假要扣除年奖金 50%，请两天假要扣除年奖金 100%，奖金虽高，但没有一个人能得到。

根据调研的情况，我向老板建议：要使企业发展创新，创造一个能使企业员工感觉到宽松愉快的工作环境比建立烦琐的管理规章制度要管用。老板听从了我的建议，对创新制度及企业的一些规定做了人性化修改。经过一段时间运行，员工的意见少了，主动创新的人和事多了，企业效益有了大幅提升。

《道德经》第七十五章　企业启示

企业要给予员工合理的报酬，不能设立过分的制度、规定，否则就会严重挫伤员工的创新积极性，给企业带来实质性的损失。只有充分调动员工的积极性，企业才会具有竞争力。

《道德经》第七十五章　家传道德经参悟

“民之饥，以其上食税之多，是以饥。”上交的粮食和捐税较多，导致百姓的饥饿。

“民之难治，以其上之有为，是以难治。”百姓之所以难以治理，是因为统治者在“道”以外作为和过高的欲望，致使百姓难于治理。

“民之轻死，以其求生之厚，是以轻死。”百姓之所以不爱惜生命轻视死亡，是因为统治者追求奢侈生活，对百姓苛刻盘剥，使百姓生活苦不堪言，所以百姓会无视死亡。

“夫唯无以生为者，是贤于贵生。”不去为了生活而在“道”以外为，比过分追求富裕生活的人要贤明。

有诗为证：民饥原由食税多，繁规重刑惹人祸。
豪夺贪厚民轻死，贤明无欲正治国。

《道德经》第七十五章　今通行本

民之饥，以其上食税之多，是以饥。民之难治，以其上之有为，是以难治。民之轻死，以其上求生之厚，是以轻死。

夫唯无以生为者，是贤于贵生。

《道德经》第七十五章　王弼本

民之饥，以其上食税之多，是以饥。民之难治，以其上之有为，是以难治。民之轻死，以其求生之厚，是以轻死。

夫唯无以生为者，是贤于贵生。

第七十六问：企业的高管离职带走了我的技术，为什么我的控告得不到支持？

第七十六解 高管离职另建厂　控告无果多沮丧

诗曰：带走技术争市场，知己知彼对手强。
　　　昔日朋友忘情义，悔恨徒生两相伤。

深圳一位企业家朋友非常沮丧地告诉我，两年前，企业的一位技术主管离职，带走了重要的技术资料，另建了一家公司，并与他生产相同的产品。俩人因此在行业内互相攻击，他还把这位原主管告上了法庭。这件事情还没个结果，另一位与他有深交并跟随他多年的技术副总又离职，并带走技术资料自己建厂，也与他生产同款产品。这让他非常气恼，要和这位故友一刀两断，把他也告上法庭。他想听一下我的意见。

深入了解情况后，我提出了看法和建议。

老子说："人之生也柔弱，其死也坚强。万物草木之生也柔脆，其死也枯槁。故坚强者死之徒，柔弱者生之徒。"要想成为一个成功的企业家，就一定要有宽广的胸怀，以及怀柔天下的气度。技术高管离职了，你首先应该想到的不是阻止和控告，而是要了解他为什么离职。离职的原因好比堤坝上的孔洞，不弥补就还会有更多的人离职。我了解到这两人离职相同的原因就是认为自己的付出没有得到应有的回报。在调研中我也发现了企业利益分配存在一定的弊病，对贡献大的骨干所给予的报酬力度不够，不利于留住人才。

要善于处下，对人、对事要容忍大度，万木在柔弱的时候生机盎然，强直的时候枯槁死亡。"是以兵强则不胜，木强则折。强大处下，柔弱处上。"把离职的技术主管告上法庭是不可取的。首先，你告他的理由是站不住脚的，离职是每个人的自由，你说他带走了你的技术，哪个技术是你的，取证是根本不可能的，这是很难界定的。如果你告他，不但不能解决问题，反而与他结怨，原来的朋友成仇人，相互诋毁，势必给企业造成影响和损失。莫不如祝福他，开欢送会，愿意回来随时欢迎，临走前听取他的意见。他在企业这十年时间永远过去了，能把握利用好这段时间的价值是上等水平，达到两者互不相伤是中等水平，互相成敌是下等水平。如果你去告他，这十年的相处不但毫无利用价值可言，还会给以后带来无穷的祸患。

老板采纳了我的建议，给这位离职的副总开了一个欢送茶话会，赠送了礼物，这位离职的副总非常感动，再三表示新成立的企业绝不会做有损老板企业的事情。五年以后，这位离职副总的公司把业务重点转到了另外的行业，他把公司剩下的资源全部赠送给了这位老板，老板的企业得到了发展和扩大。老板特意把我找去，这次不是解决问题，而是向我讲述了他俩一直友好相处的事情，并说老子的哲学帮了他的大忙。

《道德经》第七十六章　企业启示

当企业遇到自然规律及外界强大发展趋势之时，要学会在坚持自身特点的基础上，顺应这个自然规律及趋势。如果坚持抗拒，必然被自然规律、市场规律所淘汰。

企业始终要以产品为核心，一切的管理和人事安排都要有助于产品开发、生产、营销的良性循环，不要片面追求管理人员的高学历，能够适应本企业就好。

《道德经》第七十六章　家传道德经参悟

“人之生也柔弱，其死也坚强。”人只有在有生命的时候才柔弱，死亡后便坚挺僵硬。

“万物草木之生也柔脆，其死也枯槁。”草木等植物在有生命的时候柔美脆嫩，没有生命的时候就干硬枯萎。

“故坚强者死之徒，柔弱者生之徒。”所以坚强是死亡之道，柔弱是生存之道。

“是以兵强则不胜，木强则折。强大处下，柔弱处上。”用武力逞强必然灭亡，树木粗壮高大成材后必然被砍伐。强大坚硬是走下坡路，柔弱圆顺是走上坡路。

有诗为证：好勇逞强多败亡，守柔积弱能久长。

常道易知行易难，前仆后继为争强。

《道德经》第七十六章　今通行本

人之生也柔弱，其死也坚强。草木之生也柔脆，其死也枯槁。故坚强者死之徒，柔弱者生之徒。

是以兵强则灭，木强则折。强大处下，柔弱处上。

《道德经》第七十六章　王弼本

人之生也柔弱，其死也坚强。万物草木之生也柔脆，其死也枯槁。故坚强者死之徒，柔弱者生之徒。

是以兵强则不胜，木强则折。强大处下，柔弱处上。

第七十七问：我的企业采用原来建立企业的经验在全国其他地区建厂，可是为什么在具体实施过程中屡屡出现问题？

第七十七解　扩大产能建新厂　经验不灵多惆怅

诗曰：产品利小发展慢，多地生产多艰难。
几经干预强指导，盲目上马为缺憾。

山东济宁有一位企业家朋友让我帮忙出主意。他的企业是一个传统企业，产品利润薄，只能靠规模才能维持企业的效益。他需要复制几个企业以扩大产量。他计划采用原来建立企业的经验，在全国其他地区建厂。可是，在具体实施过程中经常出现问题，建厂困难重重。他有些想不明白，以往的经验做法怎么行不通了呢。

经过了一番调研了解，我提出了看法和建议。

这个老板犯了哲学思维上的错误，使建厂的指导思想上出现了偏差。老子说："天之道，其犹张弓与？高者抑之，下者举之；有余者损之，不足者补之。"以往的经验为什么不灵验了，因为具体情况发生了变化。就像射箭一样，要对准目标调整高下。到了一个新的地区，这个地区市场状态、社会环境、地理位置、风土民情、员工素质及当地政策和法规都会有所不同。这些主客观因素导致了在当地建立企业的特殊性。"是以圣人为而不恃，功成而不处，其不欲见贤。"没有一模一样的成功，不能期待用以往的成功经验复制一个新的企业。

经验也是有用的，"有余者损之，不足者补之"。要根据新建企业的特点，具体问题具体分析，不断修正以往的经验，使经验能符合这个地方建厂的独一无二的特殊性。

我在调研中发现，外地建厂的受阻和失败，原因在于老板用以往的经验干预在外地建厂。

当地负责建厂的经理说，老板干预建厂的选址。原来他们准备把厂址选在城市周边，这个地方在当地政府优待的范围内，在土地使用、周边环境、员工招聘、市场开拓等方面可以得到当地政府一系列配套政策的支持。可是老板根据以往的经验，把厂址选在开发区内，想在开发区内得到以前建厂时高新企业孵化器的一些优惠待遇。可是，新厂是传统企业，不具备高新企业孵化的条件，在高新区内建厂也得不到政府的支持，同时招聘员工也困难。

在产品定型投产前，当地经理提出要对当地市场进行调研，走访当地客户，根据实际需求确定企业的规模和发展方向。可是，老板根据以往的经验，认为只要生产出来就能销出去，多多益善，结果盲目求大，影响了产品的销售。

企业引进技术人才的时候，老板仍然按照原来的经验，主要引进了产品技术开发创新人才。但是，实际产品是定型的传统产品，在很长一段时间内不需要开发创新，需要的是提高优化产品工艺，结果招聘的这些高端人才在产品优化工艺上没有经验，造成高端人才无用武之地。

老板听了我的分析和建议后，带领他的团队认真深入地进行了研讨，一切从建厂当地的实际情况出发。老板也改变了一手包办的做法，把建厂的权力下放给项目经理。思维模式的改变给企业带来了活力，经过几年的努力，全国其他地方新建的几个企业获得了良好的发展，实现了以量取胜的目标，企业利润上升了一个台阶。

《道德经》第七十七章　企业启示

企业开发产品要适应市场的需要，在市场上供不应求的产品要优先开发，尽快实现量产，占领市场，不要一味生产那些容易生产的、市场已经饱和的产品。

《道德经》第七十七章　家传道德经参悟

“天之道，其犹张弓与？高者抑之，下者举之；有余者损之，不足者补之。”天的常道，犹如张开的弓一样，过高时就会向下抑，过低时就会向上举。多余的部分就会减损，不足的部分就会补充。

“天之道，损有余而补不足；人之道则不然，损不足以奉有余。”天的常道，是减损多余而补充不足。人在“道”以外所为之道，则与天之常道不同，减损不足，填奉有余。

“孰能有余以奉天下？唯有道者。”谁能将多余奉献给天下所需要呢？只有天之常道能将多余奉献给天下所有需要它的万事万物。

“是以圣人为而不恃，功成而不处，其不欲见贤。”圣人在道以内所为，而不自恃，成功了而不自居，没有特意表现自己贤明的欲望。

有诗为证：天道损余补不足，雨露滋润兴万物。
利欲熏心奉有余，古今圣贤皆不处。

《道德经》第七十七章　今通行本

天之道，其犹张弓与？高者抑之，下者举之；有余者损之，不足者补之。

天之道，损有余而补不足。人之道，则不然，损不足以奉有余。孰能有余以奉天下？唯有道者。是以圣人为而不恃，功成而不处，其不欲见贤。

《道德经》第七十七章　王弼本

天之道，其犹张弓与？高者抑之，下者举之；有余者损之，不足者补之。

天之道，损有余而补不足；人之道则不然，损不足以奉有余。孰能有余以奉天下？唯有道者。是以圣人为而不恃，功成而不处，其不欲见贤。

第七十八问：目前我的企业发展一帆风顺，顺境中企业各部门有了满足感，出现了惰性。如何克服企业的惰性，再把企业向前提升一步呢？

第七十八解 消除惰性再提高　方向不明缺目标

诗曰：管理规范措施明，生产质优量稳定。
　　　满意现状无进取，功成不前脚步停。

一次偶然机会，我与江苏扬州一位企业家朋友一起探讨了企业在顺境中如何发展的问题。这位企业老板说，他的企业现在产品质量稳定，客户满意度较高，企业各项管理有条不紊，但是，他感觉到了潜在的危机。企业各个部门都存在不思进取、维持现状的现象，他想消除这种惰性，让企业再提升一步，但是不知道从哪里下手。

结合企业的实际，我应用老子的哲学思维提出建议。

老子说："天下莫柔弱于水，而攻坚强者莫之能胜，以其无以易之。"天下万事万物中柔弱胜刚强。为什么柔能克刚？一是企业在柔弱的时候有发展的空间；二是企业在遇到困难的时候不能蛮干，面对困难要柔韧，坚持自己的方向；三是企业每时每刻都要在微小的地方进步，每时每刻都要不停歇地发展；四是对于企业所面临的各种问题，你必须能够容纳、转化这些问题而不是对抗，实际上你也消灭不了问题。

这个企业是一个已经发展了 15 年的企业，企业生产部门不能满足于维持现状，各项工艺都定了，按照做就可以了，工艺技术人员最重要的工作是把企业在 15 年生产过程中所容易发生的问题都总结出来，提炼形成资料，指导生产部门的每一个员工，避免在以后的操作中不犯同样的错误。产品开发部门要回答下一步要应用的新技术是什么，应该提高的是什么，未来三年内还需要哪些改进，比你优秀的产品都有哪些优势，今后你如何达到，同行业企业倒闭失败的原因是什么。产品营销部门要了解客户下一步对产品的要求是什么，应该提高的是什么，客户可能流失的原因是什么，如何避免客户流失。开发潜在客户用什么办法，用多长时间能争取过来。这就是企业的柔。

“受国之垢，是谓社稷主；受国不祥，是为天下王。”当企业遇到意想不到的、无法避免的困难的时候，企业还能够接受和容纳这些问题；当企业遇到大的波折的时候，企业有能力从容应对。要见微知著，慎终追远。

受国之垢、受国不祥，受的意思一是能够接受，还能因此而成长；二是忍受，无恨无怨，心如止水；三是承受，挺得住；四是受用，能够以此作为借鉴；五是享受，享受你的垢和不祥；六是授受，把垢和不祥当作武器；七是受受，把别人强加给你的主动接受，且能很好地加以利用。

老板很受启发，组织企业管理层开会讨论，根据企业实际制定了一系列的目标和措施，企业终于找到了继续提升和发展的方向。几年后，这个企业进入了行业前列。

《道德经》第七十八章　企业启示

企业的发展如同植物的生长，要循序渐进逐渐成长，不要盲目扩张、不切实际地扩张。

任何企业都由弱小开始，创业的路上波折不断。能够忍受多大的挫折，就能够有多大的发展。

《道德经》第七十八章　家传道德经参悟

“天下莫柔弱于水，而攻坚强者莫之能胜，以其无以易之。”天下没有比水还要柔弱的，而任何坚强的物质，没有能胜过水的，对坚强物质发起攻击的常常是水，坚强的物质没有能胜过水的，这种状态从来没有改变。

“弱之胜强，柔之胜刚，天下莫不知，莫能行。”弱小能够战胜强大，柔软能够战胜刚强，这个道理天下人们没有不知道的，却没有按照这个道理做事的。

“是以圣人云，受国之垢，是谓社稷主；受国不祥，是为天下王。正言若反。”所以圣明的人说，能够坦然接受国人无端的诟病，可以担当国家的栋梁；能够正确处理国家祸乱的，可以成为国家的君王。人们常常认为正确的事情和道理，有时却恰恰相反。

有诗为证：柔能克刚弱胜强，忍辱负重能成王。
天下皆知莫能行，世俗贪婪人多狂。

《道德经》第七十八章　今通行本

天下莫柔弱于水，而攻坚强者莫之能胜，以其无以易之。
弱之胜强，柔之胜刚，天下莫不知，莫能行。
是以圣人云：受国之垢，是谓社稷主；受国不祥，是为天下王。正言若反。

《道德经》第七十八章　王弼本

天下莫柔弱于水，而攻坚强者莫之能胜，以其无以易之。
弱之胜强，柔之胜刚，天下莫不知，莫能行。
是以圣人云，受国之垢，是谓社稷主；受国不祥，是为天下王。正言若反。

第七十九问： 合作伙伴在濒临倒闭时违约，给我的企业带来巨大损失，我是否应该去法院起诉他？

第七十九解 合作企业濒倒闭 巨额订单遭毁弃

诗曰：客户违约损失重，血本无归多亏空。
多年好友法庭见，回本无望两相痛。

广东番禺一位企业家朋友急匆匆地打电话邀请我尽快去他那里，说有急事。原来，他有一个大客户，也是他的长期合作伙伴，他的产品是总成零件，就是供给这个大客户的。这次，这位大客户下了一笔较大的订单，他把这次订单一半的产品发给了这个大客户，另一半产品也全部加工完成，正准备起运。就在这个时候，大客户的企业濒临倒闭。大客户要求所有的供货商停止供货，已经到货的要退货，以前的欠款也将无限期拖欠。这批产品已经按合同完成了，钱要不回来，董事会决定要尽快到法院起诉这个大客户，希望通过法律程序得到一些赔偿，减少企业的损失。老板和这位大客户是多年的好朋友，以往在企业出现困难时，这位朋友多次出手帮助，多年的风雨同舟使他们之间结下了深厚的友情，去法院起诉有些于心不忍。但股东们认为这次损失数目太大，无法接受。他在两难的境地把我找去，让我帮助拿主意。

经过一番调研，我结合老子的哲学思维提出了意见和看法。

老子说："和大怨，必有余怨，安可以为善？"首先分析一下起诉的结果。第一，如果去法院起诉，因为这个企业欠债太多，即使法院能判给一些赔偿，跟企业损失相比也是杯水车薪，解决不了多大问题。而且一旦案子旷日持久，白白浪费人力和时间。第二，如果去法院起诉，会使对方产生怨恨。此事过后，他企业中的一些朋友必定会另起炉灶，这位老板也有可能还做这个行业，再要跟这些人合作就非常尴尬了。结下怨恨，后患无穷。

善是企业的根本。"是以圣人执左契，而不责于人。有德司契，无德司彻。

天道无亲，常与善人。”这件事上你有理，是他毁约在先，你手里拿着合同契约，但是，不能过度责备他。友情留一半，日后好相见。天道没有亲疏远近，但是会常常眷顾有德的人。我们手执契约没有控告他，做事留有余地。

企业老板和股东们都认为我说得有道理，他们没有责备这个大客户，而是心平气和地和他协商了解决办法。没有发出的产品不发了，发出的产品全部退回，按照前期发出产品的货款的一半付钱。这个解决办法让大客户十分感谢，表示如有可能还与他合作。

他们动员全体员工来销售这批产品，因为这批产品具有一定的通用性，经过一年多时间把这批产品全部销了出去。他的企业没受大的损失。那些去法院起诉的企业获得的赔付与损失相比微乎其微，不仅搭上了时间，还结下了怨恨。

原来那个大客户的企业倒闭了，但是，从那个企业又分出了三个同类企业。这三个企业的老板纷纷找到了这位企业家朋友，请求与他合作。这位企业家朋友与这三个企业老板相互持股，在技术上取长补短，形成一个共享的产品开发系统，在行业中成为一个智能群。几年后，与这位企业家朋友见面时，他除了向我表示感谢，还由衷地说，中国古典哲学对做企业太有帮助了。

《道德经》第七十九章　企业启示

企业在管理上对于一些惩罚性的制度不能死板、机械地执行，要注意适度，具体问题具体分析，不要得理不让人，与员工结怨。

企业的管理制度制定得再严密、细致、周全，也一定有遗漏的地方，不能把人管死，要善于调动员工的积极性。

《道德经》第七十九章　家传道德经参悟

“和大怨，必有余怨，安可以为善?”采取各种方式、方法去调和很深的积怨，经过调和后还会遗留下一些余怨。那么，怎样才能处理、解决好这些余怨，在道以内得到良性循环呢?

“是以圣人执左契，而不责于人。”这就是圣明的人手里拿着左契（古代以竹木简为契约，竹木契约一分两半，债权人持左边一半为左契），而不去过分责备负债人。

“有德司契，无德司彻。”有德的人（在“道”以内所为所得的人）严格遵守各种法令契约，并不以此要挟威逼他人；无德的人（在“道”以外所为的人）经常强行收缴田赋地税，不考虑他人的偿还能力。

“天道无亲，常与善人。”天之常道对人没有亲疏远近，恒常保持在“道”以内所为的人能得到天道庇佑。

有诗为证：和解大怨德为善，左契不迫强人难。
天道无有亲与疏，和谐安乐顺自然。

《道德经》第七十九章　今通行本

和大怨，必有余怨，安可以为善？是以圣人执左契，而不责于人。有德司契，无德司彻。天道无亲，常与善人。

《道德经》第七十九章　王弼本

和大怨，必有余怨，安可以为善？是以圣人执左契，而不责于人。有德司契，无德司彻。天道无亲，常与善人。

【注释】左契 zuǒ qì：古时候的契券，相当于现今的借据。它是用竹木制成的，中间刻横画，两边刻相同的文字，记财物的名称、数量等，劈为两片。左片就是左契，刻着负债人姓名，由债权人保存；右片叫右契，刻着债权人的姓名，由负债人保存。索物还物时，以两契相合为凭据。

第八十问： 企业准备招聘一些知名的技术专家和高科技人才。为什么这个有利于企业发展的举措得不到股东的认可和支持？

第八十解 渴望人才定举措 反对声高存疑惑

诗曰：羡慕对手实力强，面上风光有影响。
决心赶超快行动，认识激进偏方向。

浙江台州一位企业家朋友向我提出一个问题，请求帮助解决。原来，他看到别的一些企业聘有许多高端管理人才、技术专家和高科技人才很是羡慕，认为这些企业因此在业内有影响、有面子。于是，他也准备招聘一些这方面的顶尖人才，一来撑一下门面，二来为以后企业技术进步储备力量，让企业跟上形势的发展。他认为自己是在为提高企业知名度和为企业以后发展积蓄力量。可是，他的想法遭到了多数股东的反对，理由是企业生产的是定型产品，高科技人才用不上，浪费企业资金。

我在对他的企业进行调研和对部分股东走访后，给他提出了意见和建议。

老子说："小国寡民，使有什伯之器而不用，使民重死而不远徙。"企业是否招聘知名的高端管理人才、技术专家和高科技人才，要根据企业的短、中、长期发展实际需要而定，要根据企业所在行业、市场、企业实际情况而定，而不是和别人攀比。小国和寡民是匹配的，过多过少都不行。

"使有什伯之器而不用。""虽有舟舆，无所乘之；虽有甲兵，无所陈之。"管理的最高境界是员工都能自觉自愿地遵守企业规章制度而不越雷池一步。严苛的规定和管理手段在企业的初级阶段的确是需要的，但是在企业的中、高级阶段却不需要，因为到了这个阶段，凡是对企业不利的事情，员工会自觉不做，遵守企业规章制度成了员工的习惯，这个阶段遵章守纪已经上升为企业的文化。

我在调研中发现，他的企业每个系统都各自发展完好，"甘其食，美其服，安其居，乐其俗”。企业多数股东不同意引进过多的高端人才也是有道理的。他的企业生产的是定型产品，产品再开发的需求不多，不用引进过多高端人才。引进过多的高端人才就不是小国寡民了，国与民不匹配了。

“邻国相望，鸡犬之声相闻，民至老死不相往来。”要使自己的企业在行业内保持相对的独立性，与其他企业互相尊重，从不谋求消灭对方，尊重各自发展轨道，共享市场和谐自由竞争空间。

老板和股东们都同意我的建议，他们经过慎重考虑，结合企业自身发展实际，做出了引进人才的细致周全的规划，在产品研发和生产工艺方面各引进两名高端人才。经过半年多的运营，产品开发人才为企业开发设计出了行业领先、适应市场的新产品，由于这种新产品的研制成功与市场需求同步，产品的性能和质量良好，又使企业接到了几个较大的订单，这些订单以前都是可望而不可即的，企业储备的产能也得以释放，企业利润实现了大幅增长。生产工艺人才改进了产品的加工工艺，原来产品采用45号钢加工，需要经过铣削、热处理等工艺，产品容易变形，质量不稳定。改为用铸钢加工，减掉了热处理工序，不但节约了成本，还极大地提高了产品质量。

人才的适当引进给企业增加了发展的动力。企业老板非常高兴地说，现在不是企业有了面子，而是产品占领了市场，企业跟上了社会形势的发展，企业有了人才保障。

《道德经》第八十章　企业启示

企业家最为头痛的就是企业员工跳槽，还有就是企业之间的恶性竞争。如何使员工能安心在企业工作并热爱这个企业呢？老子的小国寡民一说已经给出了解决方案。“虽有甲兵，无所陈之”，企业虽然制定了许多惩罚性的规章制度，但不要随意使用它来处理员工，实际上它的主要作用是警示员工。“甘其食，美其服，安其居，乐其俗。”在员工的衣食住行方面都要给予关爱，提供一些力所能及的资助。最主要的是乐其俗，要关心关爱员工，任人唯贤，为企业员工提供成长的空间和上升的渠道，形成和谐愉悦、团结互助、奋发有为的文化氛围。

“邻国相望，鸡犬之声相闻，民至老死，不相往来。”企业之间保持各自的独立性，互相不伤害，没有不正当的竞争，在市场中和谐、有序地发展。

《道德经》第八十章　家传道德经参悟

“小国寡民，使有什伯之器而不用，使民重死而不远徙。”国家小，不轻易劳役人民，有各种各样的精巧器皿而不经常使用，使百姓重视身体、害怕死亡而不向远方迁徙。

“虽有舟舆，无所乘之；虽有甲兵，无所陈之。”虽然有舟船车辆也不乘坐，虽有军队也不集结列阵发起攻击。

“使人复结绳而用之，甘其食，美其服，安其居，乐其俗。”使百姓恢复到祥和安宁、路不拾遗夜不闭户的状态。把食物制作得香甜，把服饰制作得舒适美丽，有平安的居所，有快乐自得的民俗。

“邻国相望，鸡犬之声相闻，民至老死不相往来。”相互临近的居住区域隐约可见，区域之间留有足够的空间不互相干扰，可以隐约听见彼此之间的鸡鸣狗吠之声，百姓都具备各自独立生活的条件和能力，从出生至死从互不干扰。

有诗为证：小国寡民风俗淳，美服甘食无甲阵。
结绳归真顺自然，安乐和谐守根本。

《道德经》第八十章　今通行本

小国寡民，使有什伯之器而不用；使民重死而不远徙。虽有舟舆，无所乘之；虽有甲兵，无所陈之。使人复结绳而用之。甘其食，美其服，安其居，乐其俗。邻国相望，鸡犬之声相闻，民至老死，不相往来。

《道德经》第八十章　王弼本

小国寡民，使有什伯之器而不用，使民重死而不远徙。虽有舟舆，无所乘之；虽有甲兵，无所陈之。使人复结绳而用之，甘其食，美其服，安其居，乐其俗。邻国相望，鸡犬之声相闻，民至老死不相往来。

【**注释**】什伯 shí bǎi：古代兵制，十人为什，百人为伯。因以什伯泛指军队基层队伍，比喻超过十倍、百倍数量。

第八十一问：为什么我尽最大努力地采取多种方法，对企业和企业产品进行美化和包装，扩大企业和产品的知名度，却没有收到预期效果？

第八十一解 过度美化重包装 收效甚微陷迷茫

诗曰：电视宣传上台阶，提升管理规矩多。
现场看板标准化，利润效益走下坡。

河北唐山一位企业家朋友，企业一直做得很好，企业生产管理规范、产品市场占有率高，在行业内有一定的知名度，我也曾多次去他的企业走访调研。一次，他突然打电话让我赶紧去一趟，说企业遇到了大问题，让我帮忙出出主意。

原来，他看到一些知名企业都在利用电视台宣传自己的产品和企业，人家的企业都经过了全面的美化包装，都是看板管理，企业内有各种画廊、标语，印制成册的管理规章制度，管理严格规范。他也模仿这些大企业，通过包装美化，对企业和产品进行宣传，提高企业和产品的知名度，在企业内也大搞规范管理。可是，采取了几项重大举措后，企业反而问题不断，效益连续下滑。他不知道这是哪里出了问题。

经过对企业现状进行调研，我向这位企业老板提出了我的看法和建议。

老子说："信言不美，美言不信。善者不辩，辩者不善。知者不博，博者不知。"我在调研中发现，他的举措带来很多问题。第一，他在电视台发布的宣传企业和宣传企业产品的广告华而不实。只注重了华丽和外在的美，没有把产品的主要性能和与别的产品不同的特点表现出来，广告的美化甚至会让受众对企业和产品产生误解。例如，产品有一项功能，业内人士都十分清楚是达不到百分之百的，但广告宣传为百分之百，广告为了美而失去了"信"，失去了客户的信任。广告中还对其他企业产品进行贬低，招致其他企业反感。第二，售后服务制度有缺陷，只注重了制度的形式和文字，没有注意制度实施的时效性。制度规定，不是产品本身的质量问题不予维修，售后服务人员对此规定也没有很好地把握尺度。有的客户因为产品出了问题找到售后服务人员，售后服务人员没有站在用户的角度给予认真地解释和周到的服务，而是据此规定与客户反复辩解、推脱责任。最后，辩解上升到争执，令用户非常不快。第三，他特意聘请咨询公司为企业包装，经过包装后的管理规章制度在原来的基础上增加了百余项条款，包罗万象、繁杂无序，执行起来无从下手，使企业管理混乱。第四，技术人员经过创新，开发出了产品新的功能。这项创新没有被采用，主要是因为产品增加功能也不好涨价，只能增加产品的成本。为了效益，企业搁置了技术人员的创新，既影响了技术人员创新的积极性，又影响了产品的市场竞争力。

“信言不美，美言不信。”企业宣传要以诚信为本，首先是自身的诚信，不能做虚假和夸大的宣传。其次，要使受众信任。这就需要发掘企业和企业产品的内涵和独有的特点，通过艺术手法让受众乐于接受。最后，要做到“天之道，利而不害”，对自己有利，但不能伤害他人。

“善者不辩，辩者不善。”售后服务的制度要更贴近客户，制定制度要从客户的利益出发。售后服务人员要成为客户的知心朋友，在任何情况下都不用与客户辩解，更不能争辩。用自己优质、周到、热情的服务和熟练精湛的技术去争取客户，得到客户的认可。

“知者不博，博者不知。”企业的规章制度已经应用多年，而且企业员工都能认可并自觉遵守，已经够用，不必再增加条款。规章制度不是越多越好，更不要追求形式，不要刻意追求规章制度本子的厚度、外表的花哨。规章制度是用来规范企业行为的，同时也是保护企业利益和员工利益的，不是作秀给人欣赏的。

“圣人不积，既以为人己愈有，既以与人己愈多。天之道，利而不害；人之道，为而不争。”你给予别人的越多，你自己越富有。增加了新功能的产品投放了市场，虽然你增加了产品的成本，短期内没有回报，但你在积累你的“人品”，也就是在积累你的财富，最终会得到更多的回报。“人之道，为而不争。”市场充满了竞争，要“为”就是在正常的良性竞争中作为，公正、公平地去争，“不争”就是不能用不正当的手段去争，不能靠诋毁、损害对手去争。

老板听了我的分析和意见后，带领他的高管团队认真反思了企业的几项举措，纠正了错误，进行了一系列的整改，企业发展逐渐回到了正轨。

《道德经》第八十一章　企业启示

企业的各项管理制度一定要根据企业的实际情况而制定，可以适当借鉴外部的、适合自身发展的一些有益的模式和经验。管理不要人为地、不切实际地拔高和美化。不切实际地拔高和美化管理，只会给企业带来麻烦和伤害。

企业家在积累财富的过程中，要善用积累的财富，不参加良性循环的财富只能逐渐缩水或助长企业家的挥霍无度。瞄准企业新的增长点不断投入，企业将不断发展壮大。

企业要在熟悉的行业内，在资金、人力、产品、经营条件允许的情况下量力而行，去参与新的竞争。

《道德经》第八十一章 家传道德经参悟

“信言不美，美言不信。”可信的表述“道”的语言，不用人为加以美化修饰。人为加以美化修饰过的表述“道”的语言是不可信的，这种表述“道”的语言离“道”甚远，往往都是不能信赖的。

“善者不辩，辩者不善。”能够在“道”以内良性循环的善言，是不需要解释和争辩的，需要解释和争辩的不是善言，不能在“道”内良性循环。

“知者不博，博者不知。”知道“道”的规律的人，不用过多知道“道”以外的规律，对“道”以外知道过多的人，往往不知道“道”的规律。

“圣人不积，既以为人己愈有，既以与人己愈多。”圣明的人与“道”即时互动，不积累过多的余食赘行，还能做到顺应人类的常道。在“道”以内正常有得，与周边所接触到的人正常地在“道”内互动，与之互动的人愈多，在多个“道”中的所得愈多。

“天之道，利而不害；圣人之道，为而不争。”天道是对万事万物运行有利无害，人必须符合天道，在“道”内有为，不要去“道”外相争。

有诗为证：美言不信辩不善，博闻尊道知寡廉。
尽为人有己愈多，无害不争为而安。

《道德经》第八十一章 今通行本

信言不美，美言不信。善者不辩，辩者不善。知者不博，博者不知。

圣人不积，既以为人己愈有，既以与人己愈多。天之道，利而不害；人之道，为而不争。

《道德经》第八十一章　王弼本

信言不美，美言不信。善者不辩，辩者不善。知者不博，博者不知。

圣人不积，既以为人己愈有，既以与人己愈多。天之道，利而不害；圣人之道，为而不争。

后 记

一天，弟弟同我商量一件事，说是应许多企业家的要求，要把用我们家族传承的“家传道德经参悟”帮助企业解决运营问题的案例著作成书。对于这个想法，我当时是有一定顾虑的。我深知，自老子写下五千言起，后人的诠释、注解、解读、译文等著述千万种，其中不乏国之泰斗、名人名家，仅凭我们家族传承的“家传道德经参悟”来著书立说，我有些惶恐，可是弟弟却信心满满。在以后数月的交谈中，他列举出了大量采用我们家族传承的“家传道德经参悟”帮助企业解决实际问题的案例，还有许多企业家殷切希望早日看到案例成书的寄语。这些情况开始使我有些动心了。

随之，我阅读了有关《道德经》的数十个版本，并反复研读了河上公和王弼本的注释本。通过大量的阅读我发现了一个问题，就是许多版本不但对《道德经》的注释不同，就连每个版本中所采用的《道德经》原文也不同。在研读河上公与王弼本的注释中我发现，有许多地方，河上公与王弼的注释大相径庭。接着我又读了干昌新著的《破译老子祖本》，作者提出了“老子祖本”的说法，并列举了老子在五千言中自创的29个字。因为要表述五千言的内容，在当时的汉字中，没有合适的字可以把老子的意思表达清楚，所以老子又自创了29个字。通过这些研读，我悟出了一个道理：老子《道德经》并没有一个标准的释本，也没有公认的权威本。公元前485年，老子出函谷关留给后人五千言。在2500多年的时间里，中国的文字不是统一的。老子作为周的藏书官吏能够接触到当时的大量书籍，文字也是有差异的，许多文字在特定的地域和族群中有特定的意义和指向。老子五千言中有一些文字来源于众多诸侯国，老子又创造了一些。即使在秦始皇统一文字以后，在相当长的历史时期内，因为没有印刷术，老子五千言也只能通过手刻和传抄流通。受此局限，世间所流传的所有版本都或多或少、不可避免地存在缺憾。即使是当今比较权威的天津古籍出版社影印《道藏》所收《道德真经注》四卷（道藏本），日本庆长顷活字本（庆长本），也是在若干历史阶段中，由于个别朝代皇权对《道德经》的尊崇从民间收集而来，也都不是原著。

由此，我得出一个结论，在老子撰写五千言后的中国 2500 多年的历史长河中，无论是哪一家、哪一派对《道德经》的注解、诠释及译文，都从不同侧面丰富了中国文化宝库，传承了中国文脉。

写到这里，我想起了一则印度的寓言，说的是从前印度有四个盲人，互相友好，但他们都认为自己是聪明人。一天，四个盲人在路旁聊天，有脚步声传来。盲人向旁人询问，得知是大象。其中一个人说："大象的形状到底是什么样，我们以前只做主观想象，现在可以实际体验而了解。"于是他们依次来到大象的身旁，通过触摸来推测它的形状。四个盲人，一个高而伟岸，站在象的旁边摸它的身体；一个矮小，摸象的脚；第三个人握着象的鼻子；第四个人只摸了象的牙齿。之后四人各自说出象的形状。高而伟岸的人说："象的外型像墙，宽广而平坦，非常高大。"矮小的人上前反驳他说："象的身体像树干。你认为像墙是错误的。"第三个人说："象的外貌不是墙，不是树，而是水管。"第四个人上前说："你们三个真是荒谬。大象像玉一样润泽，摸上去只不过像一根长棍罢了。"四个人争论不休，旁观的人哄堂大笑。

这个寓言告诉我们一个道理，老子的五千言如同一头虚幻的大象，我们不是盲人，也受到观察事物的角度局限、思维认知的局限，无法全面认知老子五千言。

实际上，旁边大笑之人，本身也存在认识的局限性，他们笑四个盲人，也恰恰暴露了自身认知的偏颇。人类实际上就犹如这四个盲人。老子在《道德经》中阐述的"道"，先天地生，为天地母，看不见、听不到、摸不着，感知不到，却到处都存在，无论什么时候都存在。我们无法定义，无法称谓。实际上，人类就如同四个盲人不能全面定义大象，我们永远也不能全面定义掌握"道"，只能知道其中很小的一部分，唯有不断地向其靠近。

从形式上看，《道德经》实际上就是一篇经文，整篇合辙押韵，句式层层递进、环环相扣，便于诵读和记忆，说理步步深入，由浅入深，由表及里。

从内容上看，《道德经》是老子留给人类的一份试卷，一个广阔无垠的思想空间。它是老子写给世上每一个人的自我修身和认识万事万物的思维方法，适用于任何人、任何领域、任何事物。它通篇都在讲道，天地阴阳、风雨江海、高山川谷、身家乡国、善恶美丑、大小多少、兵伐征讨、有无成败、像、形、声、味等，所有的举例比喻都在言道，但是又得出了道的无形、无影、无踪、无声、无味、无觉、无始、无终，用文字和语言都无法概括和形容，只能勉强把它定义为大。这个道，无论怎么说都不能表述全面，但它又无时无处不在。

通过反复研读和思考，我对老子说的“道”有了一点点的认知，对我们家族传承的“家传道德经参悟”有了一点点的感悟，对采用“家传道德经参悟”中哲学思维帮助企业家解决难题有了一点点认识。在这些一点点的惚恍之中，我平添了一点点的勇气，提笔与弟弟一道完成了《企业困境哲学解析》。希望本书的一孔之见，能给企业家和读者们思维智慧的升华带来一点点裨益。

娄树明

2021 年 11 月于长春